탐구히스토리

벽안에 비친
조선국의 모든 것

조선교회사 서론

샤를 달레 지음 | 정기수 옮김

Histoire de l'Église de Corée

Charles Dallet

탐구당

어머니의 영혼 앞에

이 책을 바치나이다. 착한 가톨릭 신자로서 조용히 노년을 보내고 가신 어머니에게 며칠만 더 계셨더라면 보고 가셨을 이 책을.

이 책은 지난 해 여름 어머니 곁에서, 99일간 기적적으로 담배마저 끊고 거룩한 순교자들의 전기를 읽으면서 어머니에게 이야기를 들려 드리던 그 책의 일부분이옵나이다. 어머니의 관 속 머리맡에 넣어 드린 십자가와 묵주와 더불어 이 책을 받으소서.

불초 기수 올립니다.

서序

이번에 불문학의 신예新銳인 정기수교수의 수고로 우리 근세사 연구상에 있어서 하나의 귀중한 자료인 「달레」의 「조선교회사」 서론이 번역 발간됨에 즈음하여 이 글을 쓰게 된 것을 즐거워하는 바이다.

「달레」의 조선교회사는 우리나라 사람이 처음으로 천주교와 인연을 맺게 된 1593년부터 시작하여 마지막의 큰 박해가 끝나던 1871년까지에 이르는 280여 년간의 전교사실傳敎史實을 수록한 명저로서 1874년에 불국佛國 파리에서 출판되었다. 이 책의 저자인 「달레」 신부는 파리 외방전교회外邦傳敎會의 성직자로서 우리나라에는 한 번도 들어와 본 일이 없었으나 외방전교회가 우리나라의 전교를 맡게 된 1381년 이래 우리나라에 들어와 전교에 힘쓰던 여러 불국인佛國人 성직자들과 우리 신자들로부터 보내진 전교 상의 기록들과 그밖의 자료를 널리 모아 방대한 두 권 책의 조선교회사를 편찬하였다.

국판의 크기로 되어 있는 이 두 권 책에는 각각 근 600면에 걸친 글이 실려 있고 그중 제1권의 글은 서론(Introduction) 192면과 본문 383면으로 되어 있는데 이 서론을 이번에 정기수 교수가 번역하여 출판하게 된 것이다. 서론은 천주교가 전래되고 있던 시대의 우리나라의 역사, 제도, 언어, 풍속, 습관 등을 기술한 것으로서 이것을 다시 지리, 역사, 국왕, 정부, 법정, 과거, 언어, 사회상태, 부녀, 가족, 종교, 국민성, 오락, 주택, 학술이라는 15 항목으로 나누어 기술하고 있다. 이 서론은 우리나라에 들어와 온갖 박해를 받으면서 우리나라의 실정을 눈으로 보고 귀로 들은 불국인 성직자들의 보고와 우리 신자들이 제공한 자료를 토대로 하여 엮어진 그 때의 생생한 기록이다. 따라서 이 서론은 이씨 왕조 후기의 우리나라 실정을 그대로 그려낸 귀중한 기록으로서 그 시대의 우리나라를 연구하는데 다시없는 귀중한 자료인 것이다.

이와 같이 우리나라를 연구함에 귀중한 자료인 조선교회사 서론을 이번에 불문학에 조예가 깊은 정기수교수가 가장 올바르게 번역하여 세상에 내놓게 된 것은 우리나라의 학술발전을 위하여 크게 즐거워하여야 할 일이라고 생각한다. 정교수는 주지하는 바와 같이 신진 불문학도로서 이미 「위고」의 「레미제라불」을 비롯하여 근 십 편의 불문학서를 번역하여 세상에 내놓은 일이 있었다. 그런데 그에 앞서서 동양사학도이던 이능식李能植교수가 「달레」의 조선교회사 서론을 번역하여 1947년 3월에 이를 「조선교회사 서설」이라는 이름으로 세상에 내놓은 일이 있었으나 이 이교수의 번역에는 잘못된 곳이 많이 있었다. 그러므로 정교수는 이 잘못된 곳을 바로 잡음과 아울러 필요한 주석註釋을 많이 붙여 이를 전면적으로 새로이 번역하여 세상에 내놓게 되었으니 그의 노고에 경의를 표함과 아울러 이 책이 널리 뜻있는 국민 사이에 읽혀지기를 바라마지 않는 바이다.

1966년 9월 1일

혜암惠庵 유홍렬柳洪烈 씀

역자 서문

이 「벽안에 비친 조선국의 모든 것」은 프랑스의 가톨릭 전도사 달레(Dallet)가 지은 「조선교회사」(Histoire de L'Église de Corée)의 앞에 붙인 「서론」만을 따로 떼어 번역해 놓은 것이다. 한마디로 「서론」이라 하였지만 정확히 말하자면 그것은「조선의 역사, 제도, 언어, 풍속, 습관에 관한 서론」(Introducition sur 1'histoire, 1es institutions, 1a 1angue, 1es moeurs et coutumes coréennes)이라고 되어 있다. 이에 대하여 「조선교회사」의 「본론」은 16세기 일본의 한국 침략 이후 기독교가 한국에 들어와서부터 1870년 무렵에 이르기까지의 내력을 – 그 기원과 발전, 전도사들과 신자들의 활약과 순교를 자상하게 적어 놓은 것이다.

「조선교회사」 전체는 1,000쪽이나 되는 두 권의 커다란 책으로서 1874년에 파리에서 출판되었는데, 그때만 해도 한국의 존재는 유럽에 거의 알려져 있지 않았으므로 이 「서론」이라는 예비적 작업이 유럽의 독자들을 위해서는 「본론」의 이야기를 이해함에 있어 그리고 그 이야기의 무대가 된 나라와 나라 사람들을 이해함에 있어 적절하고도 필요한 것이었으리라는 것을 우리는 알아야 할 것이다. 한국에 관하여 서양 사람이 써낸 책으로서 우리가 알고 있는 한 가장 오래된 것으로서는 1668년에 네덜란드에서 출판된 속칭 「하멜 표류기」의 부록 朝鮮國記라는 것이 있기는 하나 그것은 불과 몇 십 쪽에 걸친 짤막하고도 엉성한 소개로서 능히 한권의 책을 이루지 못한데 비해 이 달레의 「서론」은 한국의 지리, 역사, 제도, 정치, 풍속, 습관, 언어, 종교, 국민성 등 전반에 걸쳐 처음으로 체계 있게 본격적으로 논술하여 서양에 소개한 것이다. 그러므로 조선교회사 전체의 5분의 1

의 분량을 차지하고 있는 이 「서론」은 특히 우리 한국 사람에 있어서는 「본론」 즉 엄밀한 의미에서의 한국 교회사와는 아무런 관계도 없는 말하자면 독립된 가치를 가지고 있는 것이라 하겠다.

저자 달레(Claude Charles Dallet)는 프랑스의 전도사였는데, 1829년 론(Rhône) 강 상류의 랑그르(Langres)에서 태어났다. 1850년에 파리 외방전교회에 들어간 후 캐나다 등지에서 전교하다가 파리에 돌아와 다년간 병마와 싸우면서 「조선교회사」 2권을 완성하였다 그 후 1877년에 동양으로 건너와 일본, 한국, 중국 등지를 거쳐 마침내 1878년에 인도차이나의 하노이에서 이질에 걸려 세상을 떴다. 그는 시인으로서도 이름이 알려졌으며 작곡가 구노하고는 친한 사이여서 그의 시 중에는 작곡된 것도 있다고 한다. 위에서 보다시피 달레는 「조선교회사」를 저술하기 전에는 한국에 와본 적이 없었다. 그가 「조선교회사」를 엮은 것은 한국에서 순교한 다블뤼이(Marie Nicolas Antoine Daveluy, 1818~1866) 주교를 비롯한 프랑스 전도사들의 편지와 그들이 번역해 보낸 한국인의 이야기에 의한 것이었다.

역자가 달레의 「조선교회사」 2권을 처음으로 다 읽은 것은 1964년 여름, 한일 회담에 대한 국민의 여론이 비등하여 학생들 데모가 연일 일어나고 드디어는 계엄령까지 선포되어 대학이 일찍이 문을 닫음에 이르러, 뜻밖에도 석 달 동안의 여름 방학을 강요당하는 비통한 요행을 얻게 된 바람에, 집안에 칩거하여 독서할 기회를 가졌을 때였다. 이때에 역자가 읽은 책으로는 그 밖에도 특히 이상백 지음 「한국 근세사」와 이선근 지음 「한국 최근세사」 그리고 뱅빌 지음 「불국사」佛國史 등을 들 수 있다. 역자는 불과 수 백 쪽의 「불국사」 속에서 숱하게 감격적인 역사의 빛을 발견하고 국민의 위대함에 접할 수 있었으나 수천 쪽의 한국사 속에서는 오직 어둠과 옹졸함 밖에 보지 못하였다. 특히 달레를 읽었을 때, 다시 말하자면 벽안碧眼에 비친 조국의 옛 모습을 보았을 때 역자는 비상한 흥미 속에서도 오직 수치와 치욕과 분노 밖에 느끼지 못하였다. 그런데 오늘의 한국은 옛날의 한국의 아들이다. 낡은 역사의 멍에가 새로운 한국 위에 거의 그대로 둘러씌워져 있음을 우리는 도처에서 본다. 다른 것은 다 그만두고라도 국가 민족의 자주성이라는 관점에서만 보더라도 그것을 알 수 있다. 오늘날처럼 민족 주체성의 확립과 조국 근대화의 필요성이 고창高唱되는 때도 드물거니와 역사를 통관할 때 과연 그것은 실로 하루속히 달성해야 할 민족 최대의 과업의 하나인 것이다. 그러한 점에 비추어 독자는 이 책에서 시사를 받는 바가 결코 적지 않을 것이다.

외국 문학도인 역자가 감히 달레의 번역에 손을 댄 것은 역자 자신이 이 책에 너무나도 큰 흥미를 느꼈고, 위와 같은 감회가 자못 깊었으며, 조국의 옛 모습을 앎으로써 현재의 상황을 더 잘 파악하고 싶어 하는 독자들에게 퍽 좋은 읽을거리가 되리라고 믿었기 때문이다. 처음에는 두 권을 다 번역하려 하였으나, 사정이 허락지 않아 우선 「서론」만을 번역해내게 되었다. 이 「서론」은 「조선교회사 서설」이라는 표제로 1947년에 이능식李能植, 윤지선尹志善 양씨의 공역으로 출판된 것이 있었으나, 역자가 그 번역본을 검토해 본 바, 오역과 애매모호한 점이 너무나도 많고, 문체도 오늘날 사람들에게는 읽기에 매우 거슬릴 뿐만 아니라 절판까지 돼버렸으므로, 다시 번역에 착수했던 것이다. 달레의 내용의 진실성에 관해서는 다소 의심스러운 대목도 없지 않은 것 같으나, 그것을 논할 자격이 역자에게는 없다고 생각하므로 역자의 주註는 최소한에 그치고, 오직 번역의 정확을 위하여 최선의 노력을 다하려고 애썼을 뿐, 달레가 포함하는 여러 가지 문제점에 관해서는 오로지 역사가의 비판에 맡기는 바이다.

이 책의 번역에 있어서 한글만을 사용하고 한자를 섞지 않은 것을 아마 비난하는 독자도 있을 것이다. 「본론」은 몰라도 「서론」만의 번역이라면 그 내용의 성질상 아마 그렇게 했다면 더 좋았을지도 모른다. 그랬더라면 역자도 더 편했고 책도 더 권위가 있어 보였을지도 모른다. 그럼에도 불구하고 한글만을 쓴 것은 한자를 잘 모르는 일반 대중들도 쉽사리 이 책에 접근할 수 있도록 하기 위해서였으며, 따라서 문체의 간결을 손상할 우려가 없는 한 되도록 쉽게 표현하려고 애썼다. 아직도 한자 즉 중국 글자에만 익숙한 분들에게는 이러한 문체가 읽기에도 거슬리고 가벼워도 보일지 모르겠으나, 그것은 어디까지나 개인의 습관상의 문제이며, 젊은 세대에게는 차라리 이것이 편리할지도 모르겠다. 그런데 역자가 달레를 번역한 것은 특히 앞으로의 세대를 염두에 두고서였다.

원서에 나오는 한국어 표기는 원서에서의 철자 그대로를 충실하게 옮겼다. 그리하여 이를테면 「者」를 「자」또는 「쟈」 두 가지로 적은 것은 원서의 tsa「자」 또는 tsia「쟈」에 따른 것이며 (p. 152), 「葉」을 「나무 넙」이라고 적은 것은 원서에 nŏb 이라고 돼 있기 때문인데 (p. 164) 그밖에도 그 비슷한 예가 많으나 이 번역판의 오식誤植이 아님을 밝혀 둔다. 또 「버선」이나 「갓」을 「양말」, 「모자」라고 번역한 곳이 있는데(pp. 265, 266) 그것은 서양 사람들이 우리나라에 고유한 「버선」이나 「갓」을 묘사하고 설명하는 것이므로, 처음부터 그것을 「버선」과 「갓」이라는 말로 빤히 나타내버린다면 무의미한 것이 되겠기에 일부러 그렇게 하지 않을 수 없었던 것이다. 그밖에도 그와 비슷한 경우가 더러 있을 것이나 독자들이 잘 헤아려주시길 바란다.

이 번역책의 제목에 「조선」이라는 나라 이름을 쓴 것은 이 책의 내용이 조선왕조 시대에만 국한된 것이기 때문이다.

학자들은 달레의 「서론」을 곧잘 참고도 하고 인용도 하는 모양이므로 필요한 경우에 쉽게 원서와 대조할 수 있도록 하기 위해 이 번역판에는 로마 숫자로 원서의 페이지를 적어 넣었으니 이용해 주기 바란다.

끝으로 「조선교회사」의 「본론」은 한국의 교회사를 위해서는 두말할 나위도 없거니와 일반 학계를 위해서나 이 「교회사」에 나오는 순교자들을 비롯하여 그밖의 숱한 인물들의 후손을 위해서도 마땅히 번역되어 나와야 하겠음을 여기에 강조해 둔다. 그것은 교회사라는 국한된 분야를 벗어나 정치, 경제, 문화, 사회 등 모든 면에서 한국을 연구 이해하는 데 있어서 광범한 흥미의 대상이 될 것이고 문학의 창조에도 숱한 자료를 제공할 것이며, 일반의 교양서로도 매우 유익한 것이 될 것이다. 미국에서는 달레의 전부를 번역할 것을 계획하고 있었다는 말도 들었거니와 이 귀중한 우리 민족의 문화재를 그대로 방치해 두는 것이 문화민족의 명예라고는 할 수 없을 것이다. 그러나 개인의 힘만으로는 번역 출판의 실현이 어려울 것이므로 정부나 교회 또는 어떠한 연구기관에서의 원조가 필요할 것이다.

이 번역책의 출판을 위해 고맙게도 끊임없는 관심을 가지고 격려하여주신 분이 많은데, 특히 역자가 이 책의 번역을 결심하고 실현함에 있어 역자를 도와주신 두 선배님에 대하여 이 자리에서 진심으로 감사를 드리지 않으면 안 되겠다. 그 두 분의 극진한 권고와 협조와 격려가 없었던들 이 번역은 이루어지지 못했으리라. 「한국사회경제사」의 저자인 김삼수金三守 교수는 작년 여름 숙대 도서관장으로 재임 시, 달레의 문헌적 가치와 번역 출판의 필요성을 역설하고, 매우 얻기 힘든 원서를 온갖 노력을 다하여 입수한 후 마이크로필름에 찍어서 우선 한 질 만을 복제하여 숙대 도서관에 비치하고, 차후에 수요가 있을 때에는 얼마든지 재생 배본 할 수 있게 하였다. 또 「한국천주교회사」의 저자인 유홍렬柳洪烈 교수는 그 귀중한 원서를 기꺼이 빌려 번역을 권장해주었을 뿐만 아니라 사실史實의 고증을 위한 역자의 문의에 시간을 아끼지 않고 응해주셨다. 끝으로 특히 출판을 도와주신 신일철申一澈 교수와 조지훈趙芝薰 교수 그리고 탐구당 출판사 홍석우洪錫禹 사장 및 편집실 여러분에게 사의를 표한다.

1966년 4월
정 기 수

추기追記

이 책이 번역 출간된 지 어언 반세기. 그동안 우리 사회는 엄청난 진화를 이루었다. 이에 따라 옛날의 번역문을 되도록 오늘날의 말투에 더 잘 맞게 손보았고 약간의 수정과 퇴고를 가하였음을 여기에 적어둔다.

2015년 3월 15일
정 기 수

차 례

■ 어머니의 영혼 앞에 ······ 3
■ 서序 ······ 5
■ 역자 서문 ······ 7
■ 차 례 ······ 13
■ 파리 외방전교회 교황파견전도사인 나의 사랑하는 아들 샤를 달레에게 ······ 15
■ 밝혀두는 말 ······ 18
■ 머리말 ······ 19

■ 서 론 ······ 27
1. 조선의 자연지리 – 토지, 기후, 산물産物, 인구 ······ 28
2 조선의 역사 – 중국에의 예속상태, 여러 정당의 기원 ······ 41
3 국 왕–왕족, 궁정의 환관宦官, 왕의 장의葬儀 ······ 59
4 정 부政府 – 일반一般 및 군사 조직軍事組織 ······ 71
5 법 정 – 아전과 포졸, 감옥, 형벌 ······ 111
6 과 거科擧 – 품계品階와 관직, 특수학교 ······ 127
7 조선어 ······ 137
8 사회적 신분 – 여러 계급, 귀족, 서민, 노예 ······ 169
9 여성의 처지 – 결 혼 ······ 191
10 가 족 – 양자, 친족관계, 법정상法定喪 ······ 209
11 종 교 – 조상숭배, 승려, 민간미신 ······ 221
12 조선인의 성격 – 도덕적 미점美點, 결점, 습관 ······ 239
13 오 락 – 연극, 신년명절, 환갑 ······ 253
14 주 택 – 복장, 각종 풍속 ······ 261
15 학 술 – 공업, 상업, 국제관계 ······ 277

파리 외방전교회 교황파견전도사인 나의 사랑하는 아들 샤를 달레에게

교황 비오 9세로부터

사랑하는 아들에게, 교황의 인사와 축복을 드립니다.

가톨릭 전도사들이 비단 종교뿐만 아니라 지리 역사 과학 등에 얼마나 공헌하였는가는 그들의 저서를 훑어본 사람이면 누구나 다 아는 바입니다. 사랑하는 아들이여, 당신은 오늘날까지 알려져 있지 않았던 이 조선 반도의 역사를 두 권의 책으로 엮어냄으로써 훌륭히 그들을 본떴습니다. 이웃나라들의 기록이 고유의 역사를 가지고 있지 않은 이 국민에 관하여 알릴 수 있었던 모든 것을, 오랜 탐구와 총명한 관찰이 이 나라의 풍속, 종교, 언어, 통상에 관하여 밝힐 수 있었던 모든 것을 당신은 수집하고 정리함으로써, 그것이 외국인은 들어갈 수 없는 나라에 관한 것인 만큼 더욱 귀중한 선물을 학문에 가져다주었습니다.

분명히 예수 그리스도의 자애만이 이토록 수많은 미지의 사실들에 관한 지식을 얻게 하고 퍼뜨릴 수 있었습니다. 왜냐하면 오직 주님의 자애만이 전도사들의 가슴속에, 영혼의 구원을 위해 타오르는 그 정열에 불을 붙여, 그들로 하여금 목숨을 걸고 모든 고난에 기꺼이 직면하여, 죽음의 그늘 아래 앉아 있는 국민들에게 복음의 빛을 전하게 할 수 있었기 때문입니다. 그리고 이 전도 사업을 그들은 얼마나 열성껏, 불요불굴하게, 성공적으로 이룩하였던가! 당신이 이야기한 일련의 사실들로써 그것을 알 수 있고, 공문서조차도 흔히 그 과격하였음을 한탄하고 있는, 1세기 전부터 기독교도가 희생이 돼온 저 가혹한 박해에 의해서도 알 수 있으며, 특히 시련과 고문을 당하여, 다른 사람으로부터 얻은 신앙을 놀라울 만한 용기로써 고백하고 그것을 저버리지 않기를 맹세한 저 수많은 순교자들에 의해서도 알 수 있습니다.

그러므로 본인은 교회의 커다란 영광이오, 허다한 위험 속에서 전세계의 교우들을 격려하기에도 썩 알맞고 학문 자체에도 매우 유익한 이 역사책을 엮어낸 데 대하여 당신에게 축하를 드리는 바입니다. 이 두 권의 책을 감사히 받으며, 이 책이 마침내는 우리 성교聖敎에 적대하는 사람들의 마음을 움직여 그토록 많은 힘과 미덕을 감탄하게 하리라고 예측합니다.

사랑하는 아들이여, 아버지로서의 나의 애정의 증거와 거룩하신 성총聖寵의 표시로서, 매우 정답게 드리는 이 교황의 축복을 받아 주시오.

교황 재위 30년, 1875년 9월 27일
로마 성 베드로 성당 옆에서 씀.
교황 비오 9세[1)]

(원서에 같은 내용의 라틴어 글이 다음에 있음)

모든 전도자와 순교자와 신앙 고백자를 다스리시는 성모 마리아여, 당신의 발 아래에 이 전도자와 신앙 고백자와 순교자들의 전기를 엎드려 바침을 허락하시옵소서.

당신은 이 헌상獻上을 요구하실 권리를 가지고 있습니다. 당신은 조선 교회의 특별한 보호자이시며, 여기에 그 승리를 이야기

---

1) 비오 9세 1846년~1878년간 재위한 로마교황 : 역주.

한 모든 순교자와 모든 선교사와 새 신도들은 당신의 아들로 인정받는 것을 영광으로 여기기 때문입니다. 그들의 피로 물들인 이 기록은 하느님 어머니를 사랑하지 않고는 사람으로 태어난 하느님을 사랑할 수 없다는 진리의 새롭고 빛나는 증명이옵나이다. 그렇습니다, 그들은 예수 그리스도를 사랑하였습니다. 그들은 예수를 위하여 태형笞刑과 교형絞刑과 참형斬刑과 능지처참陵遲處斬을 받기를 바랐고, 그 필연적인 결과로서 그들은 또한 당신을 사랑하였으며, 어깨에는 가사袈裟를 걸치고 손에는 염주를 들고 형장으로 갔으니 말입니다.

성모 마리아여! 조선의 이 가엾은 전도를 지켜 주소서. 가톨릭 성교회聖教會의 모든 전도를 지켜 주소서. 당신 아드님으로부터 이교도들의 개종改宗을 얻으소서. 모든 나라 사람들이 다시 주님을 생각하고 먼 섬나라까지 주님의 이름을 알리라는 예언의 성취를 서두르소서. 그날이 밝아서 수억의 우상 숭배자들이 그들의 어둠 속에서 나와 십자가에 못 박힌 예수 그리스도의 찬연한 빛을 향해 올 때, 그들은 당신을 사랑하고, 당신의 영광을 노래하고, 큰 소리로 외칠 것이옵나이다. 구제자여, 다시없이 아름다우신 성모여! 이세상의 빛은 당신으로부터 태어났나이다 라고.

Vale! o valde decora …
Ex quâ mundo Lux est orta.
(다시없이 아름다우신 성모여!
이 세상의 빛은 당신으로부터 태어났나이다.)

밝혀두는 말

교황 울바노 8세[1]의 교령敎令에 의하여 다음과 같이 밝혀 둔다. 이 역사에서 「성자」, 「순교자」, 「신앙 고백자」 등의 명칭을 사용함에 있어서는, 신자들 사이에 통용되는 보통 화법에 따랐을 뿐이고, 교회의 공식 결정을 미리 판단하려고 한 것은 조금도 아니다. 진정하고 완전한 의미에서 그 명칭들을 부여하는 것은 오직 교회의 권한에만 속하는 것이다.

Ch. D.

1) 울바노 8세 1623년~1644년간 재위한 로마교황 : 역주.

머 리 말

천주교회는 쇠망衰亡을 모른다. 진실을 존중하고 모든 나라 사람들을 가르치기 위해 세워진 천주교회는 온갖 장애와 압제에도 불구하고 언제 어디서나 이 두 가지의 의무를 수행하고 있으며, 천주교회가 들어가지 못하였을 만큼 조심스레 닫혀 있는 나라는 없고, 천주교회가 복음을 전하지 못하고 신자를 얻지 못하였을 만큼 다른 국민들과 모든 관계를 끊고 고립 격리돼 있는 국민은 없다. 아시아의 끝, 중국과 일본 사이에 조선왕국이 있다. 누구나 다 중국과 일본에 관해서는 이야기도 들었을 것이고, 다소간 정확한 지식을 주는 책이나 여행기도 읽었을 것이다. 그러나 조선이라면 누가 알겠는가? 지리학자마저도 그 이름밖에는 거의 모르며, 조선을 연구한 학자 하나 없었고, 조선을 돌아다녀본 여행자 하나 없었다. 조선 정부로 하여금 인류의 법칙을 존중케 하기 위해 요즘에 시도한 몇 차례의 탐험은 비참하게 실패하고, 오늘날 조선은 전보다도 더 끈덕지게 쇄국을 지키고 있다. 그러나 이 미지의 나라에서 예수 그리스도는 수많은 열렬한 숭배자를 얻으셨다. 예수 교회는 여기서, 아직도 계속되고 있고, 이미 수천의 희생자를 낸 끊임없는 박해를 통하여 80년 이래로 끊임없이 자라왔다.

조선 교회의 역사와 하느님의 섭리에 의한 기원起源과 그 빠른 발전을 이야기하고, 조선에 복음을 전한 전도사들과, 그들의 활약과 순교의 무대였던 그 나라와, 그들이 설교한 국민의 성격과, 그들이 극복해야 했던 온갖 애로를 알리고, 박해 받은 기독교도들의 고통과 그들을 사형에 처한 자들의 잔인성을 상기케 하고, 예수 그리스도와 악마 사이에 일어난 치열한 싸움의 변천과 고민을 묘사하고, 순교자들의 행적을 공포하고, 예수의 이름을 빛낸 영웅적 덕행의 몇 가지 실례를 망각에서 건져내는 것, 이런 것이 이 책의 목적이다. 이 책은 신앙의 창조자이자 완성자이신 우리의 주님 예수 그리스도의 팔이 줄어지지 않고 주님의 성총이 오늘날도 옛날과 같은 개종의 기적을 행하고 있음을 보임으로써 주님에게 영광을 드림에 이바지하게 되기를 바란다. 그리고 또 어쩌면 이 책은 전도와 전도사에 관한 어떤 편견을 없애고 그른 생각을 바로잡음에 도움이 될지도 모른다. 나는 이 교도의 편견과 잘못을 말하는 것이 아니다. 불행히도 영세領洗 받은 것을 부인하고, 우리를 위하여 사람으로 태어나신 하느님 아들을 믿지 않고, 그 피의 공덕에 의한 속죄를 믿지 않는 그러한 사람은, 왜 우리가 예수 그리스도의 복음을 전하고 영혼의 구제에 힘쓰고 있는가를 물론 이해하지 못할 것이다. 그러나 신자 중에도 고약한 편견과 그릇된 관념을 가진 사람이 드물지 않다. 어떤 사람들은 몇몇 국민을 개종시키는 데 그토록 오랜 시간이 걸리는 것에 놀라는데, 그런 사람들은 영세 받은 사람들의 수효가 수백만에 미치지 못할 때에는 얻어진 결과가 시시하다고 생각한다. 또 어떤 사람들은 저도 모르게, 여러 국민의 역사에 있어서 모든 것을 종족과 기후의 차이에 의해 설명하려는 저 유물론唯物論의 영향을 받아서, 행해진 개종이 단단하지 못하고 이 새 교도들은 유럽의 기독교도들보다 말하자면 저급한 것이나 아닐까 하고 걱정하는 체한다.

물론 현재까지 이루어진 것은 지금부터 하려는 것에 비하면 아무 것도 아니다. 물론 예수 강림 이후 19세기를 지난 오늘날 인류의 4분의 3이 아직도 개종을 하지 않고 있음을 보는 것은 가슴 아픈 일이다. 그러나 하느님 앞에서는 단 하나의 영혼의 값도 얼마나 고귀한 것인가를 잊어서는 안 되며, 특히 교회에 약속돼 있는 전 세계적인 종국적 승리를 보고 싶어 못 견디는 나머지 현재의 업적에 대해 부당한 태도를 취해서는 안 되겠다. 훨씬 좋은 조건에 있었던 기독교 국민의 개종도 하루나 한 세기에 이룩된 것이 아니다.

개종의 견고함으로 말하자면, 예수 그리스도는 모든 중생을 건지러 오셨고, 주님의 재세시在世時에 모든 국민에게 복음을 전하기를 명령하셨고, 그 결과 필연적으로 모든 사람들은 신앙을 받아서 지킬 수 있고, 모든 국민은 복음을 받도록 운명 지어져 있다는 것을 신앙은 우리에게 가르쳐준다. 그리고 실제로, 조선에서도 통킹[1]과 그밖에 다른 곳에서와 마찬가지로, 새 교도들 총중叢中에 씩씩한 순교자들이 많이 났다는 것은, 새 기독교도도 어느 옛 기독교도 못지 않으며 똑같은 성령이 똑같은 전능한 성총을 가지고 모든 민족과 모든 언어와 모든 색깔의 사람들에게 생명을 줄 수 있다는 것을 잘 증명하고 있다. 신앙의 최대의 증거, 자애의 최대의 행위, 그것은 순교이다. 그런데 순교자가 있었던 곳에는 교회의 기초가 단단하다. 왜냐하면 순교자의 피는, 아시아에 있어서도 유럽에서와 마찬가지로, 그리스도 교인들의 씨이니까.

그러나 옛날에 그토록 수많은 영광스런 예수 그리스도의 증인들에 의하여 유명해진 일본의 예를 들어서 반박하는 사람들도 있었다. 아닌 게 아니라 기독교 신앙은 일본에서 없어진 성싶었다. 우상 숭배자들은 신앙을 피 속에 빠뜨려 죽였고, 더욱 비열한 이교도들은 2백 년 동안 십자가를 짓밟아서 신앙의 무덤을 봉하였다. 그런데 보라, 오늘날 순교자의 수천의 후예들이 옥중獄中이나 배소配所에서, 3세기에 걸친 박해에도 굴하지 않고, 신

1) **통킹** 통킹 만灣 연안의 베트남 북부 지역 : 역주.

부도 없고, 제단도 없고, 성사聖事도 없이, 능히 간직해온 신앙을 고백하는 것을. 영국에서의 가톨릭교 부활이 일본에서의 부활에 비해 무슨 더 놀랍고 더 신기한 것이 있겠는가? 그리고 세계의 교회사는 신앙에 있어서 이토록 확고부동한 절개의 예를 많이 보이고 있는가?

조선 교회사를 훑어보면, 해놓은 일이 너무도 적다해서가 아니라, 그토록 거센 장애가 있었음에도 불구하고, 불과 몇 해 동안에 그토록 많은 일을 할 수 있었다는 데에 놀라는 독자가 아마 한두 사람이 아닐 것이고, 새 교도들의 신앙을 의심하기는커녕, 삼가 가슴을 치고 감동하여, 그들의 용기를 본받아 시련의 날에 그들처럼 굳세고 그들처럼 굴하지 않고 그들처럼 참된 교인이 되도록 주님에게 은총을 비는 독자가 아마 한두 사람이 아닐 것이다.

엄밀한 의미에서의 교회사 첫머리에는 조선의 제도, 정치, 풍속, 습관에 관한 서론을 붙여놓았다. 나는 거기에 전도사들의 편지 속에 여기저기 흩어져 있는 것으로서 본문에 쉽사리 넣을 수 없을 것 같은 수많은 정보를 모아서 분류해놓았으며, 따로 한 장章을 만들어 오늘날까지 동양학자들에게 거의 알려져 있지 않았던 언어인 조선어의 기초 문법의 대강을 논하였고, 또 다른 장에서는 이 왕국의 행정 구획의 상세한 일람표를 실어놓았다. 이 예비 작업은 본론의 이야기를 보충함과 동시에 그것에 의해 보충을 받기도 하지만 그럼에도 불구하고 불가피한 결함을 나타내고 있다. 하지만 그런대로, 전도사들은 일찍이 이 나라에 머물러 있으면서 이 나라의 말을 하고, 다녀간 토착인들과 같이 살면서 그들의 법률과 성격, 편견, 습관 등을 진지하게 알 수 있었던 유일한 유럽인들이었으니 그것은 이 분야에서 독특한 가치를 가지고 있는 것이다.

이들 정보의 정확성으로 말하자면, 그것들은 가능한 한 최대의 정확성을 가지고 있다. 하지만 언제나 쫓기고 있던 선교사들의 처지는 때로는 자기들이 들은 바를 스스로 검증하고 각 지방의 풍습을 서로 비교함을 그들에게 허용하지 않았다는 것을 잊어서는 안 된다. 이 나라의 한 부분에서는 절대로 진실한 것이 다른 부분에서는 상대적으로밖에 진실하지 못한 수가 매우 많다. 그러므로 저 유명한 순교자 다블뤼이 주교가 그의 편지 속에서 꽤 장황하게 풍습에 관한 상세한 이야기를 하다가, "제가 써 보내는 것은 보잘 것 없는 것입니다. 그것은 불완전하고 착잡한 것입니다. 아마 거기에는 본의 아닌 잘못이 들어 있을지도 모릅니다. 그러나 저는 최선을 다하였습니다"라고 덧붙인 것은 자기의 모든 동료들의 생각을 대변한 것이었다. 한 증인의 이러한 양심적인 조심성이야말로 진지한 독자들에 대하여 그의 말의 진실함을 가장 잘 보증해 주는 것이 아니겠는가?

조선 교회사는 전도사들의 편지와 그들이 번역해 보낸 조선인들의 이야기로 꾸며졌다. 그 밖에는 다른 자료가 있을 수 없다. 유럽의 전도사들이 오기 전에 관한 대부분의 자료는 다블뤼이 주교가 모은 것이다. 그전 초기의 박해에 관해서는 편지 나부랭이와 따로따로 떨어진 이야기들이 있을 뿐이다. 1857년에는 또 하나의 순교자인 베르뇌 주교가 책임을 맡고 당시에 있었던 모든 중국과 조선의 자료를 찾아내서 프랑스어로 번역하고, 서약한 목격자들에게 직접 물어서 될 수 있는 대로 그 자료를 보충하였다. 그러나 때는 벌써 늦었다. 왜냐하면, 초기의 순교자들에 대한 증인은 조금밖에 남아 있지 않았고, 대부분의 기록은 여러 차례의 박해를 통해 사라졌기 때문이다. 이 교회사를 읽어가면, 다블뤼이 주교가 얼마나 고생하여 자기의 일을 완수하였는가를 알 수 있을 것이다.

주의해둬야 할 것은 시대와 전도사에 따라서 그 편지 속의 지명이나 인명의 철자綴字에 때때로 차이가 있다는 점이다. 어떤 조선어 글자는 우리 자모字母에 해당하는 것이 없고, 조선에서도 다른 데서와 같이, 지방에 따라 발음이 다르므로, 저마다 자기가 들은 소리를 그대로 최선을 다하여 재현시켰다. 나는 전도사들에 의하여 옮겨쓰기에 관한 일반 규칙이 결정되기까지는 이 철자의 차이를 존중하지 않으면 안 된다고 생각하였다. 뿐만 아니라, 이러한 사소한 불편은, 다 알다시피, 극동에 관한 모든 지리와 역사책에는 공통적인 것이다. 그리고 또 전도사들은 모두가 프랑스인이고 따라서 같은 자모의 글자에는 같은 음가音價를 주는 버릇이 돼 있기 때문에, 이 책에서는 다른 책에서보다도 그러한 불편이 도리어 적다.

독자들이 할 직한 불평은 나 자신도 여러 차례 하였지만 어떤 박해담談의 단조로운 되풀이다. 언제나 같은 심문, 같은 질문에 같은 대답, 같은 형벌, 즉 한 쪽에는 언제나 힘과 거짓 속에 똑같은 비겁이 있고, 거기에 대해 다른 쪽에는 약함과 참다움 속에 똑같은 용기가 있다. 그러나 이러한 불편은(그것이 불편이라면 말이지만) 이 같은 역사에 있어서는 불가피한 것이다. 순교자 명부의 책장은 승전 보고서처럼 필연적으로 단조하기 마련인데, 이 책의 많은 장章은 순교자 명부에 불과한 것이다. 사형 집행인들이 고문하기에 지치지 않고, 그리스도 교인들이 죽기에 지치지 않고, 하느님이 순교자들에게 힘과 참을성을 주시기에 지치지 않은 이상, 난들 어찌하여 그들의 승리를 이야기하기에 지치겠는가? 이미 하느님의 고르심을 받았고, 그 중에 대부분은 후일 우리들의 제단에 오르기를 바라지 않으면 안 될 그런 분들을 어떻게 세상 사람들의 망각에 붙여 두기를 스스로 원하겠는가?

더구나 또 아주 특별하고 매우 중요한 한 가지 이유로 순교자의 행적을 빼거나 너무 줄일 수가 없었다. 다른 기록이 없으므로, 이들 예수 그리스도의 증인들에 관한 역사는 이 책밖에 없을 것이다. 그런데 다블뤼이 주교가 모은 중국과 조선의 원본은 1863년의 화재에 없어졌고, 본토의 여러 기독교단團에 있던 그 기록의 사본은 마지막 박해[1] 때에 파괴되었고, 유럽에 보낸 번역본은 전도사들의 통신과 함께 외방전교회 신학교의 서고書庫에만 있을 뿐이어서, 만약에 무슨 사고로 그것이 없어진다면, 조선 교회의 기원에 관한 역사는 다시는 회복할 길 없이 상실되고 말 것이다. 그러므로 가톨릭 교회의 일반 역사에 속하는 그 사실들의 지식을 확보해둬야 하며, 특히 조선 기독교도들을 위해 그들 조상의 신앙과 고통에 관한 그 영광스런 이야기를 간직하고 될 수 있는 대로 순교자마다 그 이름과 집안과 전기傳記를 제시하여, 그 이름과 사실과 상세한 이야기가 후일 그들의 자손들에게 알려지도록 해야만 했던 것이다. 이는 그 자손들의 가장 고귀한 명예가 될 것이다.

이 저술 속에서 나는 많은 경우에 전도사들의 편지를 그 개요만 쓰지 않고 전문을 인용하였다. 그 결과 때로는 길어지기도 하고 되풀이되기도 하였으나, 그러한 사소한 불편은 그 편지들 자체가 가지고 있는 흥미로써 보상되고도 남음이 있을 것같이 생각되었다. 그 편지를 쓴 사람들은 대부분이 오래지 않아 피로써 신앙을 맹세하였으니, 기독교도 독자들은 순교자들이 자기 자신이나 다른 순교자들에 관해 이야기하는 걸 듣기를 좋아할 것이다.

---

1) **마지막 박해** 1866년(고종 3년 丙寅年)의 대박해. 다블뤼이, 베르뇌, 푸르티에, 프티니콜라 등 프랑스 전도사와 남종삼南鍾三, 홍봉주洪鳳周 등 많은 조선인이 살해되었다 : 역주.

이 책 속에 보이는 문체며 배열 등에 관한 숱한 잘못을 내가 모르고 있는 건 아니다. 전도사가 일생을 우상 숭배자들의 교화에 보내면서 다소간 모국어를 잊지 않을 수는 없을 것이니, 독자는 그러한 경우에 불가피한 오류에 대해 너무 엄격히 탓하지 않기를 바란다. 오랫동안 무서운 병으로 말미암아 전도의 임무로부터 떠나지 않을 수 없었던 나는 복종심이 나에게 과한 일을 완수하기 위해 최선을 다하였다. 약해진 나의 능력으로는 너무나 무거운 일이었으나 그러나 또한 매우 즐거운 일이었다. 그것은 이 일이 나로 하여금 이 이야기를 쓰면서 다년간 그 순교자와 신앙 고백자들과 더불어 친히 사귀며 살아오게 해 주었기 때문이다.

이 책이 가톨릭 성교회聖敎會 안에서 또는 그것을 통하여 세계의 한 쪽 끝에서 주님이 기꺼이 행하시는 약간의 성총의 기적들을 널리 알림으로써, 가톨릭 성교회의 선양宣揚에 이바지할 수 있기를!

이 책이 모든 국민들의 개종을 위하여, 특히 조선의 전도를 위하여, 교우들에게 더 많은 인내와 열성을 가지고 기도드릴 생각을 일어나게 하여서, 주님이 그 긴 시련을 줄여 주시게 되기를!

특히 이 책이 이교도에의 포교에 대한 천직을 자아내 줄 수 있기를! 예수 그리스도의 이 영광스런 신앙 고백자들의 말과 본보기가 성당의 젊은 학도들의 마음을 움직여, 그들 중 적어도 몇 사람이 거룩한 경쟁심을 일으켜서, "나도 또한 전도사가 되리라! 그것은 나로서 의무이며 부득이한 일이다. 복음을 전하러 가지 않으면 나에게 화가 있을진저!"하고 외치게 되기를! Necessitas enim mihi incumbit vae enim mihi est si non evangelizavero! (내가 복음을 전할지라도 자랑할 것이 없음은 내가 부득불 할 일임이라. 만일 복음을 전하지 아니하면 내게 화가 있을 것임이로다. 고린도 전서 제9장 16절.)

서론

조선의 역사, 제도, 언어, 풍속, 습관에 관하여

1
조선의 자연지리

토지, 기후, 산물産物, 인구

조선왕국은 아시아의 동북쪽에 위치하고, 길쭉한 반도와 특히 바닷가를 따라서 수많은 섬들로 이루어져 있다. 전체가 북위33도 15분부터 42도 25분, 파리 표준 동경[1] 122도 15분부터 128도 30분 사이에 들어 있다. 반도의 주민들은 그 길이를 약 3000리[2] 또는 약 300리외, 너비를 1300리, 또는 130리외로 잡고 있으나, 이 숫자는 분명히 과장된 것이다. 조선 북쪽은 백두산(흰머리의 산)을 꼭대기로 하는 장백산맥(Chan-yan-alin)[3]과, 이 산맥의 양편 산허리에서 흘러나온 두 줄기의 큰 강으로서 경계 지어져 있다. 얄루강(조선말로는 압록강鴨綠江, 푸른 오리 강)은 서쪽으로 흘러 황해로 쏟아지고, 조선과 요동, 만주의 중국 땅 사이에 자연스런 국경을 이루고 있다. 동쪽 일본해로 가서 쏟아지는 미강(조선말로는 두만강)은 만주와 1860년 11월 중국으로부

---

1) **파리 표준 동경** 1884년 워싱턴에서 열린 만국자오선 회의의 결의에 의하여 기준 자오선基準子午線을 그린위츠 천문대 통과의 자오선으로 결정하였는데, 그전에는 각국은 각자의 기준 자오선을 가지고 경도經度를 계산하였다 : 역주.

2) 1리는 기하학상의 360보步 즉 567미터이다. 10리는 지구 대기권상의 1도의 20분의 1인 1해리 또는 1지리학리地理學里에 해당한다 : 저주.

3) **장백산맥**(chan-yan-alin) 장백산은 청조淸朝 발상지로서 만주 부족의 숭앙의 중심이며 만주인은 그것을 Amba-Chanyan-alin이라고 부른다 : 역주.

터 넘겨받은 러시아의 새 영토에서 조선을 떼어 놓고 있다. (p. I) 그밖의 경계는 서쪽과 서남쪽은 황해, 동쪽은 일본해, 동남쪽은 조선해협이다. 조선해협은 평균 너비가 250리이며 조선 반도와 일본 열도를 갈라놓고 있다.

Corée(코레)라는 이름은 중국말 Kao-li(카올리)에서 온 말이며, 조선인은 Ko-rie(고려), 일본인은 Ko-rai(고라이)라고 발음한다. 이것은 전 왕조의 나라 이름이었는데, 서기 1392년, 임신년에 비롯한 현 왕조는 이 이름을 바꾸어 조선이라는 명칭을 따서 오늘날 이 나라의 정식 이름으로 삼고 있다. 「아침의 밝음(고요)」을 뜻하는 조선이라는 말의 뜻 자체가 이 이름이 중국인들로부터 왔다는 것을 나타내고 있다. 아닌 게 아니라 그들에게는 조선이 아침의 나라인 것이다. 또 때로는 중국 책에서 조선은 동국 즉 동쪽 나라라는 말로 가리켜져 있는 수도 있다. 만주 달단인韃靼人들은 조선을 솔호(Sol-ho)[1]라고 부른다.

16세기 전에는 유럽에 알려져 있지 않았던 이 나라는 네덜란드인들의 처음 지도에는 섬으로 나타나 있다. 17세기 말에 중국 강희 황제는 청제국의 대지도를 완성하는 데에 필요한 지리학상의 자료를 조선 왕으로부터 얻으려 하였으나 허사였다. 당시 그 일은 베이징의 선교사들이 맡아보고 있었다. 황제의 사자들은 의례적인 환대를 받았다. 그들은 봉사의 약속과 제공을 아낌없이 받았으나, 실제로 가지고 돌아간 것은 서울 궁중에서 본 매우 불완전한 지도에 불과하였다. 레지 신부[2]와 그의 동료들이

---

1) **솔호**(Sol-ho) 여진어, Soro라고도 발음하고 오늘날도 흥안령(興安嶺) 부근에서는 조선인을 Sorongos라고 한다 : 역주.

2) **레지 신부** Observations géographiques sur le Royaume de Corée 조선왕국 지리고朝鮮王國地理考를 저작하였고 강희제康熙帝의 황여전람도皇輿全覽圖 작성에 있어서는 중국 전토의 실측제도制圖를 감독하였다 : 역주.

조선 지도를 그린 것은 이 지도와 따라서 불완전할 수밖에 없는 중국 책의 자료에 의한 것이었으며, 뒤알드의 지도책[1]에서 볼 수 있는 것도 이 레지 신부의 것이고, 그 후의 책에도 그것을 줄이거나 그대로 옮겨 놓음에 그쳤다.

1845년 거룩한 순교자 조선인 신부 김 안드레아[2]는 서울 정부 서고[3]에 보존되어 있던 관제 지도에 의하여 한 장의 지도를 손수 베꼈다. 이 책 첫머리에 실은 지도는, 해안 지대는 해군 보관의 지도에 따른 것이고, 내륙 지대는 본토인의 손에 된 꽤 최근의 지도에 따라 조선 주재 교황 대리 리델 주교가 옮겨놓은 것이다.

조선은 산들의 나라다. 만주의 장백산맥에서 일어난 큰 산맥이 동쪽 바닷가를 따라 뻗쳐서 남북 동쪽 테두리를 이루고, 이 산맥의 가지가 거의 전국을 뒤덮고 있다. (p. II) 한 선교사는 이렇게 말하고 있다. 「어디다 발을 들여놓아도 당신은 산밖에 보지 못할 것입니다. 거의 어디서고 당신은 바위들 사이에 갇히고, 혹은 벗겨지고, 혹은 야생의 소나무들로 뒤덮이고, 혹은 가시덤불이 뒤엉키고, 혹은 숲이 무성한 산허리 속에 들어박혀져 있는 것같이 느낄 것입니다. 처음에는 빠져나갈 길이 어디에도 보이지 않습니다. 그러나 잘 찾아보면 마침내 좁은 오솔길 자국이 눈에 띌 것입니다. 그 길을 한참 애써 걸어가면 기복이 심한

---

1) **뒤알드의 지도책** Du Halde : Description géographique, historique, chronologique, politique et physique de 1'Empire de la Chine et de la Tartarie chinoise(중국제국과 중국 달단지방의 지리, 역사, 연대, 정치, 자연에 관한 기술記述), 파리 1735년 간행; 역주.

2) **김 안드레아** 김대건金大建, 조선인 최초의 신부. 경기 용인현 사람. 헌종 12년(1846년) 병오 음력 7월 경량사장鷺梁沙場에서 군문효수軍門梟首되었음 : 역주.

3) **서울 정부 서고**書庫 내각內閣 즉 규장각奎章閣 서고를 가리킴 : 역주.

지평선이 내려다보이는 산꼭대기에 나올 것입니다. 거센 바람이 물결을 일으켜 온갖 모양의 수많은 작은 언덕을 이루고 있는 바다를 당신은 배 위에서 내려다 본 적이 있었을 것입니다. 여기서 눈 아래에 벌어지는 것이 바로 그런 광경의 축도입니다. 사방에 우뚝우뚝 솟은 수많은 산봉우리며, 육중하고 둥그런 산이며, 험상궂은 바위들이 보이고, 더 멀리 지평선 저 편에는 또 더욱 높은 다른 산들이 보일 것입니다. 온 나라가 거의 다 이 모양입니다. 단 하나의 예외는 서쪽 바다로 내민 지방인데 내포평야[1]라고 불립니다. 그러나 이 평야라는 것을 우리 프랑스의 아름다운 평야처럼 펀펀하게 펼쳐져 있는 지면으로 알아서는 안 됩니다. 그것은 다만 산들이 이 나라의 다른 곳에 비하여 훨씬 낮고 훨씬 사이가 떨어져 있다는 것뿐입니다. 한결 넓은 골짜기는 벼농사에 보다 큰 넓이를 내어주고 있습니다. 뿐만 아니라 이 기름진 땅은 수많은 도랑들로 끊기고, 그 산물이 매우 많으므로 내포평야는 수도의 곡창이라고 불립니다.」

조선에 숲은 많으나 가장 훌륭한 숲을 볼 수 있는 곳은 북쪽 지방이다. 거기에는 여러 가지의 건축 목재 특히 소나무와 전나무가 많다. 이것들은 가공하기가 매우 쉬우므로 가장 많이 쓰이는 까닭에 정부는 그것들을 보호 감독하고, 마을마다 근처에 필요한 나무를 늘 갖고 있도록 수령은 그 벌채를 감독하고 한꺼번에 너무 많은 수량을 베는 것을 금지하는 임무를 띠고 있다.

확실히 산에는 풍부하게 금, 은, 동광을 함유하고 있는 것 같다. 여러 곳 특히 북쪽 지방에서는 금을 얻으려면 땅을 조금 파기만 하면 되고, 어떤 냇모래에는 사금이 있다고 한다. 그러나 채광은 법률로 금지되어 위반하면 엄벌에 처하게 되어 있으므로

---

1) **내포평야** 대전, 논산, 강경을 연결하는 비옥한 평야 : 역주.

아무도 감히 금을 주우려 하지 않는다. 그것은 팔기가 거의 불가능하기 때문이다. (p. III) 이렇게 금지하는 참다운 원인은 무엇일까? 어떤 사람들은, 그것은 강한 이웃 나라들이 야망을 일으키지 않도록 될 수 있는 대로 자기 나라를 빈약한 나라로 보이려는 역대 조선 정부의 정책에 의한 것이라고 말하고 있다. 또 어떤 사람들은, 수도에서 멀리 떨어진 통치력이 거의 미치지 않는 지방에 다수의 노동자들이 모이면 반드시 반란과 소동이 일어날 것을 두려워하기 때문이라고 믿고 있다. 1811년의 모반[1]은 그러한 집합에서 꾸며진 것이라고 한다. 그야 어쨌든 법률은 엄격히 지켜지고 있고, 사람들이 알고 있는 단 하나의 예외로는, 25년 전, 몇 달 동안에 걸쳐 경상도 순흥부의 은광을 파도록 허가한 일이다. 조선의 구리는 품질이 우수하나 사용되지 않고, 이 나라에서 쓰이는 것은 일본에서 온 것이다. 어떤 지방에는 철광이 매우 흔하므로 큰 비가 온 뒤에는 그것을 주우려면 몸만 구부리면 된다. 누구나 그것을 마음껏 간직해두고 있다.

규석(부싯돌)은 황해도에서밖에는 거의 나오지 않으며 더구나 그 품질이 매우 나쁘다. 보통 쓰는 것은 중국에서 들여온다.

조선의 기후는 이른바 온화한 기후는 아니다. 극동의 모든 나라에서와 마찬가지로 같은 위도의 유럽 나라들보다 겨울은 훨씬 춥고 여름은 훨씬 더웁다. 북쪽의 두만강은 반년간은 얼어 있고 반도의 남쪽은 몰타섬이나 시칠리아섬과 같은 위도에 있으나 오랫동안 두터운 눈에 덮여 있다. 북위 35도에서 선교사들은 한란계가 섭씨 영하 15도 이하로 내려가는 것을 본 일이 없으나, 북위 37도 30분 또는 38도에서는 흔히 영하 25도로 내려가는 것을 보았다. 봄과 가을은 대개 날씨가 매우 좋다. 반대로 여름은

---

1) **1811년의 모반** 순조11년 북 일대에서 일어난 홍경래洪景來의 난 : 역주.

폭우의 계절이어서 흔히 며칠 동안이고 온갖 교통이 두절된다.

골짜기에서도 땅만 알맞으면 벼를 심으며, 산에서 흘러내리는 수많은 시내와 냇물은 논갈이에 필요한 못을 쉽사리 만들어준다. 이와 같이 관개되는 땅은 결코 놀리는 법이 없고 늘 수확을 가져다준다. 그밖의 땅에다는 밀, 보리, 좁쌀을 심는다. 농구農具는 지극히 단순하고 원시적이다.(p IV) 쟁기에는 소만이 사용되고 말을 쓰는 법은 결코 없다. 어느 날 선교사가 기독교도들에게 말을 이용하도록 권하였더니, 마치 프랑스에서 땅을 가는 데에 개를 쓰라고 권하는 것처럼 모두들 웃음을 터뜨렸다. 뿐만 아니라, 논에는 항상 물이 가득 차 있으므로 말이 논에서 일하다가는 견디어내지 못할 것이라는 것이었다. 두엄과 그밖에 정성껏 모으는 동물의 똥거름 이외에 경작에 재를 사용한다. 나무는 값이 비싸지 않고 겨울 동안 겁나게 태우므로 재는 조선 가정에 어디고 풍부하다. 그리고 또 봄철에 나무가 잎새로 덮이기 시작하면, 밑가지를 쳐서 밭에 펴 썩힌다. 씨를 뿌린 뒤에 새들이 그 씨를 먹지 못하도록 그리고 지나친 더위로 농작물의 어린 줄기가 말라 죽지 않도록 보호하기 위하여 또 다른 나뭇가지로 밭을 덮었다가 나중에 충분히 성장한 뒤에 걷어버린다.

이 산이 많은 나라에서 도로와 운수 기관의 결핍은 모든 대규모의 경작을 절대적으로 방해한다. 누구나 오직 자기 집 주위나 근처에 있는 토지만을 갈 뿐이다. 그러므로 큰 마을은 드물며, 시골 주민들은 서너 집 많았자 열 두어 집의 마을에 흩어져 있다. 여느 때의 수확은 주민의 수요에 겨우 자라지만, 조선에는 기근이 빈번하다. 주민의 가장 가난한 계층에서는 한 해에 두 번씩 기근이 정기적으로 온다고 할 수 있다. 처음은 6,7월의 보리 수확을 기다리는 춘궁이고, 다음은 9,10월의 좁쌀 수확 전이다. 돈은 매우 비싼 이자로밖에 빌려주지 않으므로, 적은 식량을 다 먹어버린 불쌍한 사람들은 쌀이나 다른 곡식을 사러 갈 수 없고, 살기 위해서는 소금물에 삶은 풀만이 있을 뿐이다.

쌀, 밀, 보리, 좁쌀 외에 이 나라의 주된 산물은 온갖 맛없는 채소, 무명, 담배, 그리고 베를 짤 수 있는 여러 가지 섬유 식물 등이다. 담배는 16세기 말에 일본인들에 의해 조선에 들어왔다. 목화는 중국에서 왔다. 5백 년 전에는 목화가 조선에 알려져 있지 않았는데, 중국인들은 자기들이 짠 피륙을 조선인들에게 팔기 위하여 종자의 수출을 막는 데에 가능한 모든 주의를 다하여 왔었다. 그러나 어느 날, 예년의 사절단의 한 사람[1)]이 씨앗 세 알을 손에 넣음에 성공하여, (p. V) 붓대 속에 감추어서 이 귀중한 관목을 자기 나라에 가져다주었다. 목화는 해마다 수확 후에는 말라 죽고, 봄이 되면 밀처럼 같은 땅에 다시 씨를 뿌린다. 싹이 땅에서 돋아오르면 많이 솎아버리고 나머지는 10인치 가량의 간격이 되도록 한다. 그리고 줄기마다 그 둘레에 조금씩 흙을 돋운다. 끊임없이 잡초를 뽑아내도록 힘쓰고, 9월에는 꽤 많은 수확을 올린다. 근래에 들여온 감자는 조선인들에게는 거의 알려져 있지 않다. 그 재배를 정부가 금지하고 있는데, 왜 그런지 모르겠다. 기독교도들만이 선교사가 그들의 마을을 찾아올 때 유럽의 채소를 제공할 수 있도록 남 몰래 조금씩 가꾸고 있다.

조선에서 처음으로 산을 간 것은 기독교도들이다. 박해로 말미암아 벽지에 쫓겨난 그들은 굶어 죽지 않기 위해 개간하였고, 몇 해 동안의 경험으로 이런 땅에 가장 알맞은 경작법을 알게 되었던 것이다. 그들의 시도가 성공한 데에 놀란 이교도들은 그

1) **사절단의 한 사람** 고려 말 공민왕조에 강성현 사람 문익점文益漸이 서장관書狀官으로 입원入元하였다가 가지고 나왔다. 원서 p. CLXXIV, 이 책 p. 267 참조 : 역주.

들을 본떠 지금은 많은 산이 일구어졌다. 담배는 이러한 고지의 주요한 수확물이다. 좁쌀은 삼과 몇 가지의 채소와 함께 거기서 꽤 성공을 거두었으나, 목화는 아직도 길들여지지 못하였다. 평지의 경작보다 훨씬 많은 노력을 요하는 이런 경작은 반면에 가난한 농민에게 큰 이익을 주고 있다. 세율은 더 낮고, 나무와 풀과 야생의 과실을 많이 얻을 수 있다. 꽤 많이 소비되는 큰 순무는 담배 포기들 사이에서 썩 잘 자라며 귀중한 식료품을 공급해 주고 있다. 불행하게도 땅이 꽤 빨리 메말라빠져, 골짜기에서는 쉬는 밭이 결코 보이지 않는데, 산 위에서는 얼마 지나면 몇 해 동안 땅을 놀리지 않으면 안 된다. 그럼에도 불구하고 처음 개간한 뒤와 같은 생산력은 거의 다시 볼 수 없다.

조선에는 과실이 풍부하고, 프랑스에서 나는 것들은 거의 다 볼 수 있으나, 그 맛은 어찌나 그리 다를까! 여름의 끊임없는 비 탓으로, 사과, 배, 자두, 딸기, 오디, 포도, 참외 등 모든 것이 맛이 빠지고 물이 많다. 포도즙은 맛이 야릇하고, 나무딸기는 우리나라 울타리의 야생 오디보다도 맛이 없다. (p. VI) 보기에는 썩 아름다운 딸기도 먹기 거북하다. 복숭아는 벌레 먹은 풋 실과뿐이다. 사람들은 오이와 서과西瓜 즉 수박을 많이 먹는데, 아마도 이러한 것들이 이 나라에서 생산되는 유일한 웬만한 과실일 것이다. 어떤 선교사들은 lotus diospyros라는 과실도 예외로 치는 분이 있는데, 이것은 프랑스에서는 일본 이름 '가끼'로 부르고 있다(조선 이름은「감」이다). 이 과실은 빛깔과 모양과 여물기가 익은 토마토와 꽤 비슷하다. 맛은 서양의 아가위 맛을 생각케 하나 그것보다 훨씬 좋다.

꽃은 매우 많다. 꽃철이 되면 들판은 중국 푸리무라, 여러 가지 백합, 작약, 그밖에 유럽에서는 알지 못하는 종류의 꽃들로 장식된다. 그러나 잎이 매우 조촐한 들장미와 유럽의 것과 비슷한 은방울꽃을 제외하고는, 모든 꽃들이 향기가 없거나 있어도 불유쾌한 것이다.

인삼도 기르지만, 달단의 야생 인삼에 비하여 품질이 매우 떨어진다. 이 유명한 식물은 극동 사람들의 말에 의하면 세계 제일의 강장제라 한다. 그 효험은 키나보다 훨씬 낫다. 중국인들의 말에 의하면, 가장 좋은 인삼은 가장 오래된 것이고 야생의 것이어야 하는데, 그러한 것은 1파운드에 5만 프랑이라는 엄청난 값으로 팔린다. 뿌리만이 쓰이는데, 여러 조각으로 썰어서 적어도 한 달 동안 백주白酒 속에 담갔다가 이 술을 아주 조금씩 마신다. 죽어 가는 환자에게 이 약을 써서 며칠 동안 연명되는 예는 드물지 않다. 재배되는 인삼은 조선 각지에 많다. 병자의 강장제로서 다른 약에 섞어 쓰지 이것만 홀로 사용하는 일은 거의 없다. 몇 년 전부터 상당한 양이 중국에 밀수출되어서 그 값이 곱절이 되었다. 청제국의 주민들이 조선사람들보다 더 많이 복용하기 때문이다. 인삼을 여러 번 유럽인들에게 시험해보았으나 많은 경우에 매우 중대한 염증성 병을 일으켰다고 한다. 아마도 너무 많은 분량을 먹었던 모양이다. 또 어쩌면 이러한 실패는 체질과 평소의 음식의 차이에서 오는 것인지도 모른다.

야생 동물, 호랑이, 곰, 산돼지 등이 조선에는 매우 많다. 특히 호랑이는 해마다 많은 희생자를 낸다. 이 호랑이는 조그마한 종류의 것이다. 또 꿩, 뜸부기, 그밖의 사냥감도 많다. (p. VII) 가축은 대체로 열등한 것들이다. 말은 매우 작으나 힘은 꽤 세다. 소의 키는 보통이다. 돼지와 개는 엄청나게 많으나, 개는 지나치게 겁이 많으므로 푸주의 고기로밖에는 거의 쓰이지 않는다. 개고기는 맛이 퍽 좋다고 한다. 그야 어쨌든 조선에서는 가장 훌륭한 요리의 하나이다. 정부는 양과 염소 치기를 금지하고 임금만이 그 특권을 가지고 있다. 양은 임금의 조상에 제물로 바치고 염소는 공자에게 제물로 바치도록 되어 있다.

조선의 동물계에 관하여 이야기하려면 곤충과 온갖 기생충, 이, 벼룩, 빈대, 진드기 등을 빼고는 말할 수 없다. 이러한 벌레들이 특히 여름철에 외국인들이 이 나라에 머물러 있는 걸 거북하게 만든다. 선교사들은 누구나 한결같이 이 나라에서 정말 이집트의 십난十難 중의 하나를 보는 것 같다고 한다. 어떤 곳에서는 진드기 때문에 더운 여름철에 집안에서 자기가 육체적으로 불가능하다. 그래서 주민은 호랑이가 다가올 위험이 있음에도 불구하고 한데서 자기를 좋아한다. 진드기는 살껍질을 물어서 보통의 찰상보다도 더 고약하고 낫기 어려운 상처를 낸다. 풍뎅이보다 훨씬 큰 진드기는 놀랄 만한 속도로 번식한다. 조선의 속담에 이런 말이 있다. '진드기의 암컷이 하룻밤에 아흔 아홉 마리밖에 새끼를 까지 못하면 헛된 시간을 보낸 셈이다.'

조선의 풍토는 건강에 꽤 적합하나, 어느 곳에서나 물은 맛이 없고, 많은 지방에서 여러 가지 병의 원인이 되어 있다. 가장 잘 걸리는 병은 몇 해나 계속되는 간헐열間歇熱이다. 가장 기름진 지방의 하나인 경상도 같은 곳에서는 물이 연주창, 신경 장해, 한 다리 때로는 두 다리의 과도한 부종을 일으키는 일이 많다. 이 경상도의 어느 지방에서는 물은 조로증早老症을 일으킨다. 이가 빠지고, 다리가 약해지고, 손톱이 살을 먹어들어가서 손가락 첫 마디를 거의 다 덮게 된다. 조선인들은 이 병을 '수토병' 즉 물과 흙으로 일어난 병이라고 한다. 물이 음료수로서 직접 작용할 뿐만 아니라 다른 데서는 유익하거나 아니면 적어도 해가 없는 과실과 채소를 유해하고 위험한 것으로 만든다는 뜻에서 그렇게 부른다.

어떤 질병들은 조선에서 참으로 재앙이다. 그중에 천연두가 있다. 천연두에 걸리지 않은 자는 전국에 아마 백 명도 못될 것이다. (p. VIII) 천연두는 사납기 짝이 없다. 어떤 고을에서는 흔히 아이들 전부가 동시에 이 병에 걸려 보기 흉한 부스럼과 딱지로 몸이 덮여 있다. 공기가 더럽혀져서 방안에 머물러 있기란 위험하다. 어렸을 때 이 병을 면한 자는 나중에 반드시 걸리게 되고 그때에는 위험성이 더 많다. 어린이들의 절반 이상이 이 병으로 죽고, 어떤 해에는 거의 살아남지 못한다. 어느 날 기독교도의 한 의사가 다블뤼이 주교에게, 몇 주일 전에 자기가 약을 준 72명의 아이 중에 두 아이 만이 죽음을 면했다고 말하였다. 수도에서는 해마다 희생자가 수천 명을 헤아린다.

특히 어른이 잘 걸리는 병으로는 일종의 페스트와 티부스를 들지 않으면 안 되는데, 이 질병은 매우 흔하다. 땀을 내지 못하면 3,4일 이내에 죽음을 면하지 못한다. 다음에 환자가 숨이 막혀 즉사하는 급성 소화 불량, 매우 흔한 지랄병, 콜레라 등이 있다.

보다시피 조선에서는 사망률이 높다. 위에서 든 이유와 아울러, 가증스런 낙태의 버릇이 있고 두서너 살 전에 어머니를 잃은 어린이는 기르는 방법을 모르므로 거의 살아남을 수 없음을 생각 할 때, 인구가 그다지 큰 비율로 불어나지 않는 것이 쉽게 이해된다. 선교사들이 십 년 동안 천 내지 천 2백의 성인 개종자改宗者가 있었음에도 불구하고 그 동안 기독교도의 총수가 거의 변동이 없었음을 언젠가 지적한 것을 보면 사망자 수가 출생자 수를 훨씬 초과한다고도 볼 수 있을 것이다. 그러나 늘 박해를 받고 거의 모두가 빈궁에 빠졌던 새 교도들의 특수한 처지를 생각하면 그러한 사실로부터 일반적 결론을 끌어낼 수는 없다. 게다가 조선인들은 자기 나라의 인구 수가 불어나고 더욱 더 사람이 퍼져간다고 믿고 있는데, 어떤 사실들로 보면 그들의 말이 옳은 것 같다. 이를테면 몇 년 전부터 새 마을들이 생기지 않은 지방은 거의 없고, 새로 초가가 세워지지 않은 마을은 거의 없는 형편이다. 예전에는 메마르다고 해서 돌보지 않던 논밭이 다시 도처에서 경작되고 있다. 북쪽의 두 도를 제외하고 어디서나 산들은 거의 다 일구어졌고, 호랑이는 굴에서 쫓겨나 훨씬 적어졌다. (p. IX)

현재 조선의 인구는 모두 얼마나 될까? 정확한 것은 알기 어렵다. 30년 전 정부의 공적 통계로는 170만 호 이상 약 750만 명을 헤아리고 있었다. 그러나 이 통계표는 매우 소홀하게 꾸며진 것이므로 믿을 수 없다. 많은 사람들이 헤아려져 있지 않음이 확실한 것 같다. 1호당 평균 6명으로 보아 총수 1천만으로 잡으면 아마 별로 틀림이 없을 것 같다. 요즘의 몇몇 지리학자들은 조선의 인구를 1천 5백만으로 추산하나 분명히 과장된 그들의 추측이 무엇에 근거를 두고 있는가는 말하지 못하고 있다.

조선사람은 몽골계에 속하나 중국사람보다는 훨씬 일본사람을 닮았다. 그들은 대개 구릿빛 살갗에, 코는 짧고 좀 납작하며, 광대뼈가 툭 불거지고, 머리와 얼굴은 둥그스름하고, 눈썹은 높다. 머리카락은 검으나 밤색 머리나 연한 밤색 머리도 흔히 만나볼 수 있다. 많은 사람들은 수염이 없는데, 수염이 있는 사람도 숱은 적다. 키는 중키이고, 꽤 힘이 세고, 피로에 잘 견디어 낸다. 달단에 가까운 북도 사람들은 훨씬 건장하고 거의 미개하다.(p X)

2

조선의 역사

중국에의 예속상태, 여러 정당의 기원

자료가 없으므로 진정하고 체계 선 조선사를 꾸미기란 불가능하지는 않을지라도 어려운 일이다. 한문으로 쓰인 여러 가지의 조선사는, 그것을 대강 훑어볼 수 있었던 사람들의 말에 의하면 다소 가공적 사실의 무잡蕪雜한 편집물로, 과장된 미사여구의 문장 구실밖에 못한다고 한다. 조선 학자들 자신도 그것을 조금도 믿지 않으며 결코 연구 대상으로 삼지도 않는다. 그들은 중국 역사를 읽을 따름이다. 물론 조선말로 쓴 줄인 역사책들이 없는 건 아니나, 그것은 진위眞僞 혼합의 기담집으로 부인들의 흥미용으로 엮은 것이며 학자라면 열어보기조차 부끄러워 할 것이다.

뿐만 아니라 이러한 편찬물에는 이 나라의 고대사만 다루어져 있다. 그것은 현대사 즉 현 왕조의 역대 왕의 역사를 저작 출판하는 것이 엄금돼 있기 때문이다. 자료가 어떻게 보존되는가를 다음에 보기로 하자. 몇 사람의 궁정 대관들이 일어나는 모든 일을 그들이 듣는 그대로 비밀히 기록한다. 다음에 밀봉한 이 기록을 4개의 상자에 넣어서 각각 4도에 보내어 보존한다. 그 왕조가 망하고 다른 왕조가 그 뒤를 이었을 때 이들 여러 가지 문서들을 이용하여 정식의 역사를 엮을 것이다. 그러나 대부분의 큰 양반 집안에서는 주요한 사건들을 특수한 장부에 기록해 두는 것이 관례이다. 다만 대신 또는 하급 관리라도 그 행적에 관하여 비판 또는 의견을 결코 표명하지 않도록 주의한다. 그렇지 않으면 글 쓴 이는 목숨이 위태롭게 될 것이다.

그러므로 조선 역사에 관하여 좀 정확한 지식을 다소라도 모을 수 있었던 건 주로 중국과 일본 책의 도움에 의한 것이다. 우리들의 목적과는 전혀 관계가 없는 따분한 인용과 논설로써 독자를 피로하게 하는 것보다는 알아 두는 것이 긴요한 일에 관해서만 몇 마디로 간결한 개요를 적어보기로 하겠다.[1] (p. XI)

중국에 처음 온 선교사와 여행가들은 조선어는 중국어의 한 사투리에 불과하다고 믿고 있었다. 그들은 이것으로 두 민족의 기원이 같다고 결론짓고 있었다. 오늘날 사람들은 이 두 나라의 말과 민족이 다르다는 것을 알고 있다. 조선사람은 중국사람이 아니라 달단인으로부터 갈려나왔음이 확실하다.

서기 1세기 이전의 조선 역사에 관해서는 전혀 알 수 없다. 그때는 다만 북쪽과 동북쪽에 고구려국, 서쪽에 백제국, 동남쪽에 신라국 등 뚜렷이 다른 세 나라가 반도를 나누어 가지고 있었던 흔적이 보일 뿐이다. 이 맞선 나라들 사이의 끊임없는 내란과, 한편으로는 고구려와 중국, 또 한편으로는 신라와 일본과의 사이에 끊임없이 벌어졌던 전쟁으로 말미암은 혼돈, 이것이 10세기 이상에 걸친 조선 역사이다. 이 시대의 끝 무렵에 신라국이 다른 두 나라보다 뚜렷한 우세를 차지하였음이 명백한 것 같다. 아닌 게 아니라 조선의 역사책들은 고려조 이전의 왕조에 대하여 신라라는 이름을 붙이고 있다. 이러한 우세의 또 하나의 증거로는, 서쪽과 북쪽은 좋건 싫건 거의 언제나 중국의 종주권 아래 있었던 것같이 보이는 데 반하여, 남쪽 즉 신라국은 몇 세기 동안 승패를 되풀이하면서 일본에 대한 싸움을 지탱해갔다는 사실이다. 일본 역사에는 두 나라 사이에 연속적으로 맺어진 약

---

1) 이 문제를 철저히 연구하고 싶은 사람들은 De Siebold 씨의 "Archiv Beschreibung von Japon"(일본견문집)을 참조할 것 : 역주.

50개의 조약이 적혀 있다.

그야 어쨌든 조선의 세 나라가 결정적으로 통일된 것은 11세기 말[1] 왕건(즉 창건자 왕씨) 아래서였다[2]. 고려왕은 중국의 도움[3])을 받아 백제국[4]과 신라국을 정복하여 단 하나의 군주국을 만들었으며, 그때 베이징에 자리잡은 몽골 왕조로부터 받은 원조에 대한 사례로서 몽골황제의 종주권을 정식으로 인정하였다.[5] 중국의 역사가들은 이 혁명에 관하여 견해를 좀 달리하고 있다. 그들에 의하면, 은나라의 잔인 방탕한 마지막 황제 주왕紂王은 자기의 조카 기자의 간언諫言을 싫어하여 그를 미워하고 귀양보냈다. (p. XII) 무왕武王은 주왕을 쳐서 은나라를 없애고, 기자를 불러서 조선왕을 시키고, 그의 숙부를 섬기던 군대의 나머지를 그에게 군대로 주었다 한다.

조선 통일의 개조開祖의 자손들은 3백년 이상 평화로이 통치하였다. 그들이 이 나라의 책과 전설에서 고려 왕조의 이름 아래 일컬어지는 임금들이다.

14세기 중국에서의 몽골 왕조의 몰락은 그 반동으로 조선에서 그 예속隸屬 왕조의 몰락을 가져 왔다. 중국의 역사책에서 이단李旦이라고 부르는 태조는 몽골인 대신 들어선 명나라의 보호 아래, 1392년, 조선에서 정권을 빼앗아 현 왕조를 세웠다. 그 정식 이름은 조선이라고 한다. 중국의 새 황제들은 이 혁명을

---

1) **11세기 말** 10세기 초의 잘못 : 역주.

2) **왕건 아래서였다** 3국 통일이 이룩된 것은 물론 신라에 의해서였다 : 역주.

3) **중국의 도움** 이때 중국의 원조는 없었음 : 역주.

4) **백제국** 후백제를 가리킴 : 역주.

5) **몽골황제의 종주권** 몽골황제의 종주권을 인정한 것은 고려 고종 말년 : 역주.

이용하여 그들의 종주권을 넓혔으니, 조선사람들에게 중국의 연호와 책력 사용이 강요된 것은 이때이다. 태조는 왕권이 굳어지자 이전 임금들이 살고 있던 송도 즉 개성을 떠나 수도를 한양에 세웠다. 그는 나라를 8도로 나누고, 오늘날까지도 아직 유지되고 있는 모든 통치 및 행정 체계를 짰다.

태조의 처음 후계자들은 꽤 큰 세력을 가졌던 것 같다. 그것은 1506년부터 1544년까지 왕위에 있었던 중종 치하에 대마도(쑤지마 또는 쑤지마섬)와 조선에 조공하고 있던 일본의 다른 몇 지방들이 반란을 일으켰을 때 일본과 싸운 기록1)이 보이기 때문이다. 그러나 몇 년 뒤에 일본은 복수를 하였고, 다이코사마豊臣秀吉는 조선을 멸망 직전에 빠뜨렸다. 1592년 능란한 정치가이자 위대한 군인이었던 이 군주는 20만의 군대를 조선에 보냈다. 그의 계획은 중국 침입에의 길을 여는 데에 있었다. 공동의 적에 대하여 중국군은 조선 원조에 쫓아왔으나 허사였다. 그들은 여러 차례의 접전에서 패하고, 조선의 4분의 3이 일본군 세력하에 빠졌다. 만약에 다이코사마의 죽음이 1598년에 그의 군대로 하여금 정복한 것을 버리고 일본으로 되돌아올 것을 강요하지 않았던들 아마 이 나라는 모두 그 지배하에 들어갔을 것이다. 1615년 다이코사마의 집안이 쓰러지자, 일본 현 왕조의 우두머리는 조선과 결국 평화 조약을 맺었다. 그 조건은 조선사람들에게 매우 가혹하고 매우 굴욕적인 것이었다. 왜냐하면 그들은 해마다 사람 가죽 30장의 공물貢物을 바치지 않으면 안 되었기 때문이다. (p. XIII) 몇 년 뒤에 이 야만스런 공물은 은, 쌀, 베, 인삼 등의 연공年貢으로 바뀌었다. 그밖에 일본사람들은 조선의 동남쪽 바닷가에 있는 부산개 항구의 소유권을 갖게 되었

---

1) **일본과 싸운 기록** 삼포왜란三浦倭亂, 사량왜란蛇梁倭亂 등을 가리킴 : 역주.

으며 지금도 그 주인이다. 이 중요한 지점은 3, 4백의 병사와 노동자로 된 거류민에 의하여 점령되어 있으나, 그들은 국내와 아무런 교섭도 없으며, 한 달에 한두 번씩 몇 시간 동안만 조선 사람들과 교역을 할 수 있을 뿐이다. 부산개는 대마도주의 권력 아래 있다[1]. 1790년까지 조선 임금은 즉위를 알리기 위하여 그리고 십 년마다 공물을 바치기 위하여 특사를 보내지 않으면 안 되었다. 그 후부터는 사절은 대마도까지만 갔었으니, 훨씬 거추장스럽지도 덜하였고 비용도 덜 들었다.

1636년 현재 중국을 통치하는 만주 왕조가 명나라를 넘어뜨렸을 때 조선 왕은 명나라의 편을 들었다. 조선은 곧 만주인의 침입을 받게 되었으나 적에 대하여 참다운 저항도 못하였고, 바

---

1) 일본인들에 의한 부산개의 영유는 조선인들의 패배를 말하는 영원한 증거이며, 이로 인해 조선인들의 국민적 자존심은 몹시 상하였다. 그러므로 그들의 역사는 내가 방금 말한 사실을 불문에 붙이고, 괴상한 전설로 그것을 대치하도록 갖은 조심을 다하고 있다. 다음에 일례를 들어서 어떤 조선 지도의 주석이 조선 영토 위에 외국인이 거주하고 있는 것을 어떻게 설명하고 있는가를 보기로 하자.

『왜이倭夷 대마도민의 절영도(絕影島 : 부산개 동남방 2, 30리 소재의 작은 섬) 거주

세종대왕 치하에 다수의 대마도 왜이가 그 섬을 떠나서 조선 해안의 세 작은 항구 부산포, 염포鹽浦, 제포薺浦로 이주하여 그 수가 이내 불어갔다. 중종 재위 5년에 부산포와 염포의 왜이가 난을 일으켜 하룻밤 사이에 부산시 성벽을 부수고 첨사僉使 이우증李友曾까지도 죽였다. 그들은 조선국군에 토벌되어 그 항구들에서는 계속 살 수 없게 되어 이 나라 내부 지방으로 퇴거하였다. 그러나 조금 후에 그들은 사과하고 다시 거기에 와서 살게 되었으나, 그것은 잠시 동안에 불과하였다. 왜냐하면, 임진년(1592년) 조금 전에, 그들은 모두 조국 대마도로 돌아갔기 때문이다. 기해년己亥年(1599년)에 선조대왕은 대마도 왜이와 교섭을 가졌다. 선조는 조선 해안상의 일찍이 그들이 철거해간 장소에 그들을 불러다가 집을 세워주고, 그들을 후대厚待하고, 그들을 위해 매월 3일부터 5일간 열리는 시장을 창설하고, 상품이 과다할 때는 더 자주 장을 열 것을 허가하였다.』: 저주.

로 자국의 수도에서 적에게 법률을 강요당하게 되었다. 오늘날까지도 한양(서울)의 한 성문 근처에는 원정군을 지휘한 만주의 장군을 기념하여 이때 세워진 사당[1] 하나가 있는데, 사람들은 여기에 신성한 경의를 표하고 있다. (p. XIV) 1637년에 맺은 조약은 조선의 중국에 대한 예속의 실제적인 조건을 심히 가중시킨 것은 아니나 형식상으로는 이 예속을 훨씬 굴욕적인 것으로 만들었다. 조선 왕은 중국 황제에게 오직 임명권뿐만 아니라 신분상의 직접 권한 즉 주종(군신) 관계까지도 인정하지 않으면 안 되었다.

정축년丁丑年(1637년) 3월 30일에 조인한 이 조약의 한 항목은 연공年貢 지불을 다음과 같이 규정하고 있다.

"매년 아래와 같이 헌상할 것. 금 백 온스- 은 천 온스- 쌀 만 포대- 명주 2천 필- 모시亞麻類 3백 필- 보통 베 만 필- 삼베 4백 필- 가는 삼베 백 필- 큰 종이 20장 들이 천 권- 작은 종이 천 권- 좋은 칼 2천 개- 물소 뿔 천 개- 꽃자리 50장- 물감나무 2백 폰드- 후추 백 25리터- 호랑이 가죽 백 장- 사슴 가죽 백 장- 해리海狸 가죽 4백 장- 푸른 쥐 가죽 2백 장 등등. 이 헌납은 기묘년(1639) 가을부터 시작할 것."

여기서 말하는 쌀 포대는 2헥토리터가 좀 못되는 소 한 마리의 짐이다. 이 조약을 맺은 지 몇 년이 지나서, 1650년에, 조선국 사신(그의 딸이 만주인에 잡혀 갔다가 황제의 여섯째 부인이 되었다)이 쌀 공납을 9천 포대로 감소시키기에 성공하였다[2]. 이 조

---

1) **사당** 인조 17년에 청제淸帝의 공덕을 기리는 비석을 삼전도三田渡 남수강단南受降壇이 설치되어 있는 곳에 세웠는데 이것을 말하는 것 같다 : 역주.

2) **조선국 사신이 … 성공하였다** 1650년 효종 원년孝宗元年에 연경燕京에 들어간 사자가 공미를 감소시킴에 성공하였다는 사실은 없고, 1646년(인조仁祖 24년)에 유정량柳廷亮, 이후원李厚源 등이 연경에 들

약의 다른 조항은 두 나라 사이의 모든 관계를 상세히 규정하고 있으며, 세부에 관한 사소한 몇 가지의 변경을 제외하고는 이 조약은 현재까지 양국간의 국제법으로 돼 있다.

해마다 조선 사절은 공물을 바치고 책력을 받으러 베이징에 간다. 이 책력 받는 일을 두 나라 사람들은 매우 중요한 일로 생각하고 있다. 중국에서 책력의 결정은 천자天子 자신에게만 부여된 황제권의 하나다. 천문학자와 수학자로 구성된 여러 심의회가 제작 책임을 지며, 매년 황제는 큰 국새國璽를 찍어서 법령으로 공포하고, 그밖의 책력을 사용 또는 발행하는 것을 금하되 위반할 때는 사형에 처한다. 제국의 대관들은 베이징 궁중에 가서 엄숙히 그것을 받는다. 수령과 하급 관리들은 지방 장관 또는 부왕副王으로부터 그것을 받는다. (p. XV) 이 책력을 받는 것은 황제에 예속하고 조공함을 공표하는 것이오, 그것을 거절하는 것은 공공연히 반항하는 것이다. 조약을 맺은 후 조선 임금들은 감히 황제의 책력 없이 지낼 수는 없었다. 그러나 자기 자신들의 신하에 대하여 권위를 지키고 제법 독립국처럼 보이게 하기 위하여 태음력의 큰달(30일의 달)을 일정하지 않은 간격으로 두기도 하고 윤달을 올리거나 늦추거나 하여 몇 가지 변경을 가한 체하고 있다. 그래서 조선사람들은 상용일常用日과 축제일을 알기 위하여 자기 나라의 책력이 발행되기를 기다려야만 하였다.

어갔고, 동문휘고同文彙考 청구조請求條에 "사면운미謝免運米 …"라고 소진미공所進米貢을 경감시킨 사실이 보인다. 청제의 제6 부인이 누구인가는 알 수 없다 : 역주.

또 조선 왕은 새로 즉위할 때마다 특사를 보내어 황제에게 임명을 구하지 않으면 안 되며, 왕실에 관한 모든 일과 국내에 돌발한 중대 사건을 보고하지 않으면 안 된다. 대부분의 중국 사신들은 제국의 서열에 있어서 조선 왕보다 계급이 높으므로, 조선왕은 그들을 영접하고 그들에게 공손한 인사를 드리기 위하여 수도의 문밖에 나가야 하고 사신이 들어오는 것과는 다른 문으로 드나들지 않으면 안 된다. 사신은 체류 중 자기에게 차려 준 저택 밖으로 나오지 않는다. 그리고 날마다 그의 밥상에 오르는 것은 식기며 은그릇이며 모두 그의 차지가 되므로 이것이 조선 정부에 막대한 부담이 된다. 그리고 또 조선국 사신은 국경의 처음 중국 도시인 변문邊門의 성문을 지나갈 권리가 없으므로 돌아서 가지 않으면 안 되었던 것 같다. 황제의 표지 빛깔은 조선 왕에게는 금지되며 황제의 관과 같은 왕관은 쓰지 못한다. 모든 민간 문서에서는 황제의 연호 날짜를 써야 하며, 베이징에 무슨 중대한 일이 일어나면 왕은 경우에 따라 축하와 조위弔慰의 특사를 보내야 한다. 조약은 또한 조선 정부는 화폐를 주조할 권리가 없다고 규정하고 있으나 이 조항은 이제 지켜지지 않는다.

뒤알드의 책에 두 나라 궁정 사이의 공적公的 관계에 관한 이상한 예 하나가 실려 있다. 그것은 1694년 이조李朝의 한 왕[1]으로부터 강희 황제에 올린 청원서이다. 그것은 다음과 같은 내용으로 되어 있다.

"조선국 왕은 왕실의 질서를 유지하고 백성의 소원을 듣게 하기 위하여 이 청원을 올리나이다. (p. XVI)

---

1) 이조의 한 왕 숙종肅宗을 가리킴 : 역주.

소신小臣은 운명이 불우하여 오랫동안 후계자를 얻지 못하였다가 마침내 측실로부터 한 남아를 얻었나이다. 그의 출생은 소신의 마음을 무한히 기쁘게 하였으며, 소신은 그의 생모를 곧 왕비로 삼았나이다. 그러나 이는 잘못이었고, 이로 말미암아 여러 가지 의심을 받게 되었나이다. 정실 민 왕비를 별궁으로 물러나게 하고 그 대신 둘째 부인 장 씨[1]를 왕비로 세웠던 것입니다. 이 일에 관해서는 당시에 상세히 폐하께 보고 드렸나이다. 그러나 지금 돌이켜 생각해보니 민비는 폐하께옵서 책립윤허冊立允許하옵신 사람으로, 소신을 도와 치가治家 봉제사奉祭祀하였고, 대왕대비와 왕대비를 섬기었고, 소신과 더불어 3년 상을 받들었나이다.

정리情理상 마땅히 민비를 존중하여야 할 것임에도 불구하고 소신은 분별없이 행동하고 말았나이다. 그런 뒤에야 소신은 매우 후회하였습니다. 이제 백성의 소원에 부응하여 민씨를 왕비에 복위시키고 장씨를 다시 측실로 내릴까 하나이다. 이렇게 함으로써 가정의 통솔은 질서를 찾을 것이오, 국내의 미풍 교화의 근본은 바로잡혀질까 하나이나.

소신은 비록 무식하고 우둔하여 조상으로부터 이어받은 칭호를 더럽히고는 있사오나, 성상聖上을 섬겨온 지 20년, 소신의 오늘날이 있음은 모두 하느님처럼 비호庇護하여 주옵시는 성상의 은혜에 의해서옵나이다. 공사간에 그 성질의 여하를 막론하고, 소신이 감히 성상에게 숨기는 일이라고는 하나도 없습니다.

---

1) **둘째부인 장씨** 숙종의 총희寵姬 장희빈을 가리킴. 숙종 15년에 장비 소생 윤昀을 세자로 책봉하고 민비를 폐하여 장빈을 왕비로 삼으니 민비를 지지하던 서인西人은 쫓겨나고(송시열은 사약을 받음) 남인南人이 장빈을 업어서 한참 득세하였다가 숙종 20년에 이르러 왕이 전죄를 뉘우치고 서인을 다시 거용擧用함으로써 형세가 또다시 일변하였다 : 역주.

이것이 외람하게도 이 사건에 관하여 수차 폐하를 괴롭히게 된 까닭이옵나이다. 실은 이처럼 분에 넘는 일을 부끄러워하는 바이오나, 그것이 가정에서 지켜야만 할 질서에 관한 것이옵고 백성의 소원을 듣게 하는 일이오므로, 폐하께 삼가 알리옵는 것이 도리에 마땅한 줄로 생각하옵나이다."

황제는 이 청원서에 대하여 다음과 같이 하명하였다.

'관계 관청은 협의하여 보고하라'

관계 관청은 예부禮部이다. 예부는 왕의 요청을 윤허할 것이라고 판정하고 황제는 비준하였다. 황제의 사자가 왕비에게 새로운 책봉장冊封狀과 호화로운 의복과 관례의 예식을 마치기에 필요한 모든 것을 전하기 위하여 파견되었다.

다음 해에 왕은 강희 황제에게 또 한 장의 청원서를 보냈다. 황제는 그것을 읽고 다음과 같은 칙명을 내렸다. (p. XVII)

"짐朕은 왕의 사연을 읽고 그 뜻을 알았다. 관계 관청은 이 청원서의 용어用語에 부당함과 무례함이 있음을 알 것이며, 이를 조사하여 상주上奏하라."

이 명령에 의하여 예부 즉 예의성에서는 조선 왕에게 은 1만 중국 온스의 벌금과, 연공年貢과 교환하여 황제가 내리는 선물을 3년간 정지할 것을 선언하였다[1].

방금 읽은 문서와 이 교회사에서 보게 될 그와 비슷한 문서는, 조선에 대한 중국의 종주권이 매우 실질적임을 나타내고 있다. 경우에 따라, 두 나라 군주의 개성에 따라, 이 예속 정도에 다소의 차는 있으나 그것이 항상 존재하는 것을 알 것이다.

게다가 중국 황제들은 능란한 정치가답게 조선 정부의 재산과 감정을 소중히 다룬다. 그들은 위에서 말한 조공을 받고 그 대

1) 뒤알드, 「중국제국기中國帝國記」 권3 : 저주.

신 조선 사신과 그 수행원에게 해마다 선물을 한다. 또 새로 즉위한 왕에게는 왕의 외투와 값비싼 장식품을 보낸다. 또 마찬가지로 그들은 조선에 대하여 식량, 군수품, 병사의 보조를 요구할 권리를 가지고 있으나 그 권리를 거의 행사하지 않으며, 더구나 조약의 조문에 의하여 부득이하다면 할 수도 있지만 조선의 내정에는 조금도 간섭하지 않는다. 원조元朝(몽골 왕조)는 옛날 조선왕을 폐립廢立하기 위하여 여러 번 간섭하였으나, 그 때문에 조선에서의 원나라에 대한 추억은 가증스러운 것으로 돼 있다. 더 영리한 명나라 사람들은 조선을 속국이라기보다 동맹국으로 대접하였고, 일본이 크게 침략하였을 때에는 조선 왕을 돕기 위하여 군대도 보냈다. 그리하여 중국에서는 만주인 황제들에 의하여 명나라 당시의 여러 가지 풍습이 폐지되었음에도 불구하고 조선에서는 그것이 소중히 보존되어 있을 정도로 조선 국민의 그들에 대한 정의情誼와 감사는 오늘날까지 변함이 없다. 만주인 황제들은 조선에서 호감을 얻지 못하고 있으며, 개인의 장부에 그들의 치세治世 연호로 날짜를 붙이지 않는다. 그러나 그들의 속박이 그다지 심한 것은 아니며 그것에서 벗어나려는 생각은 누구의 머리에도 떠오르지 않는다.

1637년 조약의 한 조항은 만주 사람들이 중국을 잃고 자기들 나라로 물러가지 않으면 안 되었을 경우에 대비하는 것이라고 조선에서는 널리 믿어지고 있다. (p. XVIII) 그렇게 되었을 때에는 조선은 소 3천 마리, 말 3천 마리를 그들에게 제공하고, 막대한 금액의 돈을 지불하고, 끝으로 특별히 고른 처녀 3천 명을 보내지 않으면 안 된다는 것이다. 조선의 여러 도청에 처녀종의 수효가 항상 그만큼 있는 것은 정부가 필요할 때에 조약의 그 항목을 이행하기 위해서라고 주장하는 이가 있다. 그러나 선교사들은 아직 이 점에 관한 공적 기록을 찾아볼 수 없었다.

1636년부터 조선은 일본과도 중국과도 전쟁을 하지 않았다. 이 나라사람들은 너무나도 어울리지 않는 싸움을 다시는 시작하지 않을 만한 양식을 가지고 있었으며, 강한 이웃나라들의 야욕을 자극하지 않도록 될 수 있는 대로 항상 오그라져 나라의 약함과 백성의 가난함을 늘 강조하기를 좋아하였다. 은광의 개발 금지도 그 까닭이며, 대관들의 사치와 호사를 엄격히 제한한 자주 갱신된 사치 단속령도 그 까닭이다. 외국인과의 통상이 거의 절대적으로 금지된 것도 또한 그 까닭이다. 이런 방법으로 평화가 유지되었으며, 근세의 역사는 몇 차례의 궁중 음모 사건 밖에 보이지 않는다. 이러한 음모 사건에서 한두 번은 왕을 폐하고 같은 왕실내의 다른 왕자를 내세움에 성공한 일도 있으나, 대개의 경우는 진짜이든 가짜이든 음모자와 그 공범자들을 극형에 처하게 되었을 뿐이었다. 뿐만 아니라 아무런 변화도 참다운 개량도 없다. 이른바 정치 생활이며 진보며 혁명이라는 것은 조선에 존재하지 않는다. 백성은 아무 것도 아니며 아무 것에도 관여하지 않는다. 양반만이 권력을 쥐고 있고, 백성을 짜서 한껏 많은 돈을 우려내기 위해서만 백성을 상대한다. 양반은 자기네끼리 철천지원을 품고 서로 잡아먹으려는 여러 당파로 나누어져 있다. 그러나 이렇게 그들이 갈라진 원인이나 취지는 정치와 행정의 원리를 달리함에 있는 것이 전혀 아니다. 그들은 관직과 사무상의 권력을 다투고 있을 뿐이다. 근 3세기 전부터 조선 역사는 피비린내나는 헛된 싸움의 따분한 이야기에 불과하다.

다음에 몇 가지의 조선 기록과 전국에 널리 퍼져 있는 전설에 따라 이들 여러 당파의 유래를 살펴보자.

선조宣祖(1567-92)[1] 임금 때, 나라에서 가장 세력 있는 두 양

---

1) **선조(1567~1592년)** 선조 재위는 1567년~1608년간이었다 : 역주.

반 사이에, 한편에서 높은 자리 하나를 차지하였는데 다른 편에서도 그것을 요구할 권리가 있다고 주장하기 시작하여 논쟁이 벌어졌다. (p. XIX) 이 두 경쟁자의 일가와 친구와 부하들이 이 싸움에 편들었다. 임금은 양쪽 편을 다 같이 신중히 다루었으나 그들은 동인(동쪽사람)과 서인(서쪽사람)의 이름으로 나누어지고 말았다. 몇 년 뒤에 역시 대수롭지 않은 원인으로 남인(남쪽사람)과 북인(북쪽사람)이라는 또 다른 두 당파가 생기게 되었다. 얼마 안 가서 동인은 남인에 합쳐서 남인이라는 이름 아래 단 하나의 당파만을 이루었다. 매우 수가 많은 북인은 처음에 내부 분열을 일으켜 대북(큰 북인)과 소북(작은 북인)으로 나뉘고, 왕에 대한 음모에 관계한 대북은 거의 다 사형을 받게 되고, 남은 자는 얼마 안 가서 소북에 합쳤으므로, 1674년 숙종이 즉위하였을 때에는 서인, 남인, 소북의 세 당파만이 뚜렷하게 남게 되었다.

숙종 임금 때 하찮은 사건으로 새로운 변동이 일어났다. 윤이라는 서인파의 한 젊은 양반[1]이 우암尤庵이라는 이름 높은 학자를 스승으로 삼고 있었다. 윤의 아버지가 죽자 윤이 묘지墓誌를 지었더니 그의 스승은 또 다른 것을 제시하였다. 양쪽에서 타협이 되지 않고 두 지문誌文은 각각 찬성자가 있어 서로 매우 격분하였으므로 서인파는 소론이라는 윤파와 노론이라는 우암파의 새로운 두 파로 갈라지고 말았다.

오늘날도 아직 조선에 존재하는 네 당파의 유래는 그와 같다. 모든 양반들은 반드시 이런 당파들 중 하나에 속해 있으며, 그들의 유일한 관심사는 높은 자리를 차지하고 반대파에는 그 길을 막는 일이다. 대개의 경우 패배한 당파들 중 주요 두목들의 죽음으로써 끝을 맺게 되는 끊임없는 불화와 싸움이 거기서 일

1) **윤이라는 서인파의 한 젊은 양반** 윤증尹拯, 호號는 명재明齋. 아버지는 윤선거尹宣擧 : 역주.

어난다. 적의 자리를 빼앗기에 성공한 자들은, 보통 무기나 암살의 수단을 쓰지 않고 그들을 사형이나 적어도 종신 유배형에 처하도록 왕에게 강요한다. 조용한 때에는 승리 당은 용의주도하게 요직은 자파가 차지하고, 너무 심한 대립을 피하기 위하여 다른 파의 양반들에게 보통의 벼슬자리를 나누어 준다. 그러나 결코 서로 접근하지 않으며, 행정 사무의 수행을 위하여 꼭 그럴 필요가 있을 것 같은 때에도 반대당원끼리 서로 말을 하지 않는 것을 정부는 묵인한다.

이러한 증오는 세습적이다. 아버지는 아들에게 그것을 전한다. (p. XX) 한 집안이나 개인이 당을 바꾼 예는 없다. 더구나 항상 가장 수가 많고 가장 세력이 크고 가장 치열하였던 남인과 노론 사이에서는 그러하였다.

반대 진영의 집안끼리 혼인을 하였다는 말도 여태껏 들어본 일이 없다. 적의 음모에 의하여 양반이 벼슬이나 목숨을 잃으면 그 복수를 자손들에게 맡긴다. 흔히 자손들에게 복수의 유형有形 담보물을 주는 수가 많다. 이를테면 자기의 원수를 갚기 전에는 결코 벗어서는 안 된다는 명령과 함께 아들에게 옷을 주는 것이다. 아들은 늘 그것을 입고 있고, 원수를 갚기 전에 죽게 되면, 또 자기 아이들에게 같은 조건으로 그것을 전한다. 2, 3대 전부터 선조의 영혼을 위로하기 위하여 치러야 할 피의 부채負債가 아직 남아 있다는 것을 밤낮으로 생각나게 하는 누더기를 걸치고 있는 양반을 만나는 일은 드물지 않다.

조선에서는 아버지의 원수를 갚지 않음은 아버지를 부인하는 것이다. 그것은 사생아이며 아버지의 성을 가질 아무런 권리도 없음을 증명하는 것이다. 그것은 거의 조상 숭배에만 존재하는 이 나라의 종교의 근본을 침범하는 것이다. 만약에 아버지가 법률에 의하여 사형을 받았다면 그의 원수나 원수의 아들도 같은 운명을 받게 하지 않으면 안 된다. 아버지가 유배를 당했다면 그의 원수도 유배를 당해야 하고, 암살을 당했다면 그의 원수도 암살을 당해야 하는데, 이러한 경우에 범인의 무죄는 거의 완전히 보증된다. 그것은 이 나라의 종교적 국민적 감정이 그의 편을 들기 때문이다.

반대당이 가장 흔히 쓰는 방법은 임금의 목숨을 엿본다는 음모를 들어서 고발하는 것이다. 청원과 위증을 거듭하고, 대신들을 금력으로 매수한다. 처음의 청원자들이 투옥되거나, 매를 맞거나, 엄청난 벌금을 물게 되거나, 또는 유배당하는 수가 때때로 있는데, 그러한 때에는 비용을 치르기 위하여 추렴하고, 새로 일을 꾸며, 대관의 매수와 왕의 무기력으로 말미암아 마침내 성공하게 된다. 그렇게 되면 승리 당은 자리와 벼슬을 독차지하고, 적당敵黨이 자기들을 쫓아내고 대신 들어설 기회를 얻을 때까지 자기들이 부자가 되고 적을 파멸 박해하기 위하여 권력을 행사하고 남용한다. 위에서 말한 여러 당파들은 또 두 개의 빛깔이랄까 차라리 두 개의 미묘한 차이로 다시 나누어졌다. 다음에 무슨 동기로 그렇게 되었는가를 살펴보자.

1720년에 조선 왕위에 있던 임금[1]은 뒤를 이을 아들이 없었다. 나라의 큰 벼슬아치들 사이에 틈이 벌어졌다. 어떤 이들은 영리하고 잔인한 왕제王弟 영조英祖를 곧 왕세제王世弟에 책봉하려 하였고, (p. XXI) 다른 이들은 늘 임금이 죽기 전에 후손이 태어날 것을 바라며 더 기다려 보기를 원하였다. 처음 사람들은 벽僻 또는 벽파라 하고 뒷사람들을 시時 또는 시파라 하였다. 벽파는 영조의 책봉을 받기 위하여 비밀히 베이징에 사람을 보냈다. 때마침 그것을 알게 된 시파는 밀사의 뒤를 쫓아 조선 땅

---

1) **1720년에 왕위에 있던 임금** 경종景宗을 가리킴 : 역주.

안에서 잡아 죽였다. 그러나 늙은 임금은 아들 없이 죽고 영조가 1724년에 즉위하였다. 그는 자기의 형이 자손을 못 두도록 여러 가지 약을 써서 방지하고 그런 뒤에 형을 독살하였다는 이중의 죄를 저질러서 권력에의 길을 열었다고 당시의 여론은 탓하고 있었지만 허무맹랑한 소리는 아니다. 이러한 소문에 화가 난 새 임금은 벽파의 지지를 받아, 즉위하자마자 자기의 적으로 알고 있던 수많은 시파 사람들을 죽였다. 몇 년 뒤에 그의 큰 아들이 나이 어려서 죽자, 사도思悼라는 둘째 아들을 세자에 책봉하고 정치에 참여시켰다. 누구나가 다 완전무결한 사람이라고들 말하고 있는 이 젊은 왕자는 자주 아버지에게 권하여 시파에 대한 과거의 원한을 잊어버리고 전면적 특사를 선언하고 솔직히 화해 정책을 쓰도록 하였다. 이러한 비난에 노하고 벽파에 충동된 영조는 세자를 죽이려고 마음먹었다. 큰 나무 상자를 만들어 사도를 산 채로 그 속에 누우라 명령하고, 다음에 그 관을 닫고, 옥새玉璽를 찍고, 풀로 덮었다. 몇 시간 후에 젊은 세자는 숨 막혀 죽었다.

그의 죽음은 그의 편인 시파와 그를 사형에 처하게 한 벽파와의 사이에 격분을 더하였고 그 싸움이 아직도 계속되고 있다. 시파는 사도가 세자에 책봉되고 나라 정사에 참여하였으므로 왕열王列에 올리기를 바라는데, 벽파는 늘 거기에 반대하여 현재까지 이 추존追尊을 방해하는 데에 성공하였다 시벽파의 구별은 가장 세력 큰 남인과 노론 두 파 사이에밖에는 별로 없다. 각자는 개인적 경향에 따라 이 파나 저 파에 참여하며, 아버지는 벽파인데 아들은 시파라거나 또는 형제간에 다른 파에 속한다거나 하는 수가 흔히 있다. 이러한 정치적 빛깔의 차이는 조금도 두 집안 사이의 혼인을 방해하지 않으며, 특히 이 점에 있어서 시파와 벽파는 위에서 말한 이른바 정당과는 다르다. 보통 선동가와 야심가는 벽파에 속함에 반하여 시파 사람들은 언제나 더 온전하고 더 타협적인 태도를 보였다. (p. XXII)

전 세기 말 기독교가 조선에 들어왔을 때, 처음에 개종한 양반의 대부분은 시파 사람들로 남인당에 속하여 있었다. 기독교에 대하여 벽파와 노론 사람들을 들고 일어나게 하기 위해서는 그런 사실만으로 충분하였다. 이러한 정치적 증오심이 초기의 박해에 크게 작용하였음을 이 교회사에서 볼 수 있을 것이다. 1801년까지 지극히 강력하였던 남인은 이 타격에 견딜 수 없었다. 남인은 깡그리 무너지고, 대부분의 우두머리들은 목숨을 잃었으며, 오늘날 완전히 권력을 잡고 있는 노론은 이제 참다운 경쟁자를 두려워할 것이 없다. 수는 많으나 유순하고 아첨하기 좋아하는 소론은 꽤 많은 큰 감투를 얻고 있다. 남인과 소북에도 몇 자리 주고 있으나 함부로 주지 않는다. 그리고 소북은 수가 적고 나라에서 세력이 없다.

다음에 조선의 만화가 이러한 상태를 어떻게 나타내고 있는가를 보기로 하자. 노론은 호화로운 옷을 입고 진수성찬을 차린 식탁에 앉아서 가장 맛좋은 음식을 마음껏 즐기고 있다. 소론은 그 옆 조금 뒤편에 앉아서 상냥스럽게 시중을 들고 알랑거리는 값으로 한 몫의 요리를 받는다. 소북은 이 잔치가 자기를 위한 것이 아님을 알고, 훨씬 더 멀리 떨어져서 점잖은 태도로 조용히 앉아 있다. 다른 사람들이 실컷 먹고 나면 그에게도 좀 나머지가 돌아갈 것이다. 끝으로 남인이 누더기를 걸치고, 노론의 뒤에 노론의 눈에 띄지 않는 곳에 서서 이를 갈면서 분개하고, 공공연한 복수를 맹세하는 사람처럼 주먹을 내밀고 있다. 2, 3십년 전에 발표된 이 만화는 현재의 각 당파의 위치에 관하여 매우 정확한 관념을 준다. (p. XXIII)

3
국 왕

왕족, 궁정의 환관宦官, 왕의 장의葬儀

조선에서는 동양의 다른 모든 나라에서와 마찬가지로 정체政體는 절대 왕정이다. 임금은 자기 나라에 있는 모든 것을 사용하고 남용하는 전권全權을 가지고 있다. 그는 인민, 사물, 기구에 대하여 무한의 권력을 향유한다. 대신 왕족을 막론하고, 신하에 대하여서는 예외 없이 생살권을 가지고 있다. 그의 몸은 신성하고, 사람들은 상상할 수 있는 모든 존경을 다하여 그에 대하고, 모든 수확물의 만물을 엄숙 성대하게 그에 바치고, 거의 신에 대한 것 같은 경의를 표한다. 임금은 중국 황제로부터 책봉과 동시에 이름을 받으나, 그의 높은 품격에 대한 존경심에서 그의 이름을 부르는 것은 엄벌로써 금지돼 있고, 베이징 궁정과의 공적 관계에서만 사용된다. 그의 후계자는 그가 죽은 뒤에 비로소 그에게 시호諡號를 올리고 이후 역사는 이 시호로써 그를 가리키게 된다.

임금 앞에서는, 대부분의 양반들과 모든 상제들이 평소에 얼굴을 가리는 두건을 아무도 쓸 수 없다. 안경도 쓰지 못한다. 결코 그에게 손을 대서는 안 되며, 특히 그의 몸에 쇠를 가까이 해서는 안 된다. 1800년에 정조 대왕께서 등창으로 돌아가셨을 때 침을 썼더라면 아마 나았을지도 모르는데 아무도 그런 생각은 하지 못하였으며, 임금은 예법으로 말미암아 죽지 않으면 안 되었다. 또 입술에 종기가 나서 몹시 고생한 다른 임금의 예도

들 수 있다. 의사는 중을 불러다가 상감마마 앞에서 온갖 놀음과 재주와 얼굴 표정을 다 부리게 하려는 희한한 생각을 가졌다. 치료 받는 임금은 폭소를 터뜨리기 시작하여 종기는 터져 버렸다. 사람들이 단언하는 바에 의하면, 옛날 다른 임금들보다 현명한 임금이 의사에게 자기 팔에 가벼운 수술을 억지로 시켰는데, 그렇게 함으로써 불경죄를 저지르게 된 이 가엾은 불행한 사나이의 목숨을 건지기 위하여 임금은 온갖 수고를 다하였다 한다. 조선사람은 임금 앞에 나갈 때에는 누구나 예복을 입어야 하며, 오랫동안 꿇어 엎드려야 한다. 말 탄 사람은 누구나 궁궐 앞을 지날 때 말에서 내려야 한다. (p. XXIV) 임금은 어떤 신하하고도 친할 수 없다. 만약 임금이 누구에게 손을 댔을 때에는 그곳은 신성해지고, 그 사람은 일평생 이 다시없는 총애를 기념하기 위하여 보통 붉은 명주 끈 같은 눈에 잘 띄는 표지를 달고 다녀야 한다. 물론 이러한 금지와 예절의 대부분은 남자에만 관계되는 것이고, 여자는 궁궐 안에 아무 데고 들어갈 수 있으며 그것이 문제가 되는 일은 없다.

임금의 초상이 화폐에 새겨지는 일은 없다. 다만 몇 자의 중국 글자가 박혀질 뿐이다. 신성한 임금의 얼굴을 가장 천한 사람들의 손에서 돌고 때로는 땅에, 먼지나 진흙 속에 떨어지기도 하는 물건 위에 그렇게 새겨 놓는다는 것은 임금을 욕되게 하는 것이라고 생각하는 모양이다. 임금의 초상은 죽은 뒤에야 만들어서 궁중의 특별한 방에 최대의 경의를 표하여 모셔 놓는다. 프랑스의 배들이 처음으로 조선에 왔을 때, 그들과 교섭하기 위하여 배 위에 파견된 수령은 이 서양의 되놈들이 저희들의 군주 얼굴을 함부로 다루고, 필요한 경의를 표하든 말든 조금도 개의치 않고 아무에게나 무심코 주는 것을 보고 몹시 불쾌해하였다. 사령관이 이 수령에게 루이 필립왕[1)]의 초상을 주었으나 그는 받기를 거절하였다. 아마 되놈들의 것을 받았다고 해서 정부로부터 벌을 받을까 두려워했기 때문이리라. 그러나 그보다 확실한 것은 그러한 예의바른 행위 속에 올가미가 있다고 믿었기 때문이리라. 만약에 그 그림을 받았던들 그것을 상당히 성대한 의식을 갖추어서 가져가는 데에 매우 당황하였을 것이며, 또 한편으로는 군주의 초상에 대하여 필요한 예의를 표하지 않는 것은, 그의 생각으로는, 외국인에 대한 중대한 모욕이며 전쟁의 도발이라고 생각되었을 것이다.

중국의 경서經書에 의하면 임금은 오직 공익에만 마음을 쓴다. 그는 법률이 엄수되는가를 감시하고, 모든 신민에게 공평하고, 대관들의 착취에 대하여 백성을 보호한다. 이 같은 임금은 조선에는 드물다. 대개의 경우 왕위에 오른 자는 게으름뱅이, 타락자, 방랑자, 조로자早老者, 우매한 자, 무능력자들이 많았다. 젊어서부터 왕좌에 불려온 이 불행한 임금들, 그들의 온갖 변덕이 숭배를 받고, 아무도 감히 충고 한 마디 못하며, 열 두서너 살 때부터 궁궐 안에서, 후궁後宮들 속에서, 우스꽝스런 예절에 파묻혀 있게 되니, 어찌 그밖의 사람이 될 수 있겠는가! (p. XXV) 뿐만 아니라 조선에서도, 비슷한 처지에 놓인 다른 나라에서와 마찬가지로, 임금을 정사에 관여치 못하게 하고 임금의 이름 아래에서 스스로 정권을 농단하기 위하여, 임금의 정욕을 이용하여 임금이 방탕에 빠져서 쇠모하도록 노력하는 야심가 대신들이 거의 끊이지 않는다.

그러므로 임금이 몸소 다스리고 대신 대관들을 감독할 수 있기란 드문 일이다. 임금이 그렇게 하면 백성은 덕을 본다. 그때엔 수령은 경계를 하고 한결 조심하여 의무를 다하지 않을 수

---

1) **루이 필립왕** 1830년~1848년간의 프랑스 왕 : 역주.

없기 때문이다. 암행어사는 압정壓政, 독직, 재판 거부 같은 사실을 임금에게 보고하고, 범인은 뜻밖에 실총失寵 또는 유배의 벌을 받는다. 그리하여 온 백성은 대개 임금을 사랑하므로 스스로 받아야 할 폭정과 압제에 대하여 임금을 탓하지 않는다. 그 모든 책임은 수령들에게 떨어진다. 옛날 대궐에는 신문고申聞鼓라는 상자가 있었는데, 직접 임금에게 바치는 소장訴狀을 받기 위하여 15세기 초에 현 왕조의 셋째 임금이 세운 것이다. 이 상자는 아직도 있기는 하나, 거의 쓸모가 없게 되었다. 엄청난 돈을 치르지 않고서는 거기까지 갈 수가 없기 때문이다. 오늘날은 임금에게 청원이나 소원訴願을 하려는 사람들은 대궐 문 앞에 자리잡고 있다가 상감마마께서 나오시는 것을 기다린다. 그 때에 그들이 북을 치면 사령이 그 소리를 듣고 와서 그들의 청원서를 받아다가 임금을 호종扈從하는 대관에게 건넨다. 그러나 청원자가 필요한 보호를 확보하기 위하여 소요되는 돈을 쓰지 못하면 그 청원서는 거의 언제나 잊혀지고 만다. 때때로 사용되는 또 한 가지의 방법은 서울 가까이 대궐 맞은편에 있는 산 위에서 큰 불을 놓는 것이다. 임금은 이 불을 보고 원하는 바가 무엇인지 물어 본다.

큰 일이 있을 때 의례히 하는 하사下賜 이외에, 나라의 풍속에 의하면, 임금은 빈민을 부양할 책임이 있다. 1845년의 조사에 의하면 임금의 시여施與를 받을 권리가 있는 늙은이가 450명이었다. 80세의 노인에게는 해마다 쌀 다섯 말, 소금 두 말, 어물 세 말, 70세의 노인에게는 쌀 네 말, 소금 두 말, 어물 두 말을 준다. 여기서 말하는 쌀 한 말이라는 것은 어른 한사람의 열흘 동안의 식량이 될 만한 것이다.

조선에서 양반 계급은 매우 세력이 크므로, 처음 보기에는 왕족들, 왕의 형제들, 숙질들은 큰 권력을 누리고 있을 것 같으나, 전혀 그 반대이다. (p. XXVI) 전제정치는 본질적으로 모든 외부 세력을 의심하고 시기하는 것이며, 결코 왕족이 요직에 앉거나 정사에 참여하는 법이 없었다. 엄격히 떨어져 있지 않으면, 세상에도 하찮은 핑계 아래, 모반을 꾀한다고 고발당할 염려가 있고, 이러한 고발은 쉽사리 믿어진다. 왕족은 은퇴하여 조용히 살고 있을 때에도 궁중 음모에 관련되어 사형을 받게 되는 일이 수두룩하다. 최근 60년간에, 왕족의 수는 매우 적은데도 불구하고 세 분의 왕족이 그와 같이 처형되었다.

그리고 또 왕권은 이론상으로는 항상 최고라 하지만 지금 실제에 있어서는 썩 약해져 있다. 큰 양반들은 여러 차례 계속된 섭정 기간과 두서너 보잘 것 없는 군주의 재위 기간을 이용하여 거의 모든 권력을 잡아버렸다. 왕은 아무 것도 보지 못하고, 아무 것도 알지 못하고, 아무 것도 하지 못한다고 조선사람들은 되풀이하기 시작하였다. 그들은 현재의 실정을 머리와 다리는 완전히 여위었으나 가슴과 배는 지나치게 부풀어 금시라도 터질 것만 같은 사람의 모양으로 나타내고 있다. 머리는 임금이고, 다리와 발은 백성을 나타내고, 가슴과 배는 위로는 임금을 약화하고 무력하게 하며 밑으로는 백성의 피를 빨아먹는 대관과 양반들을 의미한다. 선교사들은 이 만화를 손에 넣고 있는데, 반란의 요소는 날이 갈수록 불어 가고, 더욱 더 착취를 당하고 있는 백성은 약탈하라고 소리칠 어떠한 폭도에게도 쉽사리 귀를 기울이게 될 것이며, 아무리 작은 불똥도 그 결과를 헤아릴 수 없는 화재를 틀림없이 일으키게 할 것이라고 말하고 있다.

조선에서 왕궁이라고 불리는 것은 좀 넉넉하게 사는 파리의 연금 생활자라면 아무도 들어 살려고 하지 않을 만한 보잘 것 없는 집이다. 이 궁궐은 여자와 환관들로 가득 차 있다. 왕비와 빈 이외에 궁녀라고 불리는 수많은 여자 종들이 있다. 그들은 전국에서 강제로 거두어지며, 한 번 궁중에 시중들기 위하여 잡혀가면, 중병과 불치병의 경우를 제외하고는 평생을 거기서 살아야 한다. 그들은 임금의 후궁이 되지 않는 한 결혼할 수 없다. 그들은 영원한 순결을 선고 받고, 만약에 순결을 깨뜨린 것이 증명되면, 그들의 잘못은 귀양의 벌을 받거나 때로는 사형에 처해지기까지도 한다. (p. XXVII) 이러한 궁전은 다들 잘 짐작하듯이, 말할 수 없는 음탕과 범죄의 무대이며, 이 불행한 여자들은 임금의 정욕에 소용되고 그들의 거소居所는 온갖 추행의 소굴이 되어 있음은 널리 알려진 사실이다.

궁정의 환관들은 따로 한 덩어리를 이루고 있다. 그들은 특별한 시험을 치르고, 그들의 학문과 재주에 따라서 그들에게 알맞은 벼슬에 다소 올라간다. 그들은 대체로 마음이 옹졸하고 성격이 사납고 급하다고 한다. 군주와 날마다 친히 접촉함을 뽐내는 그들은 비할 수 없는 건방진 태도로 모든 고관들에게 대들고 정승마저 모욕함을 두려워하지 않는다. 다른 사람이 이런 짓을 하다가는 아무도 무사할 수 없으리라. 그들은 거의 저희들끼리만 교제한다. 양반이고 서민이고 모두들 그들을 멸시하면서도 두려워하기 때문이다. 참으로 이상한 일이지만, 이들 환관은 모두 결혼하였고 그들 중 대다수는 많은 계집을 가지고 있다. 이 계집들은 그들이 술책과 폭력으로 겁탈하거나 꽤 비싼 값으로 사들이는 가엾은 서민의 딸들이다. 그 여자들은 양반집 부인들보다도 더 엄중히 갇혀 있고 심한 질투심으로써 지켜지고 있으므로, 그들의 집은 같은 여성에게, 심지어는 여자 친척에게까지도 출입이 금지되는 수가 많다. 이들 환관은 아이가 없으므로, 전국에 밀사를 보내어 고자 어린이와 젊은이를 찾게 한다. 그들은 이들을 양자 들여 교육하고, 궁중 요직의 후보자로 내세운다. 그러나 이들 고자를 어디서 찾아오는가? 상당수는 태어날 때부터 그렇다. 이런 사람들은 다른 종류의 고자들보다 덜 존중되며, 때로는 검사 후에 거절당하는 수도 있다. 다른 한편으로, 사람의 손으로 절단하는 야만적 풍습은 이 나라에 존재하지 않는 것 같다. 선교사들은 그런 예를 아직 한 번도 이야기하는 것을 들어본 적이 없었다. 그러나 때때로 어린이가 개로 말미암아 불구자가 되는 수가 있다. 조선에서는, 동양의 어떤 나라들에 있어서와 마찬가지로, 젖먹이 즉 서너 살까지의 어린이 곁에서는 오직 개만이 청소에 필요한 일을 맡아 보고 있어서, 우리가 말하는 거와 같은 종류의 사고는 드물지 않다. 이러한 어린이들은 자라나서 그들의 불구 속에 생활 수단과 방법을 찾아낸다. 또 때로는 그들이 좀 높은 자리에 오르면 자기들의 집안을 돕는 수도 있다.

임금이 사는 궁전 이외에 임금의 선조의 위패만을 위하여 따로 세운 다른 궁전이 있다. 거기서는 임금이 사는 궁전에서와 똑같은 시중을 들고 있다. (p. XXVIII) 날마다 이들 죽은 이에게 살아 있는 거와 같이 절을 하고, 그 속에 넋이 들어 있다고 추측하는 신주 앞에 음식을 올리고, 그들을 섬기기 위하여 수많은 내시와 궁녀가 있는데, 이 모든 것은 보통 궁전에서와 같은 규칙에 따라 똑같이 조직되어 있다.

종교가 거의 조상 숭배에만 존재하는 조선에서는 임금의 장의葬儀에 관한 것은 모두 특별한 중요성을 가지고 있고, 임금의 장례식은 이 나라에서 가장 성대한 것이다. 임금은 백성의 아버지로 생각되므로, 온 국민은 예외 없이 스물 일곱 달 동안 상복을 입어야 한다. 이 기간은 아주 뚜렷한 두 시기로 나뉜다. 죽었을 때부터 매장할 때까지의 처음 시기는 다섯 달 계속된다. 이것은 엄격한 상기喪期이다. 이때에는 전국에 걸쳐서 개인의 모든 제사는 중지해야 하고, 혼례식은 금지되고, 어떠한 장례식도

행하지 못하며, 동물을 죽여서 고기를 먹는 것이 금지되고, 죄인을 매질하거나 사형에 처하는 것도 금지된다. 이러한 법규는 대체로 신중히 지켜진다. 그러나 몇 가지의 예외도 있다. 이를테면 서민 중 최하급의 빈민들은 그토록 오랫동안 집안에 시신을 둘 수 없으므로 소리 없이 몰래 매장을 하는 건 묵인된다. 그러나 그밖의 모든 사람들에 있어서는 이 관습은 신성한 것이다. 그와 마찬가지로, 선왕先王이 죽었을 때, 여름의 참기 어려운 더위와 논밭 일을 하여야 할 필요성 때문에, 그의 후계자는 이 재계齋戒를 전반적으로 면제하였다.

거상 첫 시기의 이러한 특별 조치 이외에, 매장 전의 다섯 달과 매장 후의 스물두 달 동안에 다 같이 적용되는 다른 조치가 있다. 정부는 명령하여 어떤 옷을 입어야 하는가를 지시한다. 고운 빛깔과 값비싼 옷감은 무엇이든 엄금된다. 씻지 않은 삼베로 만든 흰 모자, 허리띠, 행전, 겉옷, 속옷 등, 이런 것이 정부의 새 명령으로 평상복 착용을 허가할 때까지 모든 사람들의 복장이 되고 어기면 벌금과 구속으로 처벌된다. 그러나 부인들은 이러한 규칙에 따르지 않는다. 부인은 사회적 종교적 법규로 볼 때에는 전혀 아무 것도 아니기 때문이다. 뿐만 아니라 대부분의 부인들은 거의 언제나 집안에 들어박혀 있다. (p. XXIX) 상중에는 내내 공적公的 잔치, 축제, 연극 상연, 노래, 음악, 한 마디로 말하여 모든 즐거움의 외적 표현은 엄금된다. 어떤 사람들의 말에 의하면, 재계齋戒의 규칙이 스물 일곱 달 동안 줄곧 지켜지는 지방도 한둘 있다고 한다.

아무도 임금의 몸에 손을 대면 안 된다는 것은 앞서 말하였거니와, 이 금지는 그가 죽은 뒤에도 존속한다. 그가 마지막 숨을 거두었을 때, 사람의 손이 조금도 직접 그의 몸에 닿지 않도록, 특별한 방법으로 시신을 다루고, 방부제를 칠하고, 임금의 수의를 입힌다. 다음에 빈전殯殿에 모셔다 놓고, 날마다 아침저녁으로, 이런 경우에 알맞은 통곡을 하면서 수라를 드린다. 자주, 일정한 날에는, 모든 조관朝官과 부근의 대관들은 이 제전祭典에 참석하여야 한다. 임금만은 이것이 면제되는데, 그는 나라 정사에 바쁜 것으로 생각되기 때문이다. 그는 죽은 뒤 며칠 동안만 제전을 주재主宰할 뿐이고, 그 뒤에는 왕족의 한 사람에게 자기의 대리를 위임한다. 제사를 드릴 때에는, 서울의 서민들은, 벼슬이 없어서 시신 가까이 들어갈 자격이 없는 양반들과 마찬가지로, 대궐 둘레에 몰려 와서 일정한 시간 동안 무시무시한 신음 통곡을 한다. 다음에 고인의 넋에 대하여 무릎 꿇고 절한 뒤에 물러간다. 시골에서는 각 고을의 모모한 주민들이 일정한 날에 원님 집에 모여서, 서울 쪽을 향하여 몇 시간 동안 다 같이 정식으로 통곡하고, 넋 앞에 무릎 꿇고 절한 뒤 헤어진다. 누구나 다 원님 집에 갈 수 없으므로, 각 마을 사람들은 산 위에나 길 가에 함께 모여, 같은 방법으로 같은 의식을 올린다.

그 동안 매장에 필요한 모든 준비를 한다. 가장 유명한 음양가들이 좋은 묘지를 찾기 위하여 징발된다. 그들은 어느 땅의 지질, 어느 언덕의 비탈, 어느 숲 또는 어느 산의 방향 등이 복을 가져오고 용맥龍脈에 합치될 것인가를 조사한다. 아닌 게 아니라 조선사람들의 말에 의하면, 땅 가운데 큰 용이 있어, 선조의 무덤을 저 좋아하는 곳에 쓴 집안에는 세상의 모든 부와 복을 가져다준다는 것이다. 그러한 곳을 찾아내는 것이 곧 용맥을 찾는 것이다. (p. XXX) 그것을 찾기 위하여 음양가들은 많은 동심원同心圓이 그려져 있는 나침반을 사용한다. 이 나침반에는 네 방위기점方位基點과, 중국사람들이 믿고 있는 다섯 요소, 즉 금[1],

---

1) **금** 금은 원서에는 air 즉 공기 또는 바람으로 되어 있는데 or 즉 금의 오식誤植인 것 같다 : 역주.

화, 수, 목, 토의 이름이 새겨져 있다. 이들 풍수가는 제각기 보고를 하고, 이토록 중대한 점에 관하여 끝없는 심의를 한 후, 임금과 대신들은 결정을 내린다. 고인의 시신을 운반할 행렬을 형성하기 위하여 그야말로 일 군단을 조직한다. 그러기 위하여 서울의 양반 집안에서는 각각 하나 또는 몇 명의 노비를 보내어 일정한 모양의 옷을 입힌다. 원래, 이 엄청난 비용이 드는 관습은 자발적으로 올리는 정의의 표시에 지나지 않았는데, 오늘날은 아무도 면할 수 없는 의무이다. 어떤 상인 협동조합들도 또한 일정한 인원을 내며, 그리고도 모자라면 여러 공공 기관의 사령 중에서 보충한다. 시신을 운반할 사람들이 이렇게 다 모이면, 각각 번호와 기를 가진 분대로 나누어서, 의식이 질서 정연하게 행해지도록 일정한 기간 훈련을 시킨다.

마침내 장례식 날이 오면, 시신을 관에 넣어 화려하게 장식한 육중한 상여 위에 올려놓고, 각 분대가 교대하면서 능소陵所로 고른 산 위까지 성대하게 운반한다. 모든 군대가 소집되고, 상복 입은 모든 대관들이 거의 줄곧 몸소 의식을 주재하는 임금을 따라간다. 무수한 군중의 통곡과 신음 속에, 정해진 의식에 따라 시신을 묻고 관례에 따라 제사를 드린다.

몇 달 후에, 능 위에 비를 세우고, 바로 가까이에, 능을 지키고 때때로 덜 엄숙한 제사를 드리는 일을 맡은 능참봉이 살 재실을 세운다. 그 언저리의 땅 일대는, 때로는 3,4십 리에 이르기까지, 그 후 왕릉에 속하고, 거기에 다른 매장은 일절 금지된다. 이전에 그 곳에 쓴 무덤까지도 파내게 하며, 아무도 그 유골을 찾으러 오지 않으면, 그 흔적과 기억을 없애기 위하여 무덤 위의 봉축封築을 깎아버린다.

임금들은 각각 따로 매장하므로 왕릉이 이 나라에 꽤 많다. 능지기에 임명된 양반은 보통 벼슬아치가 되려는 젊은 학사學士

이다. 그것은 그들에게 있어서 출세에의 첫 걸음이며, (p. XXXI) 몇 달 후에 승진을 얻어 다른 관직으로 옮겨간다. 그들은 보통 두세 명씩 같이 있으며, 수령처럼 공천公賤과 아전衙前을 거느리고 있다. 제사를 드리는 임무 외에 그들은 능에 속하는 모든 영지領地에 대한 경찰권도 가지고 있다. 이 영지는 고을의 일반 수령들의 관할에서 벗어나 있기 때문이다. 능지기는 각의閣議에 직속한다. (p. XXXII)

4
정 부政府

일반一般 및 군사 조직軍事組織

조선 왕 밑에는 각각 영의정, 좌의정(조선에서는 좌는 항상 우보다 윗자리에 선다), 우의정이라는 칭호를 가진 세 명의 제1급 대신이 있다.

그 다음에는 판서라고 하는 다른 여섯 대신이 있는데 그들은 육조六曹 즉 최고 행정처의 장관이다. 각 판서는 참판 즉 대리와 참의 즉 고문의 보좌를 받는다. 판서는 제2급, 참판은 제3급, 참의는 제4급 대신이다. 이 21명의 고관이 대신이라고 통칭되고 왕의 보필 기관이 된다. 그러나 실제에 있어서 전권全權은 제1급 3대신의 최고 각의에 있고, 다른 18대신은 그들의 결정을 찬성하고 확인할 뿐이다. 제2급 대신이나 그들의 보좌관은 임금에게 그들의 부내部內 정무政務의 경과를 알리기 위하여 날마다 상세한 보고를 하여야 한다. 그들은 자질구레한 행정 사무만을 보고 그다지 중요치 않는 일만을 자기들이 결정하고, 모든 중대한 사건에 관해서는 3정승의 최고 각의閣議에 넘긴다.

제1급 대신의 품계는 종신제이지만, 이 품계를 가진 사람들이 늘 그 직무를 맡아보는 것은 아니다. 이 높은 자리에 오른 7,8명의 거물 중에서 세 명만이 함께 직무를 맡아본다. 그들은 꽤 자주 바뀌고 갈린다.

다음에 육조의 이름과 서열과 권한에 관하여, 1785년 정조왕에 의하여 개정 공포된 법전에 있는 대로 적어 보자.

(1) **이조**吏曹, 공직公職 인사를 맡아 보는 행정 사법 관청

이 조曹에서는 시험에 합격한 학자들 중 가장 유능한 사람들의 선출, 임명, 수령 및 기타 고관에의 사령장 수여, 그들의 감독, 승진, 필요하다면 면직 또는 전직 따위의 사무를 맡는다. (p. XXXIII) 이 조는 각도各道 장관이 여섯 달마다 자기의 모든 부하 직원에 관하여 보내오는 의견서를 조사 정리하고, 특별히 상을 줄 만한 직원을 임금에게 지명한다. 수령의 승진과 경질은 언제든지 할 수 있으나, 보통은 한 해에 두 때, 음력 6월과 12월에 행한다. 지방 장관과 같은 고위 고관의 임명은 이 관청에서 할 수 없고, 각의를 거쳐 임금이 결정한다.

(2) **호조**戶曹, 재정을 맡아 보는 행정 사법 관청

이 조는 인구 조사, 도道와 군에 대한 세금 또는 공납의 부과, 출납의 감독, 각 도의 장부 점검, 부당 징세의 금지, 흉년에 필요한 식량 공급을 위한 대책 강구 등의 사무를 맡는다. 이 조는 또한 화폐 주조鑄造의 직무를 갖고 있다. 그러나 이 마지막 항목은 정조의 법전에는 적혀 있지 않다. 그것은 중국과의 조약이 조선 정부에게 화폐 주조권을 인정하지 않기 때문이다.

(3) **예조**禮曹, 의례를 맡아 보는 행정 사법 관청

이 나라의 관례와 풍습의 보존을 위하여 세워진 이 조는 제전祭典, 예법, 의식이 개혁 변화 없이 규정대로 행해지는가를 감독한다. 학자의 시험, 문교文敎, 접대와 축제 및 그밖의 공적 행사의 예법을 주관한다.

(4) **병조**兵曹, 전쟁을 맡아 보는 행정 사법 관청

이 조는 무관 수령, 임금의 친병親兵, 의장대를 선발한다. 군대에 관한 모든 일, 징병, 무기, 군수품, 수도 성문의 수위, 대

궐의 호위 등의 직무를 갖는다. 전국의 우체 사무는 이 조에 속한다.

(5) **형조**刑曹, 형벌을 맡아 보는 행정 사법 관청

형법의 준수, 재판소의 구성과 감독 등에 관한 모든 일을 맡는다.

(6) **공조**工曹, 공공 토목 사업을 맡아 보는 행정 사법 관청

이 조는 궁전, 공공 건축물, 도로, 공공의 또는 개인의 여러 가지 공장 등의 유지, 상업, 임금의 결혼, 즉위 등 모든 용무에 관한 직무를 갖는다.

위에서 말한 스물 한 명의 대신 외에 또 궁정의 대관에는 승지承旨와 포장捕將이 있다. (p. XXXIV) 승지는 이 관직명에 속한 일반 사무 외에 날마다 임금의 언행을 적는 임무를 가진 시종이다. 도승지 즉 시종장과 부승지라는 이름의 두 보좌관의 세 승지가 있다. 포장은 포졸, 사령, 집행인의 지휘관이다. 이것 역시 세 사람이 있다. 수석 포장과 좌포장 우포장이라는 두 부관이다. 중요한 체포를 함에 있어 포졸을 지휘하는 것은 이들 부관이다.

궁정이 늘 있는 수도는 한양이라 부른다. 그러나 이 이름은 거의 쓰이지 않고 보통 서울이라고들 부르는데, 그것은 큰 도시, 수도의 뜻이다. 서울은 산으로 둘러싸이고 한강 가까이 위치한 큰 도시로, 높고 두터운 성벽으로 에워싸이고, 매우 많은 주민이 살고 있으나, 건축은 보잘 것 없다. 제법 넓은 몇 개의 도로를 제외하고는 모두 꼬불꼬불한 작은길로 되어 있고, 거기에 공기는 통하지 않고 발에 밟히는 것이라고는 쓰레기뿐이다. 집은 대개 기와를 이었지만 낮고 좁다. 수도는 다섯 부部로 나누이고, 그것은 다시 마흔 아홉 구역으로 나누인다. 주위의 성

벽은 현 왕조의 창건자 태조가 쌓은 것이다. 같은 왕조의 넷째 임금 세종이 성벽을 새로 더 쌓아 보탰다. 성벽은 둘레가 9,975보步이고, 높이는 평균 40척尺 약 10미터이다. 거기에는 사 대문과 사 소문 여덟 문이 있다. 대문은 꽤 아름답고, 그 위에 중국식 누각이 앉혀 있다. 이 도시는 옛 기록에 이따금 Kin-ki-tao라는 이름으로 가리켜져 있으나 그것은 정확하지 않다. To 또는 tao는 도를 뜻하는 것으로, Kin-ki-tao 또는 Kieng-kei-to는 수도가 아니라 수도가 있는 도를 의미하는 것이다.

1392년 태조 즉위 이래 조선은 아래와 같은 이름의 여덟 도로 나뉘어 있다.

북쪽	함경도 수도 함흥 평안도 수도 평양
서쪽	황해도 수도 해주 경기도 수도 한양 충청도 수도 공주
동쪽	강원도 수도 원주
남쪽	경상도 수도 대구 전라도 수도 전주

(p. XXXV)

북쪽의 두 도는 숲으로 덮여 있고 주민도 매우 적다. 가장 풍부하고 기름진 곳은 남쪽과 서쪽의 도들이다.

각 도의 장관에는 의정부에 직속하는 관찰사가 있고, 매우 넓은 권한을 가지고 있다. 조선의 옛 속담에 다음과 같이 관찰사들의 지위를 분류하고 있다. 벼슬자리 높기로는 함경 감사가 으뜸이오, 사치와 호강에 빠지려면 평안 감사가 으뜸이오, 돈벌이 좋기로는 경상 감사가 으뜸이오, 어느 모로나 가장 못한 건 강원감사.

조선 팔도는 332 군으로 다시 나뉘고, 각 군은 제각기 그 중요성에 따라 계급이 높고 낮은 수령에 의하여 다스려진다. 처음에 고을의 수효는 음력 1년의 날수와 일치하게 하기 위하여 354가 있었다고 한다. 그것은 고을마다 임금에게 하루의 생활비를 대어주는 것이라고 생각되었기 때문이다. 그야 어쨌든 현재의 수효는 332이다.

다음에 지방의 여러 수령들의 관직 품계品階를 가장 높은 것으로부터 보기로 하자. 감사 또는 도장관, 부윤, 서윤, 대부사, 목사, 부사, 군수, 현령, 현감 순이다. 감사는 도의 수부首府에 주재하나, 그 도시를 다스리기 위하여 그의 밑에 부관 또는 대리로서 판관이라는 수령을 둔다.

여기서 마땅히 주의해야 할 중요한 일이 있다. 그것은 품계와 관직 또는 공직과를 혼동해서는 안 된다는 것이다. 관직에는 언제나 품계가 따르기 마련이지만, 그 반대는 성립이 안 된다. 품계는 종신제이나 관직은 일시적이고, 때로는 겨우 몇 주일이나 며칠 동안뿐일 경우도 있다. 품계에는 열 두어 가지가 있고 각 품계에는 꽤 많은 칭호 소유자가 있으나, 이따금씩밖에는 현직에 취임하지 못한다.

제1급에는 1급 대신이 들어 있고, 제2급에는 보통 대신들이 들어 있고, 이하 마찬가지이다. 도의 감사는 적어도 제4급은 되어야 한다. 도시의 보통 수령은 제6급이다. 모든 고관은 예외 없이 보통 재판소의 포졸에 의하여 체포될 수 없는 특권을 가진다. 그들이 어떤 범죄 혐의를 입었을 때에는 관할 내 재판소의 하급 관리가 몸소 소환 명령을 전달하러 간다. 그러나 아무도 그들을 포박할 수는 없다. (p. XXXVI) 다른 특권은 일정한 계급의 고관에게만 특히 주어진다. 이를테면 최고 4급까지의 고관들만은 제각기 차지하고 있는 등급에 따라서, 특별한 교자를 탈 권리를 가지고 있다.

수도의 부근에 있는 네 곳의 큰 요새要塞 즉 강화, 수원, 광주, 송도(개성)의 장관인 네 유수留首는 보통 등급의 테두리에서 벗어난다. 유수의 관직은 매우 높은 것이어서 제1급 대신이라도 이 지위에 취임할 수 있다. 유수는 그가 주재하는 도시의 본래의 수령이 아니다. 이 임무는 하급 관리가 수행하는데, 그 이름을 판관 또는 경력經歷이라고 한다. −국경의 여러 지점에 둔 몇 개의 영營 즉 작은 요새들은 지방 무관의 관할 하에 있다.

이론적으로는 우리가 이제까지 말한 품계는, 목사牧使 이상의 등급을 제외하고는, 국가시험에서 박사 학위를 받은 조선사람이라면 누구나 차지할 수 있는 것이나, 실제에 있어서는 극소수의 예외를 제하고는 항상 양반에 의하여 독차지된다. 그러나 각 군의 군청에는 항상 서민에게 주어지는 두 가지의 하급 관직이 있다. 좌수座首와 별감別監은 수령의 보좌관 또는 비서이다. 그들은 수령이 없을 경우 그 대리도 할 수 있으나 다만 대수롭지 않은 일 뿐이다. 왜냐하면 만약에 좀 더 중대한 일이 생겼을 경우에는 이웃 고을의 수령에게 의뢰해야 하기 때문이다. 좌수와 별감의 집안은 사실상 어느 정도의 지방적 존경을 받고 어느 정도의 특권을 누리고 있다. 이러한 관직의 하나를 같은 집안사람들이 자주 차지하였을 적에는 이 집안은 얼마 지나면 조선에서 지방 귀족이라고 부르는 것이 된다. 이 보좌관들 아래로는 수령 곁에 아전과 포졸 기타 재판소의 사령밖에 없다. 이에 관해서는 나중에 이야기하겠다.

각도에는 많은 찰방察訪 즉 역장이 있다. 역마의 정류소 또는 중계지中繼地를 역이라 하고, 모든 주요 도로의 여기저기에 늘어서 있다. 정부가 역에 두고 있는 말들은 여행 중의 공무원에게만 사용된다 이런 사무를 감독하는 직책을 가진 찰방은 수령의 법정을 본떠서 조그맣게 조직한 상당수의 직원을 자기 아래에 거느리고 있다. 말을 보살피는 하인들은 거의 노예처럼 정부에 예속되어 있다. 그들은 마음대로 퇴직할 수 없으며 대대로 이 일에 매여 있다. (p. XXXVII)

조선의 일반 조직으로부터 군사 조직으로 옮아가면, 맨 먼저 놀라운 것은 군대의 막대한 수효이다. 공식 통계에는 120만 이상의 병사가 명부에 실려 있다. 이것은 양반이 아닌 모든 장정은 병졸이 된다는 사실에서 오는 것이다. 이에 관하여 법률은 극소수의 예외밖에 인정하지 않는다. 그러나 이들 이른바 병졸의 절대 대다수는 총에 한 번도 손을 대어본 적이 없다. 그들의 이름은 나라의 장부에 적혀 있고 그들은 해마다 인두세人頭稅를 치러야 한다. 게다가 이 장부는 조금도 믿을 수 없다. 그것은 흔히 가짜 이름으로 가득 차 있다. 한두 세대 전부터 없어진 집안사람들이 실려 있는가 하면, 적혀야만 할 수많은 사람들이 명부 개정을 하는 하급 관리에게 다소의 뇌물을 줌으로써 그 의무에서 벗어난다.

조선 정부의 좀 군대다운 군대는 오직 수도의 4대 군영軍營에 나뉘어 있는 만 명의 병사뿐이다. 이들은 좀 군대 훈련을 받고 있다. 이상한 일이지만, 병조兵曹라는 것이 있음에도 불구하고, 이 정병대精兵隊를 지휘하는 장군들은 의정부에 직속하여 그것만이 그들의 임면권을 가지고 있다. 참고로 또 왕국의 4대 요새에 주둔하는 몇몇 병단兵團과 관찰사와 상급 사관이 지휘하는 지방

경비병이 있음을 알아두자.

다음에 계급의 순서를 따라서 무관의 여러 가지 관직명을 들어보자. 대장이란 장군인데, 여러 등급이 있고, 모두 수도에 주재한다. 병사兵使는 한 도道의 또는 반半 도의 사령관이다. 수사水使는 해군 사령관이다. 영장營將은 일종의 연대장으로 자기 아래에 세 계급의 하위 사관을 거느리고 있다. 즉 중군中軍, 감목관監牧官, 별장別將으로, 각각 대위, 중위, 소위에 해당하는 칭호라 하여도 좋다.

조선에는 문무관의 겸직이 매우 흔하다는 것을 여기서 특히 주의해 둬야겠다. 흔히 관찰사는 동시에 병사 즉 군 사령관을 겸하고 있다. 어디서나 영장은 동시에 형사 재판관인데, 사람들은 그들을 거의 언제나 뒤의 직명으로 가리킨다. 처음 언뜻 보기에 이상한 이 사실은 두 세기도 더 전부터 조선이 계속 누려온 깊은 평화에 의하여 설명된다. 군대는 무용지물이 되었으므로, 그 편성에 관한 것은 거의 유명무실해지고, 사세事勢로 말미암아 자연히 무관들이 사법관으로 변하게 되었던 것이다. (p. XXXVIII)

무관들은 양반 중에서만 뽑힌다. 그러나 그들의 품계가 아무리 높을지라도 문관보다는 훨씬 덜 존중된다. 문관에 대해서는 그들은 거의 평민들과 같다. 그들의 태도와 언어는 최대의 경의를 나타내는 것이어야 한다. 교자를 타는 권리 같은 어떤 특권들은 설령 장군이라 할지라도 결코 그들에게는 허용되지 않는다. 그들은 이러한 불평등을 통감하여, 동란 때에 권력이 사실상 그들의 손안에 들어가면 그들은 될 수 있는 대로 문관들을 모욕하고 멸시함으로써 앙갚음한다. 이러한 대립이 왜 일반적으로 문관직에 있는 양반이 자기 자제들에게 무관직을 구하지 못하도록 하는가, 왜 이 무관직이 말하자면 대대로 같은 집안의 세습 재산이 되고 있는가를 이해하게 하여 준다. 그러나 이러한 규칙에도 예외가 있어서, 문관의 자손이 존경에 개의치 않고 더 돈벌이가 좋다하여 무관직을 구하는 일이 비일비재하다.

모든 문무관직은 일시적이다. 관찰사는 2년밖에 그 직에 머물러 있지 못한다. 그러나 궁정의 신임이 있으면, 지체 없이 다른 도에 전근될 수 있다. 대체로 수령의 직은 계속하여 2년 많아도 3년 이상은 지낼 수 없으며, 그런 뒤에는 다른 직책을 얻게 될 때까지 사생활로 돌아가야 한다. 한 번 이런 벼슬살이를 한 사람들은 언제나 그들의 품계의 어떤 외적 표지를 간직하고 있다. 이를테면, 그들은 수행원 없이 걸어서 외출하지 않으며, 그들의 이름에다 그들이 있었던 고을 이름이나 그들이 지냈던 관직명을 덧붙이는 것이 관례이다.

여러 문무관 특히 관찰사의 보수는 이 나라의 자력資力과, 불과 몇 푼이면 하루 한 사람의 필요한 식량을 살 수 있는 그런 나라에 있어서의 막대한 화폐 가치와를 생각할 때, 참으로 엄청난 돈이다. 관리가 그러고만 싶다면 한두 해 동안에 여생을 편히 살 수 있을 만한 것을 거뜬히 모아둘 수 있을 것이다. 그러나 수령이 경제 정신을 갖는 건 드물다. 취임하자마자 왕족처럼 행동하고, 굉장한 사치를 뽐내고, 이 나라의 관습에 따라 자기 가족뿐만 아니라 모든 친족을 먹여 살려야만 하므로, 한 번 임기가 끝나면, 여전히 가난한 채, 또 때로는 더구나 빚까지 짊어지고서 자기의 벼슬자리를 떠나지 않으면 안 된다.

궁중의 대관들은 조금도 보수를 받지 않는다. (p. XXXIX) 그들의 급료는 일본과의 전쟁 후, 정부에 돈이 떨어진 때부터 폐지되었다고 한다. 오늘날은, 그들이 근무할 때에는 매월 몇 말의 콩밖에 주어지지 않는다. 이것은 현 왕조의 초창기에는 나귀나 말의 먹이로서 각자에게 배급되었던 것이다. 이러고서야 어찌 그들이 백성을 주구誅求하고 상상할 수 있는 모든 부정을 저지르고 하는 것을 막을 수 있겠는가? 그러나 이런 궁중의 높은 벼슬을 사람들은 갈망한다. 그것은 그런 벼슬을 하고 있는 사람들은, 조금만 재주를 부린다면, 멀지 않아 언제고 실속 있는 시골 벼슬자리를 얻을 수 있기 때문이다.

위에서 말한 문무 행정 조직은 주요한 일부一部 즉 임금의 검찰관인 어사 또는 암행어사 제도로써 완성된다. 이것은 수시로, 언제나 비밀히, 지방을 돌아다니면서, 수령과 신하의 행동을 감시하고, 자기 자신의 눈으로 실정을 살피는 특사特使다. 그들의 권한은 절대적이다. 그들은 생살권을 가지고 있고, 관찰사를 제외하고는 모든 관리들을 파면하고 처벌할 수 있으며, 정부가 가장 중요한 결정을 내리는 것도 거의 언제나 그들의 보고에 의한다.

옛날의 낡은 경서經書에서가 아니라면, 모든 관공직이 백성을 위하여 있는 것이 아님은 부언할 필요도 없다. 관직은 공공연하게 매매되고, 자연히 그것을 산 사람들은 체면불구하고 비용을 빼내려고 애를 쓴다. 관찰사로부터 가장 말단 미관微官에 이르기까지 벼슬아치는 누구나 조세며 소송이며 그밖에 모든 것을 가지고 한껏 돈을 모은다. 임금의 어사들까지도 세상에도 뻔뻔스럽게도 제 권력을 우려먹는다. 한 선교사의 말에 의하면, 어느 날 그가 있던 고을에서 암행어사 하나가 두 마리의 말에 돈을 실어 자기 집에 보낸다는 정보를 비밀히 얻은 몇 사람들이 그 말을 멈춰 세우고, 길가에 서서 모든 행인들에게 그 돈을 나누어 주면서, 이 희한한 횡재가 어디서 왔는가를 소리높이 털어놓았다고 한다. 화를 받게 된 어사는 항의도 못하고, 자기의 봉변에 대하여 한마디 못하고 당장에 그 도시를 떠났다.

부동산과 어떤 종류의 직업과 상업에 대한 보통 과세는 가혹하지 않다. 그러나 이러한 법정 과세는 실제에 있어서 모든 계급의 탐욕스런 수령과 관리들이 백성으로부터 짜내는 총액의 한 작은 부분을 나타내고 있음에 불과하다. 그리고 또 세금 징수의 기준이 되는 호구조사 대장은 조금도 신용할 수 없다. (p. XL) 선교사들도 여러 번 목격한 바이지만, 수령의 부하들이 공식 명부를 꾸미기 위하여 마을에 왔을 때에, 거기에 적히고 싶지 않은 사람이면 누구나 그들에게 치러야 할 금액을 그들이 뻔뻔스럽게도 공공연히 결정한다는 것은 두루 알려진 사실이다. 보통 그것은 백 리厘 또는 백 오십 리(2, 3프랑)의 일이다. 문제가 병력대장의 기재記載여서 그것을 면하려면 좀 더 비싸다. 그러나 돈만 있으면 역시 일은 다 되는 것이다.

공설 창고의 저장은 장부상으로만 존재한다. 수도 근방의 병기고에는 약간의 병기가 들어있다. 미국인의 원정遠征 때(1871년 6월), 미국인이 점령한 요새는, 포신砲身 뒤끝으로 재약하는 중국제 대포 약 50문門을 간직하고 있었다. 또 거기에는 40겹의 무명베로 된, 칼도 총알도 뚫을 수 없고 오직 원추형圓錐形의 탄알만이 꿰뚫을 수 있는 갑옷과 투구가 있었다. 그러나 시골 병기고에는 쓸 만한 피복被服도 군수품도 병기도 없다. 모두 군청 관리들이 팔아먹고 그 대신에 쓰지 못할 헌 누더기와 헌 쇠 나부랭이를 갖다 놓았다. 만약에 어쩌다가 정직한 수령이 이런 부정을 바로잡으려고 좀 노력이라도 한다면, 모든 관리들은 그에 대하여 한 덩어리가 되어 그의 행동을 방해하므로, 그는 할 수 없이 눈을 감고 내버려두거나 그렇지 않으면 자기 직을 떠나야 한다. 그를 모반자, 국적이라고 궁정에 모함하는 공격의 희생이 되지 않으면 그나마 다행이다.

푸르티에 씨가 이야기한 다음 일화는 이 보편적인 부패가 고칠 수 없을 만큼 높은 데서부터 나온 것임을 보여준다. 지난겨울(1860~61)에 대신 김병기金炳冀는 정권을 잃고 그 정권은 우리 성교聖敎를 괘 미워하고 성격이 과격한 그의 종형 김병국金炳國[1]으로 넘어 갔다. 김병국은 국사범으로 권력을 얻으므로 매우 인기를 잃게 되었으며, 조만간에 톡톡히 영금을 볼지도 모른다. 임금의 처남임에도 불구하고 그는 정승 자리를 살 만 한 돈이 없었다. 여기서는 정승 자리도 다른 모든 벼슬과 마찬가지로 팔고 사고 하니 말이다. 단 한 가지 다른 점은 학자들은 보통 벼슬을 굄 받는 대신으로부터 사나 대신은 그 지위를 환관으로부터 산다는 것이다. 조선의 어린 상감마마는 알다시피 옛날 프랑스의 게으른 임금들과 똑같은 상태에 있다. (p. XLI) 굄 받는 대신은 조선의 주권主權 정승이다. 그러나 그는 오직 궁중 환관의 호의에 의해서만 그런 현직顯職에 오를 수 있고 그것을 지탱할 수 있다는 의미에서, 그는 또 그대로 다른 주권 정승들을 고려하지 않으면 안 된다. 환관들은 대체로 키가 작고, 곱사등이고, 마음이 매우 옹졸하여 멸시를 받고 있고, 또 멸시를 받을 만한 사람들인데, 임금이 거처하는 구중궁궐 안에서 수많은 후궁과 궁녀들하고만 살고 있다. 임금을 알현하려는 대신과 수령들은 바깥마당 쪽을 향한 알현전謁見殿에 들어간다. 궁중 병사와 그밖의 호위들은 외부와의 접촉이 금지된다. 환관만이 가까이 임금을 모신다기보다 임금은 평소에 여자와 환관들 밖에는 교제하지 않는다.

그러나 조선의 궁정은 매우 가난하고 국고國庫는 더욱더 가난하다. 환관들과 그 동무인 후궁과 궁녀들은 만약에 정승자리와 또 때때로 다른 현직顯職의 값으로 돈을 받는 수단이 없다면 타격을 받으리라. 그러므로 권력자는 선물을 거듭하여 날마다 이 욕심 많은 거머리들을 배부르게 하여야 한다. 그러나 특히 아직

---

1) 김병국은 철종왕비의 사촌임; 역주.

얻지 못할 총애를 얻으려 할 때는 아주 막대한 금액이 필요하다. 그런데 김병국은 몇 개의 벼슬을 아주 비싸게 팔고 인삼의 전매권을 잡기는 하였으나, 대신 김병기가 재물을 퍼다 준 그 모든 사람들을 매수할 만한 돈을 얻을 수는 없었다. 지난해 한 겨울에 바로 이 김병기의 덕분으로 모든 지위와 부를 얻게 된 한 사나이가 김병국을 찾아가서 최고 권력을 잡고 싶은 생각이 없는지를 물었다. "그야 말할 것도 없지. 하지만 돈이 있어야 되겠는데, 그만한 돈이 있어야지"하고 임금의 처남은 대답하였다. – "만일 대감이 우리나라 남부지방의 조세를 수집하는 직책을 주시면, 필요한 금액을 대감에게 갖다 바칠 것을 보증하겠습니다." – "좋아." 이렇게 대신은 말하고 곧 그에 따른 대책을 세웠다. 남부지방의 조세는 특히 쌀로 되어 있고 바다를 통해 수도에 운반된다. 그런데 이 사나이는 쌀을 모두 모아서 배에 싣고 중국을 향하여 돛을 올리고, 조선에서의 쌀값의 4배나 되는 값으로 팔았다. 돌아와서 그는 조세지불에 필요한 수량의 쌀을 다시 샀다. 이 이득금은 임금의 처남으로 하여금 궁중에 가득 차 있는 환관과 여자들의 총애를 얻게 하기에 충분하였다. (p. XLII) 그는 자기의 경쟁자를 파면시키고 전권을 잡았다. 곡물의 수출은 어떠한 것이라도 극형에 해당하는 범죄이다. 하물며 왕실비로서 징세徵稅 된 쌀을 판다는 것은 막중한 국사범이다. 끝으로, 이 밀수출로 말미암아 이 해의 흉년은 여러 도에서 참으로 굶주림의 해가 되고 말았다. 그러나 그에게 무슨 상관이랴? 그가 돈 많고 권세를 누리는 한 아무도 감히 그의 행위에 대하여 책임을 묻지 못하리라.

다음의 문무 행정 구획표는 조선에서 가장 인기 있는 지리개론[1]에서 발췌拔萃한 것이다. 그것은 1850년 무렵 정부 발행의 공식 기록에 의하여 정정되었다. 거기서는 도시들이 중요 순順으로 즉 그 도시를 다스리는 수령의 계급에 따라서 배열되어 있다.

"조선국은 동서 1280리, 남북 2998리, 경기, 충청, 전라, 경상, 강원, 황해, 함경, 및 평안이라고 하는 8도로 나뉘어 있다.

수도의 바로 동쪽 745리에 있는 도시가 경상도 영해寧海이고, 바로 서쪽 525리에 있는 도시가 황해도 장연長連이고, 바로 남쪽 896리에 있는 도시가 전라도 해남海南이고, 바로 북쪽 2,102리에 있는 도시가 함경도 온성穩城이다.[2]"

(1) 경기도

이 도는 동쪽과 동북쪽은 강원도에, 남쪽과 동남쪽은 충청도에, 서남쪽은 바다(황해)에, 서쪽과 서북쪽은 황해도에 잇닿아 있다. (p. XLIII)

경기도의 수도이자 왕국 전체의 수도인 한양은 5부部로 나뉘어 있다. 중앙부는 8방坊, 동부는 12방, 남부는 11방, 서부는 8방, 북부는 10방, 모두 합하여 49방이다.

경기도는 좌도左道에 22군郡, 우도右道에 14군, 합하여 36군이 있다. 도장관 즉 감사는 수도의 성 밖에 주재한다. 그것은 그가 국도國都 내에서는 권한이 별로 또는 전혀 없기 때문이다. 그의 저택은 서문께에 있다.

---

1) 가장 인기 있는 지리개론 동국여지승람을 가리키는 듯함 : 역주.

2) 지도를 일별一瞥하면 이 방향이 개략적인 것에 불가함을 알리라 : 저주.

좌 도

군청 소재지	수도와의 거리 里	면 수 面數	수령 관등 守令
1. 강화(강화도)城 유수 주재지	130	17	경력經歷
2. 광주(산성)城 유수 주재지	50	23	판관
3. 여주	170	13	목사
4. 수원(화성)城 유수 주재지	80	52	판관
5. 부평	50	15	부사
6. 남양	130	14	부사
7. 이천	130	14	부사
8. 인천	80	10	부사
9. 죽산	180	17	부사
10. 양근	120	9	군수
11. 안산	62	6	군수
12. 안성	170	19	군수
13. 김포	60	8	군수
14. 마전	125	6	군수
15. 용인	80	16	현령
16. 진위	123	11	현령
17. 양천	40	4	현령
18. 금천(시흥)	32	6	현령
19. 지평	150	6	현감
20. 과천	30	14	현감
21. 양성	110	14	현감
22. 양지	120	10	현감

우 도

군청 소재지	수도와의 거리 里	면 수 面數	수령 관등 守令
1. 송도(개성)城 선왕조의 수도 유수 주재지	160	17	경력
2. 파주	80	11	목사
3. 양주	60	33	목사
4. 장단	120	24	부사 (p. XLIV)
5. 교동(교통도)城	170[1]	10	수사水使
6. 삭녕	120	7	군수
7. 고양	40	8	군수
8. 교하	80	7	군수
9. 가평	145	4	군수
10. 영평	145	7	군수
11. 포천	100	9	현감
12. 음죽	180	7	현감
13. 적성	150	5	현감
14. 연천	140	5	현감

[합계] 유수 4, 감사 1, 목사 3, 부사 6, 군수 10, 현령 4, 현감 8, 수사 1, 판관 2, 경력 2

수도를 제외한 이 도의 호수 136,600 호[2]

1) 교동 170리는 육로 120리에 해로 50리로 되어 있음 : 저주.

2) 이것은 공식 장부에 적혀 있는 숫자이다. 그러나 이 숫자가 매우 믿을 수 없다는 것은 조선에서도 인정하고 있는 바이다 : 저주.

역 제驛制

이 도에는 역(정류소 또는 역마 중계지)을 감독하는 6찰방(역장)이 있다. 그 주재지는 다음과 같다.

영서迎曙	양주군	6역驛
영화迎華	과천군	12 〃
평구平丘	양주군	11 〃
중림重林	인천군	6 〃
도원桃源	장단군	5 〃
경안慶安	광주군	7 〃

보유마 수保有馬數 449마리

군사 조직

병사 1	감사가 그 직책을 겸임한다.
수사 1	교통도首都灣에 주재, 3 도道 수군水軍을 감독한다.
영장 6	광주, 남양, 양주, 수원, 장단, 죽산의 수령들이 그 직책을 겸임한다.
중군 4	한 사람은 감사 옆에, 광주, 수원, 송도의 세 도시에 각각 한 사람씩 있다.
감목관 5	
별장 7	

병사 수 106,573명

(2) 충청도

이 도는 동북쪽은 강원도와 경상도에, 동남쪽은 경상도와 전라도에, 남쪽은 전라도에, 서쪽 서남쪽 및 서북쪽은 바다(황해)에, 북쪽은 경기도에 각각 잇닿아 있다. (p. XIV)

좌도에 21군, 우도에 33군, 합하여 54군이 있다. 수도 즉 감사의 주재지는 옛날에는 충주였으나, 임진년(1592) 일본 전쟁 때에 금강이라는 강 근처인 공주에 옮겨서 현재에 이른다.

좌 도

군청 소재지	수도와의 거리 里	면 수 面數	수령 관등 守令
1. 충추城	290	38	목사
2. 청주城	300	23	목사
3. 청풍	350	8	부사
4. 단양	380	7	군수
5. 괴산	280	12	군수
6. 옥천	410	11	군수
7. 보은	380	10	군수
8. 천안	213	15	군수
9. 문의	330	6	현령
10. 제천	320	8	현감
11. 직산	183	12	현감
12. 회인	350	6	현감
13. 연풍	320	4	현감
14. 음성	245	4	현감
15. 청안	280	6	현감
16. 진천	240	15	현감
17. 목천	243	8	현감
18. 영춘	390	6	현감
19. 영동	460	7	현감
20. 황간	490	6	현감
21. 청산	430	6	현감

우 도

군청 소재지	수도와의 거리 里	면 수 面數	수령 관등 守令
1. 공주城, 도의 수도 감사 주재지	326	26	판관
2. 홍주城	293	27	목사
3. 임천,	401	21	군수
4. 태안,	418	6	군수
5. 한산城	441	9	군수
6. 서천城	461	10	군수
7. 면천	313	15	군수
8. 서산	388	16	군수
9. 온양	233	8	군수
10. 대흥	283	8	군수
11. 홍산	413	9	현감
12. 덕산	293	12	현감
13. 평택	173	6	현감
14. 정산	351	6	현감
15. 청양	323	9	현감
16. 은진	406	14	현감
17. 회덕	381	7	현감
18. 진참	351	5	현감
19. 연산	406	8	현감
20. 노성(이성)	376	11	현감 (p. XLVI)
21. 부여	386	10	현감
22. 석성	396	9	현감
23. 비인城	443	6	현감
24. 남포城	393	8	현감

군청 소재지	수도와의 거리 里	면 수 面數	수령 관등 守令
25. 결성	323	9	현감
26. 보현城	373	8	현감
27. 해미城	358	6	현감
28. 당진	333	7	현감
29. 신창	233	6	현감
30. 예산	263	9	현감
31. 전의	251	5	현감
32. 연기	291	7	현감
33. 아산	223	11	현감

[합계] 감사 1, 목사 4(그중 한 사람은 공주 판관), 부사 1, 군수 13, 현령 1, 현감 35.

[호수] 244,080호.

역 제驛制

찰방 5, 주재지는 다음과 같다.

연원連原	충주군	14역驛
성환成歡	직산군	12 〃
이인利仁	공주군	8 〃
금정金井	홍주군	16 〃
율봉栗峯	청주군	12 〃

보유마 수保有馬數 761마리

군사 조직

병사 2	하나는 감사 겸임, 또 하나는 청주에 주재함.
수사 2	하나는 감사 겸임, 또 하나는 보녕군에 주재함.
영장 5	홍주, 청주, 공주, 충주에 주재하고, 하나는 해미 수령이 겸임함.
중군 1	감사 곁에 있음.
감독관 1	

병사 수 139,201명.

(3) 전라도

이 도는 북쪽은 충청도에, 동쪽은 경상도에, 남쪽과 서쪽은 바다(황해)에 잇닿아 있다.

이 도는 좌도 12군, 우도 35군, 합하여 56군이 있다. 수도 즉 감사의 주재지는 전주다.

좌 도

군청 소재지	수도와의 거리 里	면 수 面數	수령 관등 守令
1. 능주	776	19	목사
2. 남원城	636	40	부사
3. 순천城	796	20	부사
4. 담양	676	12	부사
5. 장성	666	15	부사 (p. XLVII)
6. 보성城	851	18	군수
7. 낙안	786	6	군수
8. 순창	636	16	군수
9. 창평	706	9	현령
10. 용담	536	4	현령

군청 소재지	수도와의 거리 里	면 수 面數	수령 관등 守令
11. 광양城	821	12	현감
12. 옥과	666	6	현감
13. 구례城	766	7	현감
14. 곡성	676	8	현감
15. 운봉	688	8	현감
16. 임실	576	18	현감
17. 장수	651	7	현감
18. 진안	586	13	현감
19. 동복	726	11	현감
20. 화순	756	3	현감
21. 흥양城	896	13	현감

우 도

군청 소재지	수도와의 거리 里	면 수 面數	수령 관등 守令
1. 전주城, 도의 수도 감사 주재지	506	36	판관
2. 나주城	740	38	목사
3. 제주城(남쪽의 큰 섬)[1]城 섬의 장관 목사 주재지	1,936[2]	4	판관
4. 광주城	726	40	목사
5. 장흥	880	15	부사
6. 무주	520	12	부사
7. 여산	436	11	부사
8. 익산	450	10	군수
9. 고부城	600	18	군수
10. 영암城	810	9	군수

1) 제주도는 Ile de Quelpaert(하멜 표류기에 명명한 濟州島名) : 저주.

2) 1936리里는 육로陸路 966리에 해로海路 970리다 : 저주.

군청 소재지	수도와의 거리 里	면 수 面數	수령 관등 守令
11. 영광城	710	28	군수
12. 진도(진도섬)城	1,026	13	군수
13. 금산	486	12	군수
14. 진산	456	8	군수
15. 김제	536	23	군수
16. 임피城	490	12	현령
17. 만경城	510	6	현령
18. 금구	520	12	현령
19. 강진城	866	21	현감
20. 용안城	436	3	현감
21. 함열	450	9	현감
22. 부안	570	20	현감
23. 함평	770	4	현감
24. 고산	470	8	현감
25. 태인	566	16	현감
26. 옥구城	560	8	현감
27. 함평(南平의 誤記인 듯 : 역주)	740	12	현감
28. 흥덕	636	8	현감 (p. XLVIII)
29, 정읍	596	8	현감
30, 고창城	640	8	현감
31. 무장城	770	16	현감
32. 무안	796	13	현감
33. 해남城	890	12	현감
34. 대정城(남쪽의 큰 섬)	2,076	5	현감
35. 정의城(남쪽의 큰 섬)	2,066	4	현감

[합계] 감사 1, 목사 4, 부사 7, 군수 11, 현령 5, 현감 28, 판관 2.

[호수] 290,550호

역 제驛制

찰방 6, 주재지는

삼례參禮	전주군	12역驛
청암靑巖	장성군	11 〃
벽사碧砂	장흥군	9 〃
제원濟原	금산군	4 〃
오수獒樹	남원군	11 〃
경양景陽	광주군	6 〃

보유마 수保有馬數 506마리

군사 조직

병사 2	하나는 관찰사, 또 하나는 강진에 주재.
수사 3	하나는 관찰사, 또 하나는 좌도 순천에, 또 하나는 우도 해남에 주재.
영장 5	셋은 순천, 전주, 나주에 주재하고, 둘은 운봉, 여산의 수령이 겸임함.
중군 1	감사 옆에 있음.
감목관 5	
별장 6	

병사 수 206,140명.

(4) 경상도

이 도는 북쪽은 강원도에, 동북쪽은 강원도와 일본해에, 동쪽과 동남쪽, 남쪽은 바다에, 서남쪽은 바다와 전라도에, 서쪽은 전라도에, 서북쪽은 충청도에 각각 잇닿아 있다.

이 도는 좌도에 40군, 우도에 31군, 합하여 71군이 있다. 수도 즉 감사의 주재지는 대구다.

좌 도

군청 소재지	수도와의 거리 里	면 수 面數	수령 관등 守令
1. 경주城	770	18	부윤
2. 안동城	550	24	대부사
3. 영해城	745	1	부사 (p. XLIX)
4. 밀양城	800	16	부사
5. 청송	630	9	부사
6. 대구城 도의 수도 감사 주재지	680	33	판관
7. 울산	850	11	부사
8. 동래城	930	8	부사
9. 인동	600	9	부사
10. 순흥	470	13	부사
11. 칠곡	670	10	부사
12. 청도	740	13	군수
13. 영천	690	20	군수
14. 예천	490	23	군수
15. 영천	470	13	군수
16. 홍해城	800	8	군수
17. 풍기	440	8	군수
18. 경산	710	5	현령
19. 의성	600	19	현령
20. 영덕	800	5	현령
21. 양산	890	6	현감
22. 함양	700	6	현감
23. 용궁	460	10	현감

군청 소재지	수도와의 거리 里	면 수 面數	수령 관등 守令
24. 봉화	520	10	현감
25. 청하城	830	5	현감
26. 언양城	830	6	현감
27. 진보	630	6	현감
28. 현풍	680	17	현감
29. 군위	580	10	현감
30. 비안	550	9	현감
31. 의홍	620	11	현감
32. 의녕	650	7	현감
33. 예안	530	7	현감
34. 장기城	820	10	현감
35. 영일城	780	8	현감
36. 창녕	720	8	현감
37. 영산	750	7	현감
38. 기장	940	7	현감
39. 자인	730	7	현감
40. 영양	650	8	현감

우 도

군청 소재지	수도와의 거리 里	면 수 面數	수령 관등 守令
1. 창원城	810	16	대부사
2. 상주城	490	14	목사
3. 성주城	610	40	목사
4. 진주城	856	70	목사
5. 김해城	880	18	부사

군청 소재지	수도와의 거리 里	면 수 面數	수령 관등 守令
6. 선산(城)	560	18	부사
7. 거제(거제도)城	1,020	6	부사
8. 하동	836	12	부사
9. 거창	720	22	부사
10. 함양城	746	18	군수
11. 초계	710	11	군수
12. 함안	810	18	군수
13. 김산	570	16	군수
14. 곤양	906	10	군수
15. 합천	910	20	군수
16. 남해(남해도)城	936	7	현령
17. 고성城	910	14	현령
18. 삼가城	760	12	현감
19. 의령城	795	19	현감
20. 칠원城	780	4	현감
21. 진해城	850	3	현감
22. 문경	390	12	현감
23. 함양	450	6	현감
24. 지례	620	4	현감
25. 고령	660	14	현감
26. 단성	846	8	현감
27. 개녕	560	8	현감
28. 사천城	886	8	현감
29. 웅천城	870	5	현감
30. 안의	760	12	현감
31. 산청	860	14	현감

[합계] 감사 1, 부윤 1, 대부사 2, 목사 3, 부사 13, 군수 12, 현령 5, 현감 34, 판관 1.

[호수] 421,500호.

역 제驛制

찰방 11 주재지는

유곡幽谷	문경군	18역驛
안기安奇	안동군	10 〃
장수長水	신녕군	14 〃
송라松羅	청하군	7 〃
창락昌樂	순흥군	9 〃
사근沙斤	함양군	15 〃
소촌召村	진주군	15 〃
황산黃山	영산군	16 〃
금천金泉	김산군	19 〃
성현省峴	청도군	13 〃
자여自如	창원군	14 〃

보유마 수保有馬數 1,700마리.

군사조직

병사 3	하나는 감사 겸임, 또 하나는 좌도 울산 근처에, 또 하나는 우도 진주에 주재한다.
수사 3	하나는 우도 고성군에 있고, 통제사統制使라고 불린다. 그는 남쪽 3도의 수군을 통제한다. 이 칭호는 1592년의 일본전쟁 때에 여러 번의 회전會戰에서 일본군을 무찌른 한 장군을 포상褒賞하기 위하여 제정된 것이다. 이 관직은 매우 관등官等이 높고 보수도 매우 많다. 또 하나의 수사는 동래군 서쪽 20리의 부산에 있고, 또 하나의 수사 직은 감사가 겸임한다.

영장 6	안동, 상주, 대구, 진주, 경주에 있고, 하나는 김해 수령이 겸임한다.
중군 1	감사 옆에 있다.
감목관 3	
별장 10	거의 섬 또는 바닷가에 주재한다.

병사 수 310,440명. (p. LI)

(5) 강원도

이 도는 북쪽과 동쪽은 일본해에, 동남쪽은 경상도에, 남쪽은 경상도와 충청도에, 서남쪽은 충청도에, 서쪽은 경기도에, 서북쪽은 경기도와 황해도에, 북쪽은 함경도에 각각 잇닿아 있다.

이 도는 동도東道에 9군, 서도西道에 17군, 합하여 26군이 있다. 수도 즉 감사의 주재지는 원주이다.

동 도

군청 소재지	수도와의 거리 里	면 수 面數	수령 관등 守令
1. 강능城	530	8	대부사
2. 양양	530	12	부사
3. 삼척城	670	12	부사
4. 평해城	880	7	군수
5. 통천	440	8	군수
6. 고성	510	7	군수
7. 간성	555	8	군수
8. 울진	820	8	현령
9. 흡곡	470	3	현령

서 도

군청 소재지	수도와의 거리 里	면 수 面數	수령 관등 守令
1. 원주城도의 수도 감사 주재지	240	20	판관
2. 회양	380	6	부사
3. 춘천	205	11	부사
4. 철원	180	9	부사
5. 영월	410	7	부사
6. 이천	280	10	부사
7. 정선	430	4	군수
8. 평창	370	5	군수
9. 김성	270	8	현령
10. 평강	240	7	현감
11. 김화	220	7	현감
12. 낭천	235	6	현감
13. 홍천	230	6	현감
14. 양구	310	8	현감
15. 인제	375	4	현감
16. 횡성	230	8	현감
17. 안협	240	3	현감

[합계] 감사 1, 대부사 1, 목사 1(원주 판관), 부사 7, 군수 6, 현령 3, 현감 8.

[호수] 93,000호. (p. LII)

역 제驛制

찰방 4, 주재지는

은계銀鷄	회양군	19역驛
평능平陵	삼척군	15 〃
상운祥雲	양양군	15 〃
보안保安	원주군	29 〃

보유마 수保有馬數 447마리

군사 조직

병사 1	감사 겸임.
수사 1	감사 겸임.
영장 3	하나는 삼척에 있고, 다른 둘은 철원과 횡성 수령이 겸임한다.
중군 1	감사 옆에 있다.

병사 수 44,000명

(6) 황해도

이 도는 동북쪽은 함경도에, 동쪽은 강원도에, 동남쪽은 강원도와 경기도에, 남쪽은 경기도에, 서남쪽과 서쪽은 바다(황해)에, 서북쪽은 바다(황해)와 평안도에, 북쪽은 평안도에 각각 잇닿아 있다.

이 도는 좌도에 14군, 우도에 9군, 합하여 23군이 있다. 수도 즉 감사의 주재지는 해주다.

좌 도

군청 소재지	수도와의 거리 里	면 수 面數	수령 관등 守令
1. 황주城	465	18	목사
2. 평산	265	17	부사
3. 서흥	345	13	부사
4. 곡산	439	12	부사
5. 봉산	415	15	군수
6. 안악	535	18	군수
7. 재령	465	13	군수
8. 수안	335	13	군수
9. 신천	495	10	군수
10. 금천	205	16	군수
11. 신계	345	13	현령
12. 문화	525	9	현령
13. 장련	575	5	현감
14. 토산	230	9	현감

우 도

군청 소재지	수도와의 거리 里	면 수 面數	수령 관등 守令
1. 해주 군청 소재지, 도의 수도 감사 주재지	375	35	판관
2. 연안城	255	22	부사
3. 풍천	535	8	부사 (p. LIII)
4. 옹진城	485	5	부사
5. 장연	525	11	부사

군청 소재지	수도와의 거리 里	면 수 面數	수령 관등 守令
6. 배천	220	16	군수
7. 송화	495	8	현감
8. 강령	455	5	현감
9. 은률	585	4	현감

[합계] 감사 1, 목사 3(그중 하나는 해주 판관 겸임), 부사 7, 현령 2, 현감 5.

[호수] 138,000호.

역 제驛制

찰방 3, 주재지는

금교金郊	금천군	8역驛
청단靑丹	해주군	9 〃
기린麒麟	평산군	11 〃

보유마 수保有馬數 396마리.

군사 조직

병사 2	하나는 감사 겸임, 또 하나는 황주에 주재.
수사 2	하나는 감사 겸임, 또 하나는 옹진 수령이 겸임.
영장 5	봉산, 풍천, 안악, 곡산, 평산 수령이 겸임.
중군 1	감사 옆에 있다.
감목감 3	
별장 5	

병사 수 153,800명

(7) 함경도

이 도는 동북쪽과 동쪽은 두만강에, 동남쪽과 남쪽은 일본해에, 서남쪽은 강원도에, 서쪽과 서북쪽은 평안도에, 북쪽은 오랑캐땅胡地에 잇닿아 있다.

이 도는 남도南道에 12군, 북도北道에 12군, 합하여 24군이 있다. 수도 즉 감사의 주재지는 함흥이다.

남 도

군청 소재지	수도와의 거리 里	면 수 面數	수령 관등 守令
1. 함흥城, 도의 수도 감사 주재지	820	24	판관
2. 영흥	685	12	대부사
3. 안변	510	25	부사
4. 북청	1,010	19	부사
5. 덕원	560	20	부사
6. 정평	770	9	부사
7. 갑산	1,275	3	부사
8. 삼수城	1,365	3	부사
9. 단천城	1,205	9	부사
10. 장자城	1,050	5	부사
11. 고원	645	6	군수
12. 문천	595	6	군수 (p. LIV)

북 도

군청 소재지	수도와의 거리 里	면 수 面數	수령 관등 守令
1. 길주城	1,385	7	목사
2. 경원城	2,209	12	부사
3. 회령城	1,935	9	〃
4. 종성城	2,032	5	〃
5. 온성城	2,102	12	〃
6. 경흥城	2,342	7	〃
7. 부령城	1,695	9	〃
8. 명천城	1,455	7	〃
9. 무산城	1,840	9	〃
10. 경성城	1,595	6	판관
11. 홍원城	920	6	현감
12. 이성(이원)城	1,115	3	현감

[합계] 감사 1(부윤의 칭호를 갖는다), 대부사 1, 목사 1, 부사 16, 군수 2, 현감 2, 판관 2(그 중의 하나 경성 판관은 부사의 칭호를 갖는다.)

[호수] 103,200호.

역 제驛制

찰방 3 주재지는

고산高山	안변군	12역驛
거산居山	북청군	24 〃
수성輸城	종성군	22 〃

보유마 수保有馬數 792마리.

군사 조직

병사 3	하나는 감사 겸임, 또 하나는 남도 북청에, 또 하나는 북도 경성에 주재한다.
수사 3	세 병사가 겸임함.
영장 6	홍원, 갑산, 영흥, 단천, 삼수, 덕원의 수령이 겸임한다.
중군 1	감사 옆에 있다.
감목관 3	
별장 2	

병사 수 87,170명.

(8) 평안도

이 도는 동북쪽과 동쪽은 함경도에, 동남쪽은 함경도와 황해도에, 남쪽은 황해도에, 서남쪽과 서쪽은 바다(황해)에, 서북쪽은 압록강(얄루강)에, 북쪽은 오랑캐 땅에 잇닿아 있다.

이 도는 남도에 23군, 북도에 19군, 함하여 42군이 있다. 수도 즉 감사의 주재지는 평양이다. (p. LV)

남 도

군청 소재지	수도와의 거리 里	면 수 面數	수령 관등 守令
1. 평양城, 도의 수도. 감사 주재지	566	36	서윤庶尹
2. 안주城	736	12	목사
3. 성천	706	25	부사
4. 숙천	676	14	부사
5. 중화	516	12	부사

군청 소재지	수도와의 거리 里	면 수 面數	수령 관등 守令
6. 자산	656	10	부사
7. 삼화	676	10	부사
8. 함종	636	12	부사
9. 가산	796	5	군수
10. 상원	676	7	군수
11. 덕천	940	9	군수
12. 개천	791	8	군수
13. 순천	721	15	군수
14. 용강	656	12	현령
15. 영유	636	14	현령
16. 증산	656	5	현령
17. 삼동	656	3	현령
18. 순안	606	10	현령
19. 강서	616	11	현령
20. 양덕	896	9	현감
21. 맹산	846	6	현감
22. 강동	656	7	현감
23. 은산	686	12	현감

북 도

군청 소재지	수도와의 거리 里	면 수 面數	수령 관등 守令
1. 의주城	1,096	21	부윤
2. 연변城	796	12	대부사
3. 정주城	856	19	목사
4. 강계城	1,346	11	부사

군청 소재지	수도와의 거리 里	면 수 面數	수령 관등 守令
5. 창성城	1,106	7	부사
6. 삭주城	1,036	8	부사
7. 구성城	896	12	부사
8. 선천城	929	9	부사
9. 철산城	976	6	부사
10. 용천城	1,006	9	부사
11. 초산城	1,196	6	부사
12. 곽산	886	7	군수
13. 희천	1,001	8	군수
14. 벽동城	1,121	10	군수
15. 운산	856	6	군수
16. 박천	776	5	군수
17. 위원城	1,236	6	군수
18. 영원	891	8	군수
19. 태천	836	6	현감

[합계] 부윤 2(그 중 하나는 감사가 겸임), 대부사 1, 목사 2, 부사 14(그 중의 하나 선천 부사는 방어사(防禦使)의 칭호를 갖는다), 군수 12, 현령 6, 현감 5, 서윤 1.

[호수] 293,400호. (p. LVI)

역 제驛制

찰방 2 주재지는,

대동大同	평양군	9역驛
어천魚川	영변군	12 〃

군사 조직

병사 2	하나는 감사 겸임, 또 하나는 안주에 주재함.
수사 1	감사 겸임.
영장 9	숙천, 덕천, 중화, 순천, 함종, 용천, 구성, 가산, 영변의 수령이 겸임한다.
중군 1	감사 옆에 있다.
감목관 1	
별장 4	

병사 수 174,538명. (p. LVII)

5
법 정

아전과 포졸, 감옥, 형벌

고을 원들은 민사 재판소에 속하는 모든 소송에 대한 보통 판사이다. 한 사건이 마을의 고로古老들에 의하여 타협적으로 해결되지 못하고 당사자들이 송사하기를 고집할 때에는 원 앞에 출두하고 원은 보통 경우에는 확정 판결을 한다. 사건이 매우 중대한 경우에는 감사에게 상소하고, 다음에는 소할所轄 대신에게, 끝으로는 임금에게 상소할 수 있다.

형사 사건은 무관 수령에 의하여 판결된다. 때로는 문관 수령이 사건의 성질을 규명하기 위하여 예심豫審을 하는 수도 있으나, 항상 사건을 무관 수령에게 넘긴다. 공판은 영장 옆에서 시작되는데, 그의 법정은 상말로 도둑놈 재판소라고 불린다. 거기서, 사건의 중대성에 따라, 병사 또는 감사에게 넘겨지고, 다음엔 수도의 형사 재판소로 넘겨진다. 이 재판소는 두 가지의 다른 법정으로 구성된다. 첫째 것은 포청捕廳이라 하여, 증인을 심문하고 사건을 조사하고 피고로 하여금 싫건 좋건 자백케 하는 조사 법정이다. 둘째 것은 형조刑曹라 하여, 포청의 결론에 대하여 판결을 내리는 판사들로 구성되어 있는 법정이다. 형사 재판소 아래에는, 수도에만, 프랑스의 경죄輕罪 재판소에 해당하는 하급 재판소가 있다. 그것은 사광청[1]이라고 불린다. 형사 재판

1) **사광청** 무엇을 가리키는 것인지 알 수 없다. 사관청(仕官廳)을 가리키는 듯: 역주.

소는 모반죄와 대역죄를 제외하고 모든 종류의 범죄에 관하여, 서민과 관직에 있지 않은 양반에 대한 재판권이 있다. 임금이 직접 법관을 임명하는 금부禁府라는 특별 재판소만이 관공리를 재판할 권리가 있고, 이 재판소만이 그 범인이 어떤 자이건 모반 행위와 대역 행위를 재판할 권리가 있다. 이 뒤의 경우에 있어서는, 수형자受刑者의 집안은 모조리 그의 형벌에 말려들고, 그의 친척은 모두 파직 또는 유배되고, 심지어 사형에 처해지는 수도 있다. 1801년, 유柳 아오스딩[1]이 순교했을 때, 그의 친척인 26명의 수령은 (p. LVIII) 모두 이교도였지만 파직되고, 그의 형은 유배당했다. 한 고을에서 살인이 났을 때, 그 고을 수령은 혼자서 사건을 조사 결정할 수 없고, 감사가 다른 두 명의 수령을 임명하여 함께 모여서 공판을 하게 한다.

보통의 수령은 아무도 자기 자신의 권한만으로는 유형이나 사형 선고를 집행케 할 수 없다. 감사일지라도 어떤 제한하에서만 그 권한을 가지며, 사형에 처할 때는, 거의 언제나, 먼저 형조판서로부터 그 판결의 승인을 받게 한다. 그 대신, 재판관은 심문 중에 맞아 죽은 죄인에 대해서는 책임지지 않는다. 이런 일은 흔히 있으며, 규정대로의 공판의 수고를 덜기 위하여, 재판관은 사건을 가장 빨리 결말짓는 이 방법을 취하는 수가 흔히 있다. 또 긴 소송 수속 절차를 간소화하는 다른 방법도 있다. 이를테면, 어느 날, 한 젊은 하인이 양반집 아들과 싸우다가 도끼로 아랫배를 쳐서 그를 죽였다. 살인자는 이내 잡혀 수령 앞에 끌려갔다. 증인 중에는 피살인의 아버지도 있었다. 몇 마디 심문한 뒤에, 수령은 도끼를 가져 오게 하여, 그 아버지의 손에 쥐어 주고, 꼭꼭 묶이어 땅바닥에 나자빠져 있는 살해자를 가리

---

1) **柳 아오스딩** 유항검柳恒儉을 가리킨다. 전라도 사람으로 1801년辛酉年 박해 때 형장에서 목이 잘렸다 : 역주.

키며, "이놈이 어떻게 네 아들을 쳤는가 그대로 해보아라"라고 말하였다. 그의 목적은 그 아버지로 하여금 범인을 그 자리에서 죽여 이 귀찮은 사건을 처리해버리려는 것이었다. 이러한 경우에 복수는 이 나라의 습관으로 용서되므로, 만사가 즉시 해결되었을 것이다. 그러나 너무나도 소심한 아버지는 감히 치지 못하였다. 회중은 그를 비겁한 놈이라고 멸시하고, 재판관의 행위는 매우 정당하고 당연하였다고 칭찬하였다.

문관 수령은 지방 장관인 동시에, 치안 판사, 예심 판사, 징세관이며, 관세, 산림, 등기, 경찰 등의 감독관이므로, 이렇게 엄청난 직무를 감당하기란 불가능할 것 같다. 그러나 원의 생활보다 게으르고 한가한 것은 별로 없다. 그는 마시고, 먹고, 담배 피우고, 유흥하기에 세월을 보낸다. 그의 법정은 한 주일에 서너 번, 몇 시간 동안밖에 열리지 않으며, 몇 마디의 말과 몇 대의 곤장으로, 때로는 당사자나 증인들을 심문하지도 않고 사건을 처리해버린다. 무관 수령도 비슷하게 행동하며, 어떤 종류의 법정에서든지 거의 모든 것이 하급 관원들에 의하여 처리된다. (p. LIX)

조선에서 그토록 큰 권력을 행사하는 이들 법정의 관원에 관하여 조금 자세히 살펴보자. 그들 중에는, 문관 수령을 섬기는 관원들과 무관 수령 즉 형사 재판관에 속하는 관원들, 두 가지가 있다. 전자의 이름은 이 역사책에서는 보통 'prétorien-아전'이라는 말로 옮겼다. 그들은 수령의 법정 prétoire를 형성하며, 행정에 있어 수령을 보좌하는 일을 맡고 있다. 후자는 프랑스로 말하자면 헌병이나 경관의 일을 맡아 보며 형조刑曹에 속하는데, 이것이 바로 사령이라고 불리는 것이다. 그들은 간혹 혼동되는 수가 있다. 그것은 그들의 직권이 뚜렷이 구별되어 있음에도 불구하고, 흔히 협력하여 행동하지 않으면 안 되고, 형사 재판관이 없는 고을에서는 문관 수령이 치안을 유지하기 위하여 얼마큼의 사령을 거느리고 있기 때문이다.

고을마다 아전이 꽤 많다. 주요한 6, 7명은 임금의 대신들과 비슷한 관직명을 가지고 있고 같은 성질의 직무를 작은 규모로 수행하고 있다. 그것은 각 지방 관직이 중앙 정부를 본받아서 조직되어 있기 때문이다. 이렇게 그들은 많은 권력을 가지고 있으며, 평소에 그들을 하인처럼 취급하면서도 그들이 하는 대로 끌려가는 수령보다 더 많은 권력을 가지고 있는 수도 흔히 있다. 다른 아전들은 상부의 아전들에게 복종하는 서기나 수위 또는 하인들이다. 이 모든 아전들은 사회에서 따로 하나의 계급 같은 것을 이루고 있다. 그들은 거의 언제나 저희들끼리 통혼하고, 그들의 아이들은 같은 직업에 종사하고, 직무를 얻어 지탱해가는 수완에 따라, 대대로 법정에서 높고 낮은 관직을 수행하고 있다. 그들이 없으면 행정이 되어가지 않는다고 주장하는 사람들이 있는데, 실정을 살펴보면 지당한 말인 것 같다. 온갖 농간, 술책, 계략에 능숙하므로, 그들은 백성을 착취하고 수령에 대하여 자신들을 지키기에 놀랍게 정통하여 있다. 파면하고, 축출하고, 모욕하고, 구타하고 하여도, 그들은 모든 것을 참을 줄 알며, 복직할 기회를, 또 때로는 심지어 너무 엄격한 수령을 내쫓을 기회를 잡으려고 엿보고 있다.

앞서 말한 노론, 남인 등 큰 정당과 거의 비슷하게, 그들도 여러 파로 나뉘어 서로 자리다툼을 하고는 있으나, 전체의 이익이 위협을 받을 때에는, 당분간 싸움을 잊고 모두 서로 도울 줄을 안다. 그들의 근본 원칙의 하나는 언제나 수령을 속이고, 수령에게 될 수 있는 대로 고을의 일을 알리지 않아야 한다는 것이다. (p. LX) 이것은 그들에 있어서 사활 문제이다. 왜냐하면 대개는 정규의 보수가 없고, 보수가 있는 자들도 매우 드물게밖에 못 받기 때문이다. 한편으로는 백성을 희생시켜서 수령의 끝없는 탐욕을 만족시키지 않으면 안 되고, 또 한편으로는 자기와 가족들의 생활비에 많은 돈을 쓰지 않으면 안 되므로, 그들은 자기들을 위하여 행하는 사기와 주구誅求만으로 살아간다. 만약에 그들이 이렇게 착취할 줄을 알고 있는 비밀 자원을 수령에게 알린다면, 수령은 즉시 그것을 빼앗을 것이고 그들에게는 굶어 죽는 길밖에 안 남을 것이다. 어느 날 아전 하나가 다블뤼이 주교의 전도사 한사람에게 이렇게 말하는 것이었다. "만약에 불행하게도 한번 원님에게 무슨 매우 좋은 것을 드릴 것 같으면, 원님은 늘 그것을 바라실 것인데, 우리는 그렇게 만족시켜 드리질 못할 것이므로 원님은 우리를 때려죽이게 하실 겁니다."

몇 년 전에 경기도에서 일어난 다음 사건은 아전들이라는 게 어떠한 것이며, 어떠한 일을 할 수 있는가를 잘 보여준다. 꽤 큰 어느 읍에 청렴 유능한 원이 도임하였다. 그는 부하들로 하여금 충실히 복무하게 하는 것만으로는 만족하지 않고, 그들이 이전에 저지른 모든 독직 행위를 조사 처벌할 뜻을 나타냈다. 대부분이 크게 화를 받게 되었고, 심지어 어떤 자들은 사형 선고를 받을 염려조차 있었다. 그들의 보통 농간과 술책과 위증僞證으로서는 이 타격을 막을 수 없었으므로, 그들의 공포는 이만저만이 아니었는데, 때마침 그들은 암행어사가 그 지방을 돌아다닌다는 소리를 들었다. 암행어사 하나를 발견하여 그 뒤를 밟고 행동을 감시하는 것은 쉬운 일이므로 그들은 즉시 한 음모를 꾸몄다. 영리하고 대담한 불한당이 어사로 가장하여 온 고을에서 금품을 강탈하는 일이 드물지 않으므로, 그 자취를 발견한 어사도 그런 무리의 하나라는 것을 원에게 믿게 하여 그를 체포하라는 허가를 얻자는 것이었다. 임금의 사자使者를 포박하는 사람들은 사형을 받을 것이 거의 확실하겠지만, 반면에, 원도 만일 정치를 잘한다면, 고관대작을 공식으로 체포하는 그런 망측한 혼란은 있을 수 없을 것이라는 원칙에 의하여 틀림없이 파직당할 것이다. 원이 한번 떠나면 다른 아전들은 아무 것도 두려울 것이 없어질 것이다. 전체를 구제하기 위하여 희생될 사람들의 이름을 제비뽑아, 바로 그날 밤에 원에게 소장訴狀을 제출하였다. 그는 처음에 그것을 받아들이기를 거부하였다. (p. LXI) 그러나 아전들은 그러한 사기꾼을 처벌하지 않고 두면 원은 무서운 책임을 지게 될 것이고, 만약에 실수가 있을 경우에는 자기들 자신의 생명에 관계될 것이므로 조금이라도 의혹이 있다면 이런 청원은 하지 않을 것이라고 원에게 되풀이하여 마지않았으므로, 원은 며칠 동안 망설인 끝에 체포장에 서명하고 말았다. 제비뽑기로 지명된 아전들은, 그 영장을 몸에 지니고, 바로 그날 저녁에 어사가 투숙한 곳에 가서, 그에게 달려들어 죄인처럼 꼭꼭 묶었다. 어사는 자기의 이름과 관직명을 밝히고, 옥새 찍힌 증명서를 보이고, 신호를 하니, 즉시 그의 보좌관과 사령들이 그의 곁에 모여들었다. 아전들은 경도驚倒 실색한 체하여, 혹은 줄행랑을 놓고, 혹은 어사의 발밑에 엎드려, 아까 막 모르고 저지른 무서운 죄를 갚기 위하여 죽여주십사고 빌었다. 노발대발한 어사는 그들을 때려죽이도록 부하들에게 맡기고, 수많은 수행원을 거느리고 곧장 군청으로 들이닥쳐, 원을 파면 축출하였다. 아전으로서 죽은 자는 아무도 없었다 하며, 여럿이 불구가 되고, 그밖에는 유형을 당했으나, 그들의 목적은 이루어지고, 새 원은 전임자의 예에 놀라, 정의를 위한 그의 열성을 본받기를 삼갔다.

사령은 아전들처럼 따로 한 계급을 이루어서 상속권처럼 대대로 같은 직무에 종사하는 것은 아니다. 그들은 경우와 필요에 따라 혹은 많고 혹은 적게 어디서든지 모집되는 사령이며 몇 년이나 심지어 몇 달 동안만 이 직무를 맡아 보는 수도 흔히 있다. 그들 중에는 사직司直에 대하여 매우 위험한 처지에 빠진 도둑이나 그밖의 사람들로서 벌을 면하기 위하여 사령이 된 사람들도 드물지 않다. 고을마다 여러 가지 이름으로 불리는 사령이 있으나, 가장 꾀바르고 가장 거만하고 가장 두려워할 것은 각 지방의 군郡 형사 법정의 사령이다. 정해진 보수가 없으므로 횡령으로만 살아가고, 자기들 마음에 드는 것은 무엇이고 백성으로부터 강탈한다. 어떤 사람들은 헌병의 일을 하고, 또 어떤 사람들은 수령의 집에서 시중들고, 또 다른 사람들은 수령이 외출할 때 따라다닌다. 그들은 도둑이나 그밖의 범인을 알아내는 데는 믿을 수 없을 만큼 솜씨 있고 꾀바르며, 진정으로 찾는 피고라면 그들의 수사망을 오랫동안 벗어날 수 있기란 드물다. 그러나 그들은 좀도둑은 별로 염두에 두지 않는다. 그들의 말에 의하면, 그 따위들을 잡아서 처벌함은 그들을 더욱 악한으로 만들 뿐이라는 것이다. (p. LXII) 이른바 강도나 도둑들로 말하자면 사령의 심복인 때가 매우 많고, 사령들은 만부득이할 때가 아니면 그들을 수령에게 넘기지 않는다.

큰 도시에는 언제나 포졸의 손아래에 몇 명의 도둑이 있어서 백성의 원성이 높고 수령의 명령이 여느 때보다도 준엄할 때에는 책임지고 법정에 고발되는 대가로 경찰로부터 보수를 받는다. 그들을 체포하기 전에 비교적 가벼운 범죄에 관하여 미리 합의를 보아두었다가 포졸이 고발하면 피고는 시인한다. 모든 중대 사실에 관해서는 굳은 침묵을 지키며, 진범이 제 범죄에 대한 올바른 징벌을 받는 일은 드물다. 뿐만 아니라 정부는, 필요할 때에, 대담하고도 뻔뻔스런 보조자를 손아래에 확보하기 위하여 수많은 이름난 도둑을 용서하고 있다. 수도에는 당국으로부터 거의 묵인되어 그 약탈 행위가 처벌되지 않는 한 떼의 도둑이 있다. 만약에 도난을 당한 사람이 도둑맞은 지 사흘 이내에 수령에게 제소提訴하면, 훔쳐진 물건은 대개 반환된다. 그러나 사흘이 지나면, 도둑은 반환 요구가 없는 물건의 임자가 되고, 장물贓物 고매자故買者에게 싼 값으로 판다. 여러 마을에는 주민들이 잘 알고, 수령의 포리捕吏의 수배로부터 보호해주는 도둑들이 있다. 아마 때로는 잘못된 동정심에서 그런 짓을 할 것이나 대개는 그런 불한당이나 같은 무리들이 자기들을 넘긴 자에게 앙갚음할까 두려워하기 때문이다.

조선에서 돈도 없고, 보호자도 없고, 자기에게는 다만 정당한 권리밖에 없을 때, 정의를 획득하기란 얼마나 어려운가는 앞서 말한 모든 것으로 보아 쉽사리 결론을 내릴 수 있을 것이다. 이론적으로는 누구라도 자유로이 수령 앞에 나아가서 하소연을 할 수는 있으나, 실제에 있어서는 법정의 입구는 아전이나 사령들에 의하여 단단히 지켜져 있으므로, 싫건 좋건 그들의 손을 거쳐야만 하며, 또 설령 소장訴狀을 직접 수령의 손에 넘기어 성공한다손 치더라도, 그렇게 함으로써 그의 속료屬僚들의 절대적인 세력을 적으로 삼게 될 것이니 아무런 소득도 없을 것이다. 그러므로 보통 먼저 법정의 속관들에게 하소연하기 마련이며, 만약에 사건이 중대할 때에는 그들은 회의를 열어서 고발해야 할 일, 숨겨야 할 일, 고백해도 무방할 일, 부인해야 할 일, 그리고 끝으로 어떠한 방법으로 어떠한 견지에서 이 사건을 재판관에게 제출해야 하는가를 검토한다. 다음에 다소 두둑한 돈을 받으면 그들은 승소勝訴를 책임진다. (p. LXIII) 아전의 세력에 맞설 용기나 그들의 책략을 꺾을 수완을 가진 수령은 매우 적다.

조선 법정에서의 부정의 또 하나의 이유는 거물들의 간섭이다. 대신, 왕비, 대관 등의 집안에는 그들의 보호를 얻기 위하여 거저, 또 때로는 돈을 갖다 바치면서까지, 그들에게 시중을 드는 종자從者 또는 수종隨從들의 무리가 있다. 이 사람들은 온갖 사건에 보수를 받고서 중개인이 되어 자기들 주인으로부터 소개장을 얻어 수령에게 제출한다. 수령은 차마 거역하지를 못하며, 이렇게 지원된 소송은, 아무리 부당하다 할지라도, 정정당당히 이긴다. 채무자로부터 돈을 받지 못하는 채권자는 어떤 세력가에게 그 금액의 절반을 주기로 약속만 하면 되는 것이 오늘날 관례로 되어 있다. 그가 수령에게 쓴 편지를 세력가로부터 받아 가지고 가면, 수령은 그 요구가 정당한가 어떤가를 조사도 하지 않고 채무자의 유죄를 선언하고 억지로 치르게 한다. 이런 경우에 망설이는 수령은 세력 층에 철천지원수를 사고 틀림없이 자리를 잃게 될 것이다.

조선에서도 옛날 전 세계에 있어서와 같이, 그리고 또 오늘날 기독교국이 아닌 모든 나라에서와 같이 형사 재판의 예심에 쓰이는 주요 방법은 고문이다. 고문에는 여러 가지가 있고 여러 단계가 있으나, 그 중에서 가장 무서운 것은 바로 법률에 의하여 허가된 형벌 중에 들지 않는 고문 즉 다소 장기간의 옥중 유치留置이다. 이 감옥은 보통 높은 담으로 둘러싸인 울안으로 되어 있고, 그 담에 기대어 판자 집들이 안쪽으로 서 있다. 텅 비어 있는 한복판은 마당 같은 모양을 이루고 있다. 각 판자 집은 바듯이 햇빛이 스며드는 매우 작은 문밖에는 다른 구멍이 없다. 옥중에서 겨울의 추위와 여름의 더위는 견뎌내기 어렵다. 땅바닥은 거친 짚으로 엮은 멍석으로 덮여 있다. 다블뤼이 주교는 1839년의 대박해에 관한 이야기 속에서 이렇게 썼다. "우리 기독교도들은 다리를 뻗치고 누울 수 없을 만큼 이 감옥 속에 빽빽이 들어차 있었습니다. 그들은 심문할 때의 고문은 이 무서운 유치의 고통에 비하면 아무 것도 아니라고 이구동성으로 나에게

진술하였습니다. 그들의 상처에서 나오는 피와 고름은 이내 그들의 멍석을 썩혀버렸습니다. 역한 냄새는 참을 수 없게 되고, 페스트 성性 질병으로 며칠 사이에 그들 중의 많은 사람들이 목숨을 잃었습니다. 그러나 굶주림과 특히 갈증은 그들에게 있어서 가장 무서운 고통이었으며, (p. LXIV) 다른 고문 중에는 용감히 신앙을 고백한 많은 사람들도 갈증에는 지고 말았습니다. 하루에 두 번씩 조밥을 주먹 만 한 작은 그릇에 한 주발씩 주었습니다. 그들은 깔고 자는 썩은 짚을 씹어 먹을 지경에 빠졌고, 마침내는, 말하기에도 끔찍스런 일이지만, 감옥에 가득차서 흠뻑 잡히는 이를 잡아먹었습니다." 다블뤼이 주교는 여기서 박해 때 기독교도들을 가둔 감옥 그대로를 이야기하고 있다는 것을 지적함이 옳겠고, 그의 말을 조선의 모든 시대의 모든 감옥에 적용한다는 것은 지나친 일일 것이다. 그러나 이교도나 기독교도들을 막론하고, 모든 피고인들이 감옥을 고문보다 더 두려워한다는 것은 의심할 수 없는 사실이다.

그러나 이 고문도 무서운 것이다. 1776년에 죽은 영조 대왕은 수많은 종류의 고문을 폐지하였는데, 그 중에는 압슬壓膝, 불에 단 쇠를 몸 여러 곳에 대는 단근질, 슬개골 탈출법脫出法 등이 있다. 그는 또한 도둑의 이마에 자자刺字하는 것을 금하였다. 박해 때, 특히 1839년에 제 마음대로 군 포졸들은 이 금지된 여러 가지의 고문을 기독교도에 대해 사용하였다. 그밖에, 법률 또는 법정의 나날의 관습에 의하여 허용된 고문이 아직도 꽤 많이 남아 있다. 다음에 주요한 것들을 보기로 하자.

(1) **곤장**治盜棍. 수형자를 땅바닥에 엎어 누이고, 힘센 장정이 매우 단단한 참나무 곤장을 잡아, 수형자의 다리오금 밑을 힘껏 친다. 이 곤장은 길이가 너댓 자, 넓이가 6,7치, 두께가 한 치 반이고, 한 쪽 끝은 깎이어 손잡이가 되어 있다. 몇 대 때리면 피가 솟아오르고, 살점이 떨어져서 산산이 날아오르고, 열 두어 대 때리면, 곤장이 불거진 뼈에 부딪쳐 울린다. 많은 기독교도들은 단 한 차례의 심문에서 60대의 곤장까지도 맞았다.

(2) **판봉**板棒, **태**笞, **장**杖, 刑杖. 판봉은 길이가 석 자, 넓이가 두 치, 두께가 몇 푼밖에 안 되는 자그만 판자인데, 이것으로 수형자의 정강이를 친다. 보통 때리는 수는 한 심문에 30번으로 정해져 있고, 집행자는 한 번 때릴 때마다 판봉을 하나씩 부러뜨려야 하므로, 피고 당 30개의 판봉이 준비되어 있다. -회초리笞는 서너 개를 한데 얽어 놓은 것으로 밧줄처럼 되어 있는데, 이것으로 발가벗은 수형자의 온 팔다리를 때린다. (p. LXV) -장杖은 사람 키만 하고 팔보다 더 굵다. 네 명의 사령이 피고를 둘러싸고 모두 한꺼번에 뾰죽한 끝으로 허리와 넓적다리를 때린다.

(3) **뼈의 탈구**脫臼**와 굴절**屈折(주뢰질). 이것은 세 가지로 구별된다. 가새(가위)주뢰는 두 무릎과 두 발의 엄지가락을 꽉 잡아매고, 그 사이에 두 개의 몽둥이를 질러서, 뼈가 활 모양으로 구부러질 때까지 반대 방향으로 당긴 후, 시나브로 제 자리에 돌아가게 한다. 줄주뢰는 다음과 같은 점이 앞의 것과 다르다. 즉 먼저 두 발의 발가락을 한데 묶고, 두 다리 사이에 굵은 몽둥이를 꽂은 뒤, 두 사람이 양쪽 무릎에 맨 줄을 반대 방향으로 당겨서 두 무릎이 닿도록 조금씩 접근시킨다. 팔주뢰는 팔의 탈구脫臼이다. 팔을 등 뒤에서 팔꿈치 위까지 서로 엇걸리게 잡아

매고, 두 개의 굵은 몽둥이를 지레처럼 사용하여 양 어깨가 접근하도록 한다. 그런 뒤에 집행자는 팔을 풀고, 발로 가슴팍을 짓누르고, 어깨를 발 있는 데로 끌어당겨 뼈가 제 자리에 돌아오게 만든다. 집행자가 익숙하면, 뼈가 휘기만 하도록 누를 줄을 알지만, 경험 없는 풋내기일 때는, 뼈는 대번에 부러지고 피와 함께 골이 튀어 나온다.

(4) **매달기**(학춤). 수형자의 옷을 깡그리 벗기고, 손을 등 뒤로 잡아매고, 팔로 공중에 매어단다. 그런 뒤에 네 사람이 번갈아서 등덩굴로 친다. 몇 분 후에는 거품으로 덮인 혀가 입 밖에 드리워지고, 얼굴은 검푸른 빛이 된다. 만약에 이 수형자를 내려서 잠깐 쉬게 하지 않으면 이내 죽어버릴 것이다. 잠깐 쉰 뒤에 다시 시작한다. 주장질은 다른 종류의 매달기인데, 수형자를 머리칼로 해서 높이 매달고, 깨어진 항아리 조각 위에 꿇어앉히고, 포졸이 사방에 서서 곤봉으로 다리를 친다.

(5) **톱질**(다리의 톱질). 말총 밧줄로 넓적다리를 감아서 두 사람이 각각 줄 끝을 쥐고 줄이 살을 파고 들어가서 뼈에 닿을 때까지 서로 당겼다 놓았다 한다. 그런 뒤에 또 그보다 위쪽이나 아래쪽에서 다시 시작한다. 어떤 때는 삼각봉을 정강이에 대고 톱질을 한다. (p. LXVI)

(6) **삼모장**三稜杖. 나무 도끼로 살점을 찍어내는 살저미기切開. 등등.

이 가지가지의 고문을 적용함에 있어 그 시간의 장단과 잔인성의 다소는 전혀 재판관의 변덕에 맡겨져 있다. 더구나 종교사건으로 투옥된 기독교도에 대한 재판은 지나친 노여움에 빠져서 몸이 오싹해지는 갖은 야만성을 다 부린다. 이런 고문이 뒤따르는 심문이 끝난 뒤에 수형자가 바듯이라도 걸을 수 있는 일은 드물고, 집행인이 두 개의 막대기에 그를 올려놓고, 팔다리를 드리운 채 감방으로 운반한다. 피고인이 유죄로 인정되거나, 고문에도 불구하고 그가 자기의 죄를 고백하기를 거절할 때에는, 담당 재판관은 사형을 선고하고, 이때부터는 더 고문하는 걸 금한다. 판결을 받아들이기 전에 수형자는 자기에게 과해지는 벌의 정당성을 인정하기 위하여 손수 서명할 것을 법률은 요구한다. 순교자들은 흔히 서명하기를 거절하였다. 그것은 선고의 정식 서식書式이 다음과 같은 구절 또는 그 비슷한 구절로 되어 있었기 때문이다. "새롭고 흉측한 미신, 사교邪敎를 믿는 죄를 범하였나이다 … 운운" 여기에 순교자들은 이렇게 말하였던 것이다. "우리들의 종교는 유일한 진리입니다. 우리들은 그것이 거짓임을 증명할 수 없습니다." 이런 경우에는 그들의 손을 붙잡고 억지로 서명하게 하였다. 사형수가 고관일 때는 그의 판결이 독약으로 비밀히 집행된다. 보통, 수형자를 매우 뜨거운 방에 넣고, 많은 분량의 비소를 주어, 잠시 동안에 죽게 한다. 그밖의 모든 죄인들은 공공연히 사형이 집행된다. 정식 사형 집행에는 세 가지가 있다.

첫째는 군의 사형 집행인데, 군문효수軍門梟首라고 불린다. 그것은 수도로부터 십 리 떨어진 새남터沙南基[1]라는 특정 장소에서 행해진다. 이곳은 또 때로는 거기서 멀지 않은 강변의 마을 이름인 노들이라는 이름으로도 불린다. 사형수는 짚가마에 태워서 거기에 운반된다. 집행은 수도의 대군영大軍營의 하나를 지휘하는 장군에 의하여 주재되어야 한다. 군대는 먼저 수형인의 주

---

1) **새남터** 지금의 용산 원효로 4가의 한강 가로서 옛날 보통의 사형은 서소문밖 네거리에서 집행하였으나 큰 죄인은 사람들에게 보이기 위하여 여기서 하였다. 1866년의 대박해 때 베르뇌 주교 이하 브르트니에르, 볼리외, 도리 등 세 신부도 여기서 군문효수를 당하였다 : 역주.

위에서 한 바탕 교련과 기동機動을 시작하고, 이어 그의 얼굴에 석회를 칠하고, 팔을 등 뒤로 잡아매고, 어깨 밑으로 막대기를 꿰어서, 몇 번이고 형장刑場 주위를 돌게 한다. 다음에 장대 꼭대기에 기를 올리고, 높은 소리로 모든 전문前文과 아울러 판결문을 읽는다. (p. LXVII) 끝으로 양쪽 귀를 각각 접어서 화살로 촉을 위로 하여 꿴다. 사형수의 옷을 허리띠까지 벗기고, 병졸들은, 손에 칼을 들고, 그의 주위를 손짓 몸짓 하면서 빙빙 잡아돌다가 그의 목을 날린다. 공개 집행의 둘째 종류는 보통 죄인에 대한 것이다. 그것은 서소문밖에서 행해진다. 정한 시간에, 한가운데에 여섯 자 또는 여섯 자 반 높이의 십자가를 세운 수레를 감옥 앞에 끌고 간다. 사형 집행인이 감방에 들어가서 죄수를 어깨에 메다가, 팔과 머리칼로 십자가에 잡아매고, 발은 걸상 위에 올려놓게 한다. 호송대護送隊가 서문에 이르면 매우 가파른 언덕길이 시작되는데, 이때 집행인은 재빨리 걸상을 빼내고, 어자御者가 소를 채찍질하면 소는 내리막길을 쏜살같이 달린다. 길은 울퉁불퉁하고 돌이 많으므로, 수레는 무섭게 흔들리고, 수형자는 머리칼과 팔만으로 매달려 있으므로, 좌우로 급격히 동요하여 심한 고통을 받게 된다. 형장에 이르면, 옷을 벗기고, 집행인이 그를 꿇어앉히고, 그의 턱 밑에 단두대를 놓고 목을 자른다. 법률에 의하면, 장군 한 명이 이 행렬에 따라가기로 되어 있으나, 그가 형장에까지 가는 일은 드물다. 때로는, 위험한 죄인이거나 궁정의 명령이 급할 때는, 보통 형식을 다 밟지 않고, 서문 가까이 수도 내에서 사형을 집행한다.

모반죄인이나 대역죄인에 대해서는 셋째의 공개 집행법이 있다. 모든 것이 방금 말한 바와 같이 행해지나, 머리가 몸뚱어리에서 떨어진 후에 사지四肢를 자른다. 그러면 머리와 동치와 합하여 여섯 토막이 된다. 옛날에는 팔다리를 끊어내는 데에 도끼나 칼을 쓰지 않았다. 사지를 네 마리의 소에 잡아매고 소들이 사방으로 달아나게 채찍질하여 목 잘린 사람의 사지를 찢었던 것이다.

군사軍事 집행은 수도에서만 행해지나 다른 두 가지는 시골에서도 시행된다. 다만 수형인은 십자가도 수레도 없이 형장에 끌려간다는 차이가 있을 뿐이다.

대개 사형수의 시체는 그 집안에 돌려준다. 여럿이 한꺼번에 집행되었을 때는, 각자의 몸에 그들을 알아보게 하기 위하여 금속의 명찰名札이나 그밖의 표지를 단다. 때로는 다시 찾아내지 못하게 하기 위하여, 비밀히, 아무 표지도 없이, 외딴 곳에 묻는다. (p. LXVIII) 그 몸뚱어리를 여섯 토막으로 끊는 큰 죄인으로 말하자면, 그 토막들을 각 도에 보내어 백성을 놀래고 음모를 꺾는 것이 관례이다. 천한 포졸들이 그 흉측한 살 토막을 큰길로 끌고 다니면서, 만나는 행인마다 돈을 내게 한다. 그들은 임금의 이름 아래 그리고 나라 일을 위하여 돌아다니고 있으므로, 아무도 감히 거역할 수 없다. 페레올 주교의 말에 의하면, 1839년의 박해 때에, 포졸들은 기독교도들이 순교자의 시신을 파묻는 것을 막기 위하여 보통 사흘 동안이나 그 시신을 지키고 있었다고 한다. 그 후 거지들이 가로채서, 시신 팔 밑에 끈을 매어 이웃 집 앞으로 끌고 다녔다. 놀란 주민들은 될 수 있는 대로 빨리 이 끔찍한 광경으로부터 벗어나기 위하여 얼른 돈을 주곤 하였다. 나중에는 주민들은 더 참을 수가 없어서 기독교도의 처형장을 딴 데로 옮기도록 수령에게 탄원하였다. (p. LXIX)

6

과 거科擧

품계品階와 관직, 특수학교

중국에서는 법률상 학자 이외의 귀족이 없다는 것은 누구나 다 아는 사실이다. 다른 어느 나라에서도, 학문에 대한 이토록 큰 흠앙과 학문 있는 사람에 대한 이토록 높은 존경을 표시하는 나라는 없다. 배움은 벼슬에의 유일한 길이며, 배움의 길은 모든 사람에게 열려 있다. 물론, 현 왕조에 있어서는, 만주인만이 제국의 거의 모든 무관직을 차지하고, 제1급의 무관 수령직은 세습 귀족이라는 칭호를 가지고 있는 이 만주족 사람들에게만 보존되어 있다. 만주 황제들은 이렇게 하여 중국인 관리들의 세력과의 균형을 취하려 하였던 것이다. 그러나 이것은 단 하나의 예외이다. 문관의 가장 높은 벼슬자리를 요구할 권리를 가지려면, 관직, 지위, 은총을 얻으려면, 국가시험(과거)에 합격할 것이 필요하고 또 그로써 충분하다. 학식의 증거를 보인 사람이라면, 그 가문도 재산도 조사하는 일이 없다. 불명예로운 것으로 간주되는 직업에 종사한 자만이 제외된다. 이론상으로는, 높은 문학 학위를 얻은 사람이면, 아무리 가난하고 천하더라도 누구나 제국의 으뜸가는 벼슬아치가 될 수 있다. 그러나 시험에 실패한 사람이면, 설령 대신이나 천만장자의 아들일지라도, 법률상으로는 어떤 공직에도 종사할 수 없다. 아마 이 기본적 법규는 실제로는 안 지켜지는 수가 매우 많을 것이다. 그러나 누구나 다 이 법규를 인식하고 있고, 그것은 중국 제국의 행정 조직의 기초를 이루고 있다.

조선은 수 세기 이래 중국의 예속국이었고, 다른 나라하고는 아무런 관계도 없었으므로, 중국의 종교, 문화, 사상 및 풍속이 조선에 미치는 강력한 영향을 쉽사리 이해할 수 있을 것이다. 그러므로 우리는 조선에서도 학문에 대한 중국에서와 같은 존경, 위대한 철학자에 대한 똑같은 열광적 숭배, 그리고 적어도 이론상으로는, 관직과 품계를 위한 똑같은 문관 시험 제도 등을 발견한다. 특출한 학자는 온 국민의 스승으로 존경되고, (p. LXX) 모든 어려운 일에 관하여 상의 받는다. 그들은 최고 관직에 오를 수 있고, 만약에 그것을 사퇴하는 일이 있으면, 그들의 세력은 그로 말미암아 더욱 커질 뿐이오, 임금과 대신에 대한 영향은 더욱 실제적인 것이 될 뿐이다. 기독교가 조선에 들어왔을 때, 대개의 새 교도들은 유명한 석학碩學이었고, 정조 대왕은 그들을 매우 존중하였으므로, 그들의 정치상 종교상의 적들이 온갖 음모를 다 꾸몄음에도 불구하고, 대왕은 도저히 그들을 희생시키려는 결심을 할 수 없었다. 그들을 사형에 처하게 하기에 성공한 것은 실로 1800년에 정조가 죽은 뒤와 후계자의 미성년 기간이었다. 오늘날에도 이 처음 개종자들의 과학적 문학적 명성에 의하여 이교도들이 신앙생활에 인도되는 수가 드물지 않다.

그러나 중국과 조선 사이에는 문학 연구와 국가시험에 관하여 두 가지의 현저한 차이가 있다. 첫째는, 조선에서 학문은 추호도 국민적인 것이 아니라는 점이다. 읽는 책은 중국 책이오, 공부하는 말은 조선어가 아니라 중국어요, 연구하는 역사는 조선 역사를 제외한 중국 역사요, 신봉자를 갖게 되는 철학 체계는 중국의 체계이다. 필연적인 결과에 의하여, 사본은 언제나 원본보다 못한 것이므로, 조선 학자들은 조금도 중국 학자들과 어깨를 견주지 못하였다.

그보다도 훨씬 더 중대한 또 하나의 다른 차이는, 중국 전체는 절대 군주 아래서의 평등 민주주의임에 반하여 조선에는 임금과 백성 사이에 자기 특권에 지나치게 집착하고 그 특권을 유지하기 위해서 절대적 권력을 갖고 있는 수많은 귀족이 있다는 것이다. 중국에서의 시험 제도는 사회 상태로부터 자연적으로 발생하는 것이나, 조선에서는, 반대로, 시험 제도는 사회 상태에 거슬린다. 그러므로 우리는, 적용에 있어서, 이러한 경우에 당연히 일어나기 마련인 사실, 즉 반대 세력 간의 일종의 타협을 보게 된다. 법률상, 그리고 법률의 문면文面에 의하면, 조선사람은 누구나 시험에 응할 수 있고 필요한 문학상의 학위를 따면 공직에 오를 수 있다. 그러나 사실에 있어서는, 경쟁시험에 응하는 것은 거의 양반뿐이며, 학사(진사) 또는 박사(급제)의 칭호를 가진 자라도 양반 칭호가 없는 사람은 아무런 승진 희망도 없는 시시한 자리를 그것도 간신히 얻는다. 조선사람이, 귀족일지라도, 학위 면허장을 받지 않고 중요한 벼슬에 임명되었다는 것은 들어 본 일이 없지만, 그보다도 더 들어 본 일이 없는 것은, 모든 학위를 가지고 있으면서 양반 아닌 조선사람이 행정상 또는 군사상의 어떤 높은 관직에 임명되었다는 것이다. (p. LXXI)

각 도에서 시행하는 시험은 고을의 하급 관직을 얻는 가치밖에 없다. 더 높은 자리에 오르려면 이 첫 시험을 본 후, 수도에서 시행되는 다른 시험을 보러 가야 한다. 아무런 학업 증명서도 필요 없다. 제각기 좋아하는 곳에서, 하고 싶은 대로, 마음에 드는 선생 밑에서 공부한다. 시험은 문관직에의 길을 열어주는 이른바 문과文科이든 또는 무과武科이든, 다 정부에 의하여 시행되고, 시험관은 대신에 의하여 임명된다.

다음에 그것이 보통 어떻게 행해지는가를 보기로 하자. 한 해에 한 번씩, 정해진 시기에, 모든 시골 학생들은 서울을 향해 길을 뜬다. 같은 도시나 같은 고을의 학생들은, 많고 적고 간에 여러 사람들이 떼를 지어서, 거의 언제나 걸어서 함께 여행한다. 그들은 자칭 임금에게 불리어 가는 사람들이라 하여, 그들의 방자함은 한이 없다. 그들은 온갖 폭행을 다하지만 벌 받지 않고 마을의 주막 주인들을 피정복민처럼 취급하므로, 그들의 통과는 마치 수령이나 포졸들이 지나가는 것처럼 다들 두려워한다. 서울에 도착하면 그들은 흩어져서, 제각기 제멋대로 숙소를 정한다.

시험 날이 되면 제일 먼저 할 일은 지정된 시험장에 들어가서 자리 잡는 일인데, 시험장은 꽤 비좁고 불편하기 짝이 없는 곳이다. 따라서 수험자는 저마다 전날부터 필수품을 준비하여, 하인이 있을 때는 한둘 데리고 가서 얼른 자리를 잡는다. 밤중에는, 이 옹색하고 불결한 장소에 수천의 젊은이들이 모여 있으므로 무시무시한 혼잡이 벌어지게 됨을 상상할 수 있을 것이다. 어떤 독실한 공부꾼은 꾸준히 공부하고 답안 작성의 준비를 한다고 하며, 또 어떤 사람들은 잠을 자려고 애쓰고, 대개의 사람들은 먹고, 마시고, 피우고, 노래하고, 외치고, 몸짓하고, 밀고 당기고 하여 세상에도 무서운 법석을 피운다.

시험이 끝나면, 학위를 얻은 사람들은 자기들의 새 칭호에 알맞은 제복을 입고, 말을 타고, 악사를 거느리고, 나라의 모모한 대관과 자기들의 보호자와 시험관 따위들에게 인사하러 간다. 이 첫 의례儀禮가 끝나면 또 하나의 다른 의례가 있는데, 법으로 규정되어 있지는 않으나, 양반에게 인정을 받고, 나중에 공직에 나서려면, 절대로 필요한 것이다. 그것은 적도제赤道祭)의 기괴한 광경을 연상케 하는 일종의 우스꽝스런 입회식인데, 이와 비슷한 것을 오늘날도 (p. LXXII) 유럽의 가장 유명한 학교나 대학에서 볼 수 있다. 새로 학위를 받은 사람의 친척이나 친구로서, 그 자신 이미 박사이고 같은 정당에 속하는 사람 하나가 그의 대부代父 노릇을 하고 의례를 주재해야 한다. 정한 날에, 이 젊은 학사 또는 박사는 그 대부 앞에 나타나서 인사를 하고, 몇 걸음 물러나와 자리에 앉는다. 대부는 짐짓 점잔을 빼면서, 그의 얼굴에 먼저 먹을 칠하고 다음에 분을 바른다. 참석자들은 제각기 차례로 나와서 그로 하여금 똑같은 수술을 받게 한다. 친구나 아는 사람들은 모두 출석할 권리가 있으므로, 이런 좋은 기회를 놓치지는 않는다. 이 장난의 재미나는 점은, 이 수술을 당하는 자에게, 몇 번이고 되풀이하여, 이제는 자기를 괴롭힐 사람은 없으리라고 믿게 하여, 그가 열 번이고 열다섯 번이고 얼굴을 씻고 문지르고 닦고 하였을 때, 다시 사람들을 불러들여 그의 고문을 다시 시작하곤 하는 데에 있다. 그러는 동안, 오가는 사람들은 그들의 희생자의 비용으로 먹고 마시고 논다. 그리고 만약에 그가 후하게 내지 않을 때에는, 그의 주머니 끈을 풀게 하기 위하여, 그를 묶어 때리고, 심지어 공중에 매달기까지 한다. 그의 문학적 칭호가 사회에서 유효하게 인정되는 것은 다만 이런 거친 장난을 치르고 나서부터이다.

공개 경쟁시험에서 얻는 학위는 세 가지가 있다. 초시, 진사, 급제로, 프랑스의 대학 입학 자격자, 학사, 박사 같은 대학의 학위에 비할 수 있을 것이다. 그러나 그것들은 연속된 것이 아니고 다른 것을 통과하지 않더라도 최고 학위를 얻을 수 있다는 점이 다르다. 학사(진사)의 칭호를 가지지 않은 박사(급제)도 있고, 학사는 박사 면허장을 얻는 데에 다른 사람보다 더 쉬운 것도 아니다. 어디서나 다 그렇지만, 시험은 필기시험과 구두시험으로 되어 있다. 학위 면허장은 임금의 이름으로 수여되고, 진사 면허장은 흰 종이에, 급제 면허장은 어사화御賜花로 장식된 붉은 종이에 쓴 것이다.

법률과 관습에 의하면, 진사는 지방에서 특히 행정 직무에 종사하도록 정해져 있다. 승진 후 몇 해가 지나면, 보통 고을의 수령, 왕릉 참봉 등을 시킨다. 그러나 왕국의 고관은 바라지 못한다. 급제는 딴 지위를 갖는다. 그들은 나라에 매인 몸과 같고, 즉시, 단계를 밟아, 가위 차례차례로, 궁중직과 수도의 중요 행정직에 종사한다. 그들은 꽤 자주 감사 또는 큰 도시의 수령으로 시골에 보내지기도 하나, (p. LXXIII) 그것은 일시적이고 몇 해 동안에 불과하다. 그들의 자리는 도시에, 각조各曹에, 임금 곁에 있다.

무과는 이른바 문과와는 매우 다르다. 지체 높은 양반은 무과에 응하지 않는다. 만약에 어쩌다가 그들 중의 누가 무관직에 종사하기를 바란다면, 국가시험의 절차를 밟지 않고 면허장을 얻는 수가 있다. 가난한 양반과 서민만이 지원한다. 시험은 특히 활쏘기와 그밖의 무기武技를 과하고 대수롭지 않은 문학 시험이 덧붙여진다. 무과에는 급제라는 단 하나의 단계밖에 없다. 그것을 얻는 자는, 그가 양반이고 또 재능과 배경이 있으면, 군대의 모든 계급을 바라볼 수 있으나, 그가 양반이 아니면, 보통 그 칭호만 가지고 있을 뿐이고, 고작해야, 몇 해를 기다린 뒤에, 보잘 것 없는 하급 사관의 자리나 하나 얻게 될 것이다.

게다가 공개 시험과 경쟁의 가치가 옛날에야 어쨌든, 이 제도가 오늘날 아주 타락해 있는 건 확실하다. 학위 면허장은 현재 가장 학식 있고 가장 유능한 사람들에게 주어지는 것이 아니라 가장 돈 많은 사람들과 가장 강력한 보호자들을 업고 있는 사람들에게 주어진다. 경종 대왕은 벼슬과 품계는 물론이고 문학 학위마저 공공연히 팔기 시작하였고, 이때부터 대신들도 자기들의 이익을 위하여 이런 거래를 계속하였다. 처음에는 항의와 반대가 있었으나, 오늘날은 관습이 우세하여 아무도 이의를 말하는 사람이 없다. 해마다의 시험에 나오는 젊은이들은, 공공연하게, 영리적 문사文士들로부터 완성된 작문을 사며, 미래의 학사와 박사들의 명부를 시험 개시 전에 알게 되는 것은 드문 일이 아니다. 학문은 버림받고, 대개의 수령들은 아직도 관용어官用語로 되어 있는 중국어(한문)를 거의 읽지도 쓰지도 못하게 되었고, 참다운 학자들은 더욱 더 심한 절망에 빠지게 되었다.

정부의 몇몇 특수학교에 관한 약간의 구체적 설명은 위에서 본 개요槪要를 보충하여 줄 것이다.

정밀과학, 언어학, 미술 등을 대상으로 하는 학문은 도저히 문학과 철학 같은 높은 존경은 받지 못하고 있다. 그런 것에 골몰하는 양반 학자는 적으며, 골몰한다 할지라도 그것은 그들에게 있어서 순전히 호기심의 문제이다. 그런 학문은 조선에서 따로 하나의 계급을 이루고 있는 몇몇 가문의 거의 독점적 소유물이다. (p. LXXIV) 이 계급은 임금과 대신들을 섬기므로 고유의 특권을 가지고 있으며, 이 나라에서 꽤 큰 존경을 받고 있다. 그것은 양반과 서민의 중간 위치에 있으므로 흔히 중인中人 계급이란 이름으로 가리켜진다. 이 계급에 속하는 사람들은 보통 자기들끼리만 통혼하고, 그들의 직무는 대대로 자손들에게 전해 간다. 그들도 양반처럼 품계品階가 박탈되고 또 복권復權될 수도 있다. 그들은 인두세人頭稅와 병역이 면제되고, 양반의 건을 쓸 권리가 있고, 양반이 그들과 교제할 때에는 어느 정도 대등하게 대접한다. 그들은 몇 가지의 일정한 학문을 전공하여야 하며, 통역관, 의관醫官, 천문관天文官 등 여러 가지의 관위에 오르려면 특수한 시험을 치르며, 한 번 어떤 부문에 받아들여지면, 다시는 다른 부문에 옮겨 갈 수 없다. 그들에게 품계를 수여하기 전에, 양반에 대해서와 같이, 가문과 친척에 관하여 조사를 하며, 그 임명은 다른 두 명의 고관 배석陪席하에 당해 대신에 의

하여 결정된다. 그들은 또, 다른 모든 조선사람들과 같이, 문과이건 무과이건 과거에 응시할 권리가 있고, 시험에 합격하면 목사와 부사의 품계를 포함한 수령 지위까지는 얻을 수 있으나 그 이상은 불가능하다. 별장別將-小武官(수령 또는 육군 소위), 첨사僉使(水軍 副司令官) 및 비장裨將(監司와 大守令의 비서)의 대부분은 중인 계급에 속한다.

이 계급 사람들로서 독차지되어 있는 관직은 여덟 가지의 다른 기관 또는 관청에 속한 것이다.

(1) **사역원**司譯院. 이것은 제일 으뜸가는 가장 중요한 기관이며, 이 관직에 희망자가 가장 많다. 그 학문은 네 가지의 다른 언어, 즉 중국어漢學, 만주어淸學, 몽골어蒙學, 일본어倭學를 대상으로 삼는다. 이 언어들 중 한 언어의 면허장을 받았을 때에는 다른 언어 시험에 응시할 수 없다. 중국에 가는 사절에는 언제나 약간의 통역이 따라간다. 오래 전부터 그 중요성을 잃은 일본에의 사절로 말하자면, 통역관 자신이 사신 노릇을 한다. 게다가 또 훈도訓導의 칭호를 가진 다른 역관이 두 나라 사이의 일상 연락을 위하여, 부산개의 왜관倭館에 가까운 동래에 항상 주재한다.

(2) **관상감**觀象監 즉 과학학교 (p. LXXV). 세 분야로 나뉘어 각각 천문학, 지리 풍수학, 택일학擇日學을 배운다. 이 학교는 순전히 임금만을 위한 것이다.

(3) **의사**醫司 즉 의학교. 학생이 궁중의宮中醫를 지망하느냐 민간의醫를 지망하느냐에 따라 두 가지로 구분된다. 그러나 실지에 있어서는 어떤 과科를 나온 의사이건 다 같이 궁중에 채용되어 공직에 오를 수 있다.

(4) **사자관**寫字官 즉 고문서古文書학교. 이 학생들은 낡은 문

서의 보존과, 정부가 베이징에 보내는 공식 보고서의 작성에 사용된다.

(5) **도화서**圖畵署 즉 미술학교. 지도와 설계도와 특히 임금의 초상을 그리기 위한 것이다.

(6) **율학**律學 즉 법률학교. 이 학교는 형조刑曹에 부속되어 있다. 여기서는 특히 형법을 배우고, 그 직원들은 소송 기록의 의견에 따라, 당해 경우에, 법률에 의하여 규정된 형벌의 정확한 성질을 법관에게 지적해 주기 위하여 법정에서 근무한다.

(7) **계사**計司 즉 계산학교. 호조戶曹의 서기들은 이 학교를 나온 사람들이다. 수입 지출의 상시常時 보고 이외에, 여러 가지 공공사업의 예산 편성과 때로는 그 실시 감독의 사무까지도 맡아 본다.

(8) **각누감**刻漏監 즉 시계학교. 조선에 단 하나밖에 없는 정부 시계의 지도자와 감독자는 여기서 채용한다. 이것은 물방울을 같은 사이를 두고 떨어뜨려서 시간을 재는 수력水力 기계다.

그리고 또 궁정 악사樂士를 중인 계급에 속하는 것으로 보는 사람이 흔히 있으나 그것은 잘못이다. 이들 악사는 따로 한 무리를 이루고 있으며, 중인 계급보다 신분이 좀 더 낮다. (p. LXXVI)

7
조선어

지금 막 이야기한 시험은 모두 중국어(한문)로 행해지고, 중국 글자(한자)와 책만을 그 대상으로 삼는다. 정부의 여덟 개의 큰 학교에서는 중국 문학과 과학만을 연구할 뿐이고, 국어는 버림받고 업신여김을 당하고 있다. 이러한 이상한 사실은 이 나라의 역사로 설명이 된다. 2세기도 더 전부터 조선은 중국에 예속되어 왔으므로, 중국어는 조선 정부와 상류 사회의 공용어로 되었다. 정부의 모든 관리는 중국어로 보고를 쓰지 않으면 안 된다. 국왕과 왕국의 연대기, 포고布告, 수령의 명령, 법정의 판결, 과학 서적, 비문, 통신, 상인의 회계 장부, 상점의 간판 등 모든 것이 중국 글자로 쓰여진다.

그러므로 학자와 지식인들뿐만 아니라, 수많은 평민도 중국 글자를 읽고 쓸 줄 안다. 가정과 학교에서 중국 글자를 가르치며, 특히 양반 자제들에 있어서는 그것이 그들의 유일한 공부라고 할 수 있다. 조선어 사전이 없기 때문에, 뜻을 모르는 조선말을 이해하려면 그것에 해당하는 중국 글자를 알든지 그것을 아는 사람에게 물어보든지 하여야 한다. 중국에서 어린이들이 글자를 처음으로 배우는 책은, 프랑스의 초보책처럼, 매우 굵은 활자로 인쇄되어 있다. 대개의 경우, 진나라秦와 한나라漢 때부터 비롯한 천자문千字文 즉 천 자의 책을 먼저 배운다. 조선에서도 같은 책을 쓰고 있다. 다만 중국 글자 밑에마다 오른 쪽에는 조선식 발음을, 왼쪽에는 그것에 맞는 조선말이 적혀 있다. 여기에 덧붙인 조선의 초등학교에서 사용되고 있는 그대로의 천자문 첫 페이지의 복사이다.

조선사람들이 중국어를 발음하는 방법은 말하자면 그것을 딴 나라 말로 만들고 있다. 뿐만 아니라 중국에서도, 여러 지방의 주민들은 말을 하는 방법이 서로 매우 다르다는 것을 사람들은 잘 알고 있다. (p. LXXVII) 모든 사람들에게 글자도 같고 뜻도 같지만, 그것들의 발음은 아주 달라서, 이를테면 복건福建이나 광동廣東 사람들의 말은 다른 어떤 지방에서도 통하지 않는다.

그러므로 조선사람들의 중국어는 중국 제국의 주민들에게는 이해되지 못하고, 두 나라 사람들은 종이에 붓으로 글자를 그리든지 손바닥에 손가락으로 그리든지 하여 보통 써서만 대화를 할 수 있다는 것은 하나도 놀랄 필요가 없다

중국의 정복이 조선의 현 상태를 가져오기 전에, 조선사람들은 국민 문학을 가지고 있었을까? 그리고 그 국민 문학은 어떠한 것이었을까? 이 문제는 매우 풀기 어렵다. 왜냐하면 조선의 옛 책들은 완전한 망각 속에 빠져 거의 다 없어졌기 때문이다. 다블뤼이 주교는 그의 허구한 전도 기간에 매우 희귀한 옛 책을 몇 권 모으는 데 성공하였다. 그것들은 화재로 소실되었다. 오늘날 새 책은 거의 쓰는 이가 없다. 어린이와 여자들을 위한 몇 권의 소설, 시집, 역사책, 이런 것들이 거의 전부다.

어린이들은 중국어를 배우는 초보책에 실려 있는 번역에 의하여, 말하자면 그런 줄도 모르고 조선말 읽기를 배운다. 그러나 그들은 음절을 습관에 의해서밖에 알아보지 못한다. 그들은 철자綴字를 말하거나 음절을 한 자 한 자 따로 떼어 놓을 줄을 모르니 말이다. 중국 글자를 배울 수단이나 시간을 갖지 못하는 여자들이나 천한 사람들은 조선 글자를 배우지 않을 수 없고,

그들은 그것을 통신과 회계부 등에 사용한다. 선교사들에 의하여 인쇄된 모든 종교 책들은 조선 글자로 되어 있다. 그러므로 거의 모든 기독교도들은 어린이들도 매우 빨리 배우는 알파벳식 글자로 된 그들의 말을 읽고 쓰고 할 줄 안다.

이처럼 조선 책이 드물다는 것과, 학자들이 자기네 나라말을 별로 존중하지 않는다는 것과, 그리고 무엇보다도 어떠한 외국 사람들에게도 이 나라에 접근함을 사형으로써 금지하는 야만적인 법률, 이러한 것들은 조선말이 전혀 동양학자들에게 알려져 있지 않은 원인이 되었다. 근 40년 전부터 조선에는 프랑스 선교사들이 와 있다. 모든 나라 사람들 중에서 오직 그들만이 여러 해 동안 이 나라말을 말하고 쓰고 하면서 이 나라에 살아왔다. 그런데도 불구하고, 참으로 이상하게도, 어떤 학자도 이 문제에 관하여 오직 그들 선교사만이 전할 수 있는 정확한 지식을 얻기 위하여 그들에게 말을 걸어볼 생각을 꿈에도 하지 않았다. (p. LXXVIII) 여기에 이 나라 말의 상세한 문법을 적는다는 것은 우리의 계획에 들어 있지 않다. 그러나 조선어는 유럽에 전혀 알려져 있지 않으므로, 약간의 설명은 주제主題의 참신한 맛으로 모든 독자들의 흥미를 끌 수 있을 것이고, 직업 학자들에게도 무익하지는 않을 것이다.

이 역사책을 읽어가면, 선교사들이 열렬히 조선어 연구에 골몰하였다는 것을 보게 되리라. 다블뤼이 주교는 오랫동안 중·한·불中·韓·佛 사전을 엮으려고 애썼다. 푸르티에 씨는 또 하나의 한·중·라韓中羅 사전을 꾸몄다. 프티니콜라 씨는 3만 이상의 라틴어와 10만에 가까운 조선어를 포함하는 라·한羅韓 사전을 지었다. 이들 여러 사전은 공동으로 엮은 문법과 더불어 완성되었으며, 전교회에 각각 한 부씩 보관하고 또 한 부씩은 프랑스에 보내어 인쇄하기 위하여, 전교회에서 그것들을 베껴쓰느라고 애쓰고 있던 중, 1866년의 박해가 터졌다. 모든 것이 압수되어 불에 던져졌다. 그때부터, 조선 주재 교황대리 리델 주교와 그의 새 동료들은 그들의 선임자인 순교자들의 일을 대부분 다시 시작하여, 몇몇 매우 유식한 본토의 기독교도들 도움을 얻어, 조선어 문법과 사전을 준비하였다. 이 저작들은 사정이 허락되면 근근 출판될 것이다.

(1) 글자, 쓰기, 발음

글자　여기에 덧붙인 표(그림 2)에서, 조선어의 자모字母는 모음 열 하나, 자음 열 넷, 합하여 스물 다섯 자로 이루어져 있음을 본다.

열 하나의 모음 중에서 다음의 일곱은 단순모음이다. ㅏ, ㅓ, ㅗ, ㅜ, ㅡ, ㅣ, ·. 다른 넷은 습음濕音, 다시 말하자면 ㅣ음이 앞에 오는 소리로서, 뒤에 오는 모음과 더불어 단숨에 발음된다. ㅑ, ㅕ, ㅛ, ㅠ. 이 소리의 변화는 쓰기에서는 모음의 특징적 기호를 겹침으로써 나타낸다.

자음에는 단순자음 아홉 ㄱ, ㄴ, ㄷ, ㄹ, ㅁ, ㅂ, ㅅ, ㅇ, ㅈ과 유기有氣 자음 다섯 ㅊ, ㅋ, ㅌ, ㅍ, ㅎ이 있다. 네 자음 ㄱ, ㄷ, ㅅ, ㅂ은 단순자음보다 더 딱딱하고 날카로운 소리를 나타내기 위하여 때로 겹쳐진다.

이중모음의 구성과 음가音價는 그림에 표시되어 있다. 다만 조선어에서는 ㅔ 소리閉音와 ㅐ 소리開音는 이중모음으로만 쓰여진다는 것을 주의해둘까 한다.

모든 모음이나 이중모음은 한 음절의 처음에도 올 수 있고 끝에도 올 수 있다. (p. LXXIX) ㅇ을 제외한 모든 자음도 역시 음절의 처음에 올 수 있으나, 음절의 끝에 올 수 있는 것은 처음의 여덟 자음뿐이다. 다시 말하자면, 어떠한 음절이나 낱말도 ㅈ이나 유기 문자有氣文字의 하나로는 끝날 수 없다는 말이다.

조선어에 없는 소리는 모음으로는 프랑스어의 u인데, 이중모음의 하나의 소리가 그것에 좀 가깝다[1]. 자음으로는 b, 굳은 g, f, v, j, ch, d, z이다. 어떤 때 ㄱ이 굳은 g 소리를 내고, ㅁ, ㅂ이 b 소리를 내는 수가 있으나, 조선사람들은 다른 글자들은 발음하지 못한다. 그와 마찬가지로, 그들은 두 모음 사이에 있는 ㄹ은 퍽 잘 발음하나, 낱말의 처음이나 또는 다른 자음에 바로 잇닿았을 때는 그 글자를 발음하지 못한다. 이를테면 pra, tra 등을 그들은 pira, tira라고 말하지 않을 수 없을 것이다.

쓰기 조선 글자는 모든 나라말의 글자처럼 두 가지의 모양이 있다. 그림(2)에서 보인 보통체體로서 인쇄된 책에서 쓰이는 것(그림 3)과 필기체 또는 초서체草書體(그림 4)이다. 인쇄된 책은 판版에 옮겨 쓰기 전에 먼저 손으로 쓰인 것이므로, 앞의 서체보다도 오히려 뒤의 서체에 가까운 글자들이 거기에 발견되는 수가 드물지 않다.

낱낱의 줄은 위에서 아래로 한 음절씩 한 음절씩 세로로 쓰인다. 페이지의 오른 쪽에서부터 쓰기 시작한다. 페이지의 번호도 역시 오른 쪽에서 왼쪽으로 헤아리도록 하므로, 조선 책의 끝은 프랑스어에서는 처음이 되는 곳에 있다. 음절이 모음으로 시작될 때에는, 이 첫 모음은 언제나 기호 ㅇ을 앞세운다. 수직형垂直形 모음은 같은 선線 위에, 앞서는 자음의 오른쪽에 놓여지고, 수평형水平形 모음은 그 밑에 놓인다(그림 2). 그리하여 [가], [겨], [고], [교]라고 쓴다. 음절이 자음으로 끝나면, 그 자음은

---

1) **프랑스어의 u** 한글로 이것에 가까운 것은 [위]이다 : 역주.

언제나 앞선 모음의 밑에 쓴다. [압], [각], [받].

조선어는 또한, 두 음절의 조선말에서 보다시피, 오른쪽에서 왼쪽으로, 한 음절씩 한 음절씩, 수평선 위에 쓸 수도 있을 것이다. 그러나 이 방식은 순純 조선 책에는 결코 사용되지 않는다. 전도사와 기독교도들은, 상호간에 안전하게 통신하기 위하여, 주고받는 편지를 가로로 쓴다. 그들의 편지가 압수될 때라도, 위아래로 읽는 버릇을 가진 이교도들은 거기에 갈피를 잡을 수 없는 음절의 연속밖에 못 볼 것이다.

조선어에는 종지부(.), 커머(,) '콜론(:) 등의 구두점이 없다. 좀 더 뒤에 가면 어떻게 그것이 보충되는가를 알게 될 것이다.

생략기호는 겹친 음절을 되풀이해야 함을 나타낸다. (p. LXXX) 그것이 두 번 또는 세 번 쓰여 있으면, 앞선 두 음절 또는 세 음절을 되풀이해야 하기 때문이다.

몇몇 음편音便 법칙들은 어떤 종성終聲을 어떤 초성初聲 앞에서 변화시킨다. 대개의 경우 이 변화는 표기하지 않지만, 때로는 표기되는 수도 있다. 이를테면, 종성(ㄹ)은 자음으로 시작되는 음절 앞에서는 거의 언제나 발음되지 않으므로, 쓸 때도 마음대로 생략해버리는 수도 드물지 않다.

발음 글로 쓴 규칙은 그 어느 것이고 외국어의 정확한 발음을 알릴 수 없다. 이 원리는 특히 조선어에 있어서는 진리이다. 그것은 불확정 모음 ㅓ, ㅡ, ·는 프랑스어의 무성無聲으로부터, 폐음 eu(peu 에서와 같이)와 개음 eu(peur에서와 같이)를 거쳐서, 개음 o(or에서와 같이)에 이르기까지의 모든 소리의 뉘앙스를 나타내고 있기 때문이다. 이러한 모음들은 어떤 때에 쉽게 서로 혼동되고, 조선사람들 자신도 틀리는 수가 있다.

모음과 이중모음에는 길고 짧은 것이 있다. 그것은 관용慣用으로서만 분별할 수 있다. 아무런 특별한 기호도 표기에서 그것을 구별하고 있지 않으니까 말이다.

자음 ㅈ(tj, ts)은 때로는 dj, tch로도 옮겨졌다. 사실상, 그것은 이 여러 발음 사이의 중간음이고, 어느 것으로도 정확히 나타내질 수는 없다.

그림에서 유기음有氣音의 이름으로 나타낸 자음들은 차라리 호음呼音이라고 불러야 할지도 모르겠다. 적당한 말로 하면 토음吐音이라고나 할까, 그것들을 발음할 때 조선사람의 목에서 나오는 소리는 담을 토하는 것과 비슷하다.

더 자세한 것은 그림(2)를 보라.

(2) 문법(품사론)

「명사, 어미 변화」 조선어에는 단음절單音節 명사가 썩 많다. 이를테면, 「코」, 「입」, 「눈」 「니」, 「문」, 「갓」, 「벽」 등. 대개는 두 음절로 되어 있다. 이를테면, 「사룸」, 「니마」額, 「ᄉᆞᄌᆞ」, 「기둥」柱, 등. – 세 음절 이상의 명사들은 거의 언제나 복합複合 명사이다.

조선어에는 중국 낱말이 많다. 시골 사람들은 그것을 쓰는 일이 꽤 적지만, 학자와 도시사람들 특히 서울 사람들은 그것을 허다하게 쓴다. 그런 낱말들도 조선어 문법의 보통 규칙을 따른다.

명사에는 성性이 없다. (p. LXXXII) 성의 차이는 다른 명사로 가리키거나, 종류의 명사 앞에 「슈」, 「암」을 붙인다. 동물의 새끼는 종류에 따라서 「사끼」, 「아지」 등을 보통의 명사에 붙여서 나타낸다. 직업, 생업 등을 나타내는 명사는 라틴어의 어미

ator에 해당하는 첨사添辭 「군」을 붙여서 만든다. 이를테면, 일-일군 나무-나무군 짐-짐군, 노롬-노롬군.

조선어는 「굴절어」屈折語와 구별하기 위하여 「교착어」膠着語라고 부르는 언어의 하나이므로, 단 하나의 어미 변화밖에 없다. 그것은 아홉 격格으로(열 격이라 하여도 좋다) 이루어진다. 아닌게 아니라 꽤 기묘한 특수 방법으로써, 주어는 순수 단순 명사와 구별되는 특별한 어미를 가진다. 다음에 여러 격의 어미를 보자.

주격主格 ······························ 이 (le, la, quidam)
구격具格 ······························ 로 (par, quo, quâ)
소유격所有格 ························ 의 (de, du, de la)
여격與格 ······························ 에게 (à, au, à la)
대격對格 ······························ 을 (le, la)
호격呼格 ······························ 아 (ô)
처격處格 ······························ 에 (en, sur, in, ubi)
탈격奪格 ······························ 에셔 (de, ex, ab, unde)
한정격限定格 ························ 은 (quant à)

이들 여러 격은 다음과 같은 방법으로 명사의 어근語根에 덧붙여진다.

명사가 모음으로 끝날 때에는 대격의 어미 앞에 음편 상의 글자 「ㄹ」을 끼우고, 호격의 어미 앞에는 「ㅣ」를 끼우고, 한정격 어미 앞에는 「ㄴ」을 끼운다. 그리고 이 마지막의 격은 이때 「는」 대신에 「ᄂᆞᆫ」으로 쓰는데, 이 두 소리는 거의 같다. 보기,

	쇼牛
주격	쇼이
구격	쇼로
소유격	쇼의
여격	쇼에게
대격	쇼를
호격	쇼야
처격	쇼에
탈격	쇼에셔
한정격	쇼는

주의 1 어미의 모음이 ㅣ 또는 ㅣ로 된 이중모음의 하나일 때는, (p. LXXXII) 주격의 어미는 붙이지 않는다. 주격은 이때에 순수 단순명사에 불과하다.[1)]

2 ㅏ로 끝나는 낱말은 그 어미와 격格 어미 사이에 음편상 자음 ㅎ을 끼우는 수가 흔히 있다. 이때에 이런 낱말들은 자음으로 끝나는 낱말처럼 어미 변화를 한다. 다만 호격은 예외로 호격에서는 ㅎ이 없어지고, 호격은 보통 규칙에 따라 ㅑ로 된다.[2)]

3 모음으로 끝나는 명사는 때로는 주격을 「이」 대신 「가」를 붙여서 만들고, 다른 격들은 변화가 없다.[3)]

---

1) 이를테면 「고양이」, 「쥐」 같은 명사로서, 「쥐이」, 「고양이이」라고 하지 않는다 : 역주.

2) 이를테면, 「바다」, 「나라」 같은 명사로서 「바다히」, 「나라히」라고 할 수 있으나 「바다하」라고 할 수는 없다 : 역주.

3) 이를테면 「나비」, 「파리」, 「붕어」같은 명사는 「나비가」,「파리가」, 「붕어가」라고 한다 : 역주.

명사가 「ㄹ」 이외의 자음으로 끝날 때에는, 구격 어미 앞에 음편상의 글자 「으」를 끼운다.

	사름(人)
주격 …………………………	사름이
구격 …………………………	사름으로
소유격 ………………………	사름의
여격 …………………………	사름에게
대격 …………………………	사름을
호격 …………………………	사름아
처격 …………………………	사름에
탈격 …………………………	사름에서
한정격 ………………………	사름은

주의 1 「ㅇ」으로 끝나는 낱말은, 때로는, 호격을 제외하고, 격 어미 앞에 음편상 「ㅎ」을 끼우는 수가 있다. 음편상의 글자 「ㅎ」으로써 여격은 차별 없이 「헤게」 또는 「희게」, 탈격은 「헤셔」 또는 「희셔」로 된다.[1)]

2 「ㅅ」으로 끝나는 낱말의 대다수와 「ㅂ」으로 끝나는 낱말의 어떤 것들은, 호격 이외의 격 어미 앞에 음편상의 글자 「ㅅ」 또는 「ㅈ」를 끼운다. 그리하여 약간의 음편상의 변화가 일어나게 된다. 구격 - 「ᄉᆞ로」, 여격 - 「세게」, 대격 - 「슬」 등등.[2)]

---

1) 이를테면 「강」, 「방」 따위의 낱말은 「강히」, 「방히」라고 하는 수가 있지만, 「강하」, [방하」 라고는 하지 않는다; 역주.

2) 이를테면 「갓」帽, 「빗」借金, 「젓」乳, 「갑」價 따위는 대격對格에서 음편상 「갓슬」, 「빗즐」, 「젓즐」, 「갑슬」로 되나, 호격에서 「갓사」, 「빗자」, 「젓자」, 「갑사」라고는 하지 않는다 : 역주.

낱말이 자음「ㄹ」로 끝날 때에는 구격의 어미「로」(ro)는 비슷하게 「로」(lo)로 된다.

발(pal, 足)
주격 .... 발이 (pal-i)
구격 .... 발로 (pal-lo)
소유격 .... 발의 (pal-eué) (발음은 par-eué라고 할 것)
등등

모든 낱말의 복수는 어미 「들」을 덧붙여 만들고, 위의 규칙에 따라 어미 변화를 한다.

보기 - 사룸人, 사룸들, 사룸들이, 사룸들로, 사룸들의, 사룸들에게 등. (발음은 사룸드리, 사룸드릐, 사룸드레게 등으로 하라.)

다음 두 가지의 주의는 조선어 어미 변화의 규칙에 관한 이 설명을 보충해 줄 것이다.(1) 자음 또는 모음으로 끝나는 약간 수의 낱말에 있어서는, 여격의 어미 「에게」 대신에 단축어短縮語 「께」를 쓰는 것이 관용이 되었다. (p. LXXXIII) (2) 조선어에서도, 대부분의 교착어에 있어서와 마찬가지로, 여러 가지의 격 어미를 서로서로 덧붙여서 어떤 뜻의 뉘앙스를 나타낸다. 그리하여 다음과 같은 복합複合 어미를 보게 된다. 「게로」(여격, 구격), 「게로셔」(여격, 구격, 탈격) 등.

「형용사」　　조선어에는 엄밀한 의미에서의 형용사는 없다. 그것은 명사나 동사로써 대신 된다.

형용사가 대상對象의 내용, 성질, 독특한 본질을 가리키고, 프랑스어에서, âme humaine(사람 넋) - âme d' homme(사람의 넋), brise printanière(봄 바람) – brise de printemps(봄의 바람) 등의 표현에서와 같이, 형용사가 소유격의 명사로 대신 될 수 있을 때에는, 이 형용사는 조선어에서는 형용되는 명사 앞에 놓는 명사로써 나타낸다.

보기

langue coréenne – 죠션말(Corée-language)

l'oreille humaine – 사룸귀(homme-oreille)

처음 명사는 항상 변하지 않고, 둘째 것만 어미 변화를 한다.

bon(좋다), grand(크다), puissant(세다) 같은 품질 형용사는 다음과 같은 방법으로 동사로써 대용된다. 형용사가 홀로 명사하고만 있을 때에는 과거 관계 분사가 사용되는데, 이것은 명사 앞에 놓이고 변화하지 않는다. 만약에, 반대로, 형용사가 절節의 속사屬詞일 때는 동사는 뒤에 오고 시時에 따라 변화한다.

보기

자동사 「크다」는 être grand이라는 뜻이다. 그 과거 관계 분사는 「큰」인데, qui a été grand(컸던), qui est grand(큰)이라는 뜻이다. une grande maison, de grandes maisons, à une grande maison 등의 표현은, 「큰 집」, 「큰 집들」, 「큰 집에게」 등이라고 말할 것이다. 반대로 만약에, La maison est grande, la maison sera grande, la maison était grande를 번역하려면, 「집」 이 그 주어인 동사 「크다」를 변화시켜서, 「집이 크다」, 「집이 크겠다」, 「집이 크더니」 등이라고 말할 것이다.

과거 관계 분사는 거의 언제나 형용사로 사용된다. 왜냐하면 성질은 대상 속에 그것에 관해 단언하기 이전에 존재하기 때문이다.

Digne de(을 받을 만한), propre â(에 알맞은), probablement (아마) 등의 표현과 더불어서 미래 관계 분사를 쓸 것이다. 왜냐하면 그 표현들은 미래의 뉘앙스를 품고 있기 때문이다.

조선어의 모든 낱말들은 동사 「있다」 또는 「하다」의 분사의 도움을 받아서 형용사가 될 수 있다.(「천주경」과 「성모경」 속의 여러 가지 예를 보라.)

형용사로 사용된 관계 분사는 때로는 참다운 명사가 되어 명사처럼 어미 변화를 하는 수가 있다. (p. LXXXIV) 우리들이 프랑스어에서, un égal(같은 것, 사람), les petits(작은 것들, 사람들) 라고 말하는 것과 같이, 조선말로도 ᄀᆞᄐᆞᆫ에게(à un égal), 져근으로(par un petit)라고 말할 것이다.

비교급은 형용사(분사 또는 동사) 앞에 「더」, 「덜」을 놓아 나타낸다. 보기 - 「더 놉다」, 「덜 불근 것」. 또 동사 보다 見도 쓸 수 있다. 보기 - 「이 사람이 나 보다 크다」. - 끝으로 「보다」는 「더」, 「덜」 같은 「낱말 앞에서도 쓸 수 있다. 보기 - 「해 ᄃᆞᆯ 보다 더 놉다」, 「해 별 보다 덜 놉다」.

상대相對 최상급은 「즁에」(中에)라는 말로 나타내고, 그것은 형용사에 앞선다. 보기 - 「모든 사ᄅᆞᆷ 즁에 크다」.

절대絕對 최상급은 부사 「지극히」, 「온죤이(完全히)」 등을 형용사 앞에 놓아서 만든다. 보기 - 「지극히 놉다].

「수사」　　조선어에는 일위一位와 십위十位의 수를 나타내는 말밖에 없다.

1 ᄒᆞ나, 2 둘, 3 셋, 4 넷, 5 다ᄉᆞᆺ, 6 여삿, 7 일곱, 8 여닯, 9 아홉, 10 열. 11 열ᄒᆞ나, 12 열둘 등등 …

20 스물, 30 ᄉᆞ흔, 40 마흔, 50 쉰, 60 예슌, 70 일흔, 80

여든, 90 아흔.

백, 천, 만 등의 명사는 중국어에서 나온 것으로, 그것들을 복수로 사용할 때는, 그 수는 중국어의 일위一位의 수사로 나타내지 않으면 안 된다. 보기 - 삼백 예순 다섯 해에서 「백」이라는 낱말은 중국어이므로, 조선어인 「셋」을 써서 「셋백」이라고 할 수 없고, 중국어인 「삼」을 따서 「삼백」이라고 하여야 한다. 그 다음에 헤아려지는 것의 이름이 조선어이면, 예순 다섯은 조선말로 말하겠고, 그 이름이 중국어이면 예순 다섯도 역시 중국어로 말해야 된다. 그러므로 년年이라는 말에 있어서, 조선어 「해」라는 표현을 쓰느냐, 중국어 「년」이라는 표현을 쓰느냐에 따라서, 「삼백예슌다ᄉᆞᆺ 해」라고 하거나 또는 「삼백뉵십오 년」이라고 해야 할 것이다.

기본 수사는 수량이 표시되는 낱말 앞에 놓인다. (p. LXXXV) 보기 - ᄉᆞ물사ᄅᆞᆷ

이들 수사가 홀로 사용되었을 때에는 모든 다른 명사들처럼 어미 변화를 할 수 있다. 그러나 명사를 형용하기 위하여 그 앞에 놓였을 때에는 수사는 형용사가 되고, 따라서 변화하지 않는다.

서차序次 수사는 조선어의 기본 수사에 어미 「재」를 덧붙여서 만든다. 보기 - 「둘재」, 「일곱재」. 프랑스어에서 unième라고 말하지 않는 것과 마찬가지로, 조선어에서도 「하나재」라고 하지 않고 「첫재」라고 한다. 중국어의 서차 수사는 기본수에다가 「뎨」第라는 말을 앞에 붙여서 만든다. 보기 - 「뎨삼」, 「뎨십」, 「뎨백」. 그것들은 위에서 설명한 규칙에 따라서 중국어와 더불어 사용된다.

서차 수사는 명사에 앞서고 변화하지 않는다. 홀로 쓰일 때는 어미 변화를 한다.

「대명사」　조선어에는 두 개의 인칭대명사 「나」와 「너」밖에 없다. 같은 어족語族의 다른 언어에서와 같이, 삼인칭에 쓰이는 것은 지시대명사의 하나이다. 가장 보통 상용되는 것은 「뎌」이다.

「나」와 「너」는 일반 규칙에 따라서 어미가 변화한다. 두 개의 격格만이 예외다. 어미 「가」로써 만들어지는 주격은 일인칭에서는 「나가」 대신에 「내가」이고, 이인칭에서는 「너가」 대신에 「네가」이다. 일인칭의 구격은 「날로」이고, 이인칭의 구격은 「널로」이다. 끝으로 여격에는 정상형正常形 외에 단축형短縮形 「내께」, 「네께」를 볼 수 있다.

일인칭 복수는 「우리」이고, 이인칭 복수는 「너희」이다. 또 그것들로부터 생겨나온 다른 복수형 「우리들」, 「너희들」도 역시 사용된다. 이 모든 복수형은 일반 법칙에 따라 어미 변화를 한다.

모든 나라에서 그렇지만, 특히 아시아의 여러 나라에서는, 인칭 대명사의 용법은 예법에 의하여 제한된다. 조선에서는 서민이 수령에게 말을 건낼 때 감히 나 또는 네가라고 아니하고 자기를 말 할 때는 쇼인小人이라고 한다. 더군다나 상대방에게 너 또는 네가라고는 아니한다. 서양에서 각하니 뭐니 하는 것과 같이 그들도 필요한 칭호를 쓸 것이다. 그러나 그것은 예의 규정이지 문법 규정은 아니다.

소유 대명사 또는 소유 형용사라고 해도 좋으나, 그것이 조선어에는 없고, 인칭대명사가 그것을 대신한다. 「내」, 「네」, 「우리」, 「너희」가 명사 앞에 놓였을 때는 위치로 말미암아 형용사가 되고, 「나의」, 「나의 것」, 「너의」, 「너의 것」, 「우리의」, 「당신들의」를 의미한다. (p. LXXXVI) 이때에 그것들이 변화하지 않음은 말할 나위도 없다. 명사만이 어미 변화를 하고, 경우에 따라서는 복수 기호를 가진다.

또 인칭대명사를 소유격으로 써서, 「내 죄」라고 하는 대신에 역시 「나의 죄」라고 말할 수도 있을 것이다.

지시대명사와 형용사는, 「이」, 「뎌」, 「그」, 「자」, 「바」이며, 모두 프랑스어의 ce, cet, celui, celle, ceux, celles, ces의 뜻이다.

「이」는 가까이 있는 사람 또는 물건을 가리키며, celui-ci, ceci 등에 해당한다. – 「뎌」는 멀리 있는 사람 또는 물건을 가리키는 데에 쓰이고, celui-là, cela 등의 뜻이다. – 「그」는 금방 말한 사람 또는 물건을 가리킨다. – 「자」와 「바」는 동사의 관계 분사와 더불어 쓰인다. 보기 – 「구쇽ᄒᆞᆫ 쟈」救贖한 者, 「부모 ᄉᆞ랑 ᄒᆞᄂᆞᆫ 바」. 「쟈」는 사람에 관해 말하는 것이고, 「바」는 사람과 물건에 관해 말하는 것이다.

이 모든 대명사들은 명사에 덧붙여 있지 않는 때에는 일반 규칙에 따라서 어미 변화를 한다. 그것들이 명사 앞에 오는 때에는 형용사가 되어 변화하지 않는다.

의문 대명사와 형용사는 사람에 대해서는 「뉘」, 「누구」이고, 물건에 관해서는 「무엇」이고, 사람과 물건에 관해서는 「어ᄂᆞ」, 「어떤」이다. 「어ᄂᆞ」는 바로 여럿 중에서 어느 것인가?라는 뜻이고(lequel? *quis*), 「어떤」은 quel?(어떤), de quel espèce?(어떤 종류의 (*qualis*)라는 뜻이다. 보기 – 「어ᄂᆞ ᄉᆞᄅᆞᆷ 이냐」((quel homme est-ce?), 「요안이 올셰다」(C'est Jean), 「어떤 사ᄅᆞᆷ 이냐」(quel homme est-ce?), 「고약한 사람이 올셰다」(C'est un mauvais homme). 이 대명사들은 대명사로 쓰일 때, 다시 말하자면 따로 떨어져서 쓰일 때는 어미 변화를 한다. 형용사로 쓰일 때는 변화하지 않는다.

재귀再歸대명사는 「자긔」이고, 정상적으로 어미 변화를 한다. 또 「저」, 「제」도 사용되고, 이인칭 대명사 「너」, 「네」 따위처럼 어미 변화한다.

조선어에는 관계대명사는 없고, 위에서 방금 본 바와 같이, 명사 또는 지시대명사에 덧붙인 관계분사로써 대용한다.

「동사, 활용活用」 조선어에는 타동사와 자동사가 있으나, 이 명칭은 프랑스어에서와 똑같은 뜻을 가지고 있지는 않다. 조선어에서는 타동사는, 어떤 동작이 주어에 의하여 행해지거나 또는 받아지거나, 주어 안에서 일어나거나 또는 밖에서 일어나거나를 막론하고, 동작을 나타내는 것이다. 그러므로 그것은 프랑스어 문법의 타동사, 자동사 및 수동사受動詞를 포함하고 있다. (p. LXXXVII) 「하다」, 「고생하다」, 「자다」는 타동사이다. 자동사는 아마 품질동사 또는 형용동사라고 부르는 것이 더 좋을지 모르겠으나, 「크다」, 「아름답다」 따위와 같이 성질 또는 존재 양식을 나타내는 것이다.

따라서 조선어 동사에는 수동태態가 없다. 타동사의 여러 가지 법法에 의하여, 특히 관계분사에 의하여, 또는 문장 구조에 있어서 말의 순서 바뀜에 의하여 보충한다.

반면에, 조선어 동사에는 적어도 일곱 가지의 다른 법이 있다. 능동태 또는 긍정동사 이외에, 가정假定동사, 의문동사, 부정否定동사, 존대尊待동사, 사역使役동사, 이유理由동사 따위가 있다.

같은 어족의 다른 여러 나라 말과 같이, 조선어에는 두 가지의 존재동사가 있다. 즉 순수하고 단순한 존재를 뜻하는 「잇다」와, 주어의 본질, 성질을 뜻하는 「일다」가 있다. 「잇다」는 「존재하다」라는 뜻이고, 「일다」는 「이러한 것이다」라는 뜻이다.

복합동사는 매우 많다. 그것은 명사와 동사 또는 두 개의 동사가 한데 합하여 만들어진다. – 모든 명사는 동사 「일다」를 덧붙임으로써 동사가 된다. 보기 – 「사람일다」, 「아버지일다」. 또는 동사「ᄒᆞ다」를 덧붙임으로써 동사가 된다. 보기 – 「일ᄒᆞ다」, 「희락ᄒᆞ다」(기뻐하다). 두 개의 동사가 합할 때에는, 첫 동사는 동사적 과거분사 또는 과거 진행형으로 놓이고, 다음 동사만 변화한다. 이런 방법으로 조선어는 프랑스어 동사에서 매우 큰 구실을 하는 전치사를 보충한다. 보기 – 「가져오다」는 동사 「가지다」와 「오다」로 표현되어, 「가지고, 오너라」가 될 것이고, 「가져가다」도 마찬가지로 만들어져서 「가지고, 가거라」가 될 것이다.

조선어의 동사 변화는 아주 원시적인 단순성을 가지고 있다. 수數도 없고 인칭도 없다. 똑같은 표현이, 「내가 한다」, 「네가 한다」, 「그가 한다」, 「우리들이 한다」, 「당신들이 한다」, 「그들이 한다」라는 뜻이 된다. 글의 뜻이 주어를 가리킴에 충분하지 못할 때에는 동사 앞에 인칭대명사를 놓는다. – 법에는 직설법直說法, 명령법, 부정법不定法 및 분사법이 있다. 접속법과 희원법希願法은 없다.

낱낱의 동사의 꼴에서 세 가지 것을 구별해야 한다. 즉 어근語根, 때時制의 표지, 어미이다. – 어근 또는 동사의 뿌리는 단순히 동사가 뜻하는 상태 또는 동작을 가리킨다. 그러므로 그것은 변화하지 않는다. – 때의 표지는, 그 상태 또는 동작이 전에 일어났는가, 지금 일어나는가, 나중에 일어나겠는가를 가리킨다. – 어미는 주요시主要時와 종속시從屬時와의 차이를 나타낸다. (p. LXXXVIII) 그것은 보통 동사의 여러 가지 태態와 더불어 변화한다.

조선어 동사의 어근은 두 가지가 있다. 즉 바로 뒤에 오는 자음을 유기화有氣化하는 것과 그러한 유기화를 요구하지 않는 훨씬 많은 수의 것 두 가지이다. 부정법不定法의 어미는 뒤의 것에서는 「다」인데, 처음 것에서는 「타」가 된다. 보기 – 「ᄒᆞ다」, 「노타」.

때의 표지는 동사적 분사 이외에 아무 것도 아니므로, 무엇보다도 먼저, 그 동사적 분사란 무엇인가를 잘 밝히고 그것을 관계분사와 구별함이 중요하다. 프랑스어에서는 같은 낱말이 두 가지의 구실을 한다. 프랑스에서는 이렇게 말한다. Dominant sa colère, il garda le sclence(그는 노여움을 억누르고 침묵을 지켰다). 또 이렇게도 말한다. L'homme dominant ses passions triomphera(격정을 억누르는 자는 승리하리라). 처음 보기에서는 dominant은 형용사의 성질을 가지고 있지 않으므로 참다운 분사가 아니고, 차라리 일종의 진행형이다. 둘째 경우에 있어서는 dominant은 형용사의 구실을 하고, 관계대명사 qui와 더불어 동사에 대신한다. 그런데 조선어에는 이 두 가지의 다른 뜻을 나타내기 위하여 두 가지의 다른 꼴의 분사가 있다. 처음 것은 동사적 분사이고, 다음 것은 참다운 분사 또는 관계분사이다.

그러면 동사적 분사는 어떻게 만들어지는가? – 미래분사는 어근에 한 음절 「게」를 붙여서 만든다. 「타」로 끝나는 동사에서는 그것은 「케」가 된다. 보기 – 「ᄒᆞ다」, 「ᄒᆞ게」, 「노타」, 「노케」. – 과거분사는 어근에 모음 「아」 또는 「어」를 붙여서 만든다. 「타」로 끝나는 동사에서는 그 음절은 「하」 또는 「허」가 된다. 보기 – 「노타」, 「노하」, 「너타」, 「너허」. 「다」로 끝나는 동사에서는 모음 「아」 또는 「어」는 어근에 혹은 직접 붙고 혹은 어떤 음편상의 글자의 도움을 받아서 붙는다. 보기 – 「ᄒᆞ다」, 「ᄒᆞ여」, 「저다」(절다), 「저러」, 「신다」, 「신어」. 어근이 「ㅏ」로 끝나는 동사는 아무 것도 안 붙인다. 보기 – 「자다」, 「자」.

[주의] 동사적 과거분사를 이룸에 있어 지켜야 할 음편상의 규칙은 매우 복잡하므로, 사전은 부정법동사를 내놓음과 동시에 언제나 이 과거분사를 표시한다.

조선어에는 동사적 분사 현재형은 없다. 단순한 어근이 그것을 대신한다. 아닌 게 아니라, 동사에 의해 단언된 존재 양식 또는 동작이 과거에도 미래에도 관계되지 않는 이상, 그로써 벌써 그것은 습관적 현재에 속한다. 자동사는 오직 상태, 존재 양식만을 나타내므로, 자동사에는 이 현재만으로 충분하다. (p. LXXXIX) 같은 이유에서, 두 가지의 존재동사에도 현재만으로 충분하다. 그러므로 이 모든 동사들은 부정법 자체 이외의 다른 직설법 현재를 갖지 않는다. - 그러나 이 습관적 현재는 너무 막연하여, 이야기하고 있는 바로 그 순간에 동작이 일어나는 것을 더욱 명확히 표시할 필요가 있는 그런 타동사에 있어서는 충분치 않다. 이때에 현재의 표시는 다음과 같은 방법으로 한다. 「다」로 끝나는 동사에 있어서는, 어근이 「ㄹ」이외의 자음으로 끝나면 「는」을 붙이고, 모음으로 끝나면 「ㄴ」만을 붙이고, 자음 「ㄹ」로 끝나면 그 「ㄹ」을 없애고 남는 모음에다 「ㄴ」을 붙인다. 보기 - 「깍다」의 어근과 현재의 표시는 「깍ᄂᆞᆫ」, 「ᄒᆞ다」의 어근과 현재의 표시는 「ᄒᆞᆫ」, 「풀다」賣는 「푼」. 「타」로 끝나는 동사에 있어서는, 어근이 모음으로 끝나면 「ᄂᆞᆫ」을 붙이고, 조선어의 자모에는 유기음有氣音 「ㄴ」이 없으므로, 어근과 음절 「ᄂᆞᆫ」 사이에 글자 「ㅅ」을 끼워 그에 대신한다. 어근이 「ㄹ」로 끝나면 「ᄂᆞᆫ」을 붙이되, 조선어 발음 규칙에 따라 그 발음은 「ㄹ-ᄅᆞᆫ」이 된다. 보기 - 「너타」의 어근과 현재의 표시는 「넛ᄂᆞᆫ」, 「일타」는 「일ᄂᆞᆫ」(발음은 일ᄅᆞᆫ).

동사형의 셋째 요소는, 앞서 말한 바와 같이, 반과거半過去로부터 주요시主要時를 구별하는 데에 소용되는 어미이다. 조선사람들은 현재, 단순과거, 미래, 과거미래의 네 주요시를 헤아리고 있다. 이 마지막 것은 과거의 표시에 미래의 표시를 덧붙여서 만든다. 네 주요시의 반과거라고 볼 수 있는 종속시從屬時는 반과거, 대과거大過去, 조건법條件法, 조건법 과거이다. 보통의 동사(긍정형)에서는 주요시의 어미는 「다」이고, 종속시의 어미는 「더니」이다. 동사적 분사와 이들 어미 사이에 음편상의 「ㅅ」을 끼운다.

다음 표는 앞서 본 모든 규칙을 요약하고 그 응용을 보인 것이다.

부정법	하다	잇다
동사적 과거분사	ᄒᆞ여	잇셔
동사적 미래분사	ᄒᆞ게	잇게
현재	ᄒᆞᆫ다	잇다
반과거	ᄒᆞ더니	잇더니 (p. XC)
단순 과거	ᄒᆞ엿다	잇셧다
대과거	ᄒᆞ엿더니	잇셧더니
미래	ᄒᆞ겟다	잇겟다
조건법	ᄒᆞ겟더니	잇겟더니
과거 미래	ᄒᆞ엿겟다	잇셧겟다
조건법 과거	ᄒᆞ엿겟더니	잇셧겟더니

명령법은 과거분사에 어미 「라」를 붙여서 만든다. 「ᄒᆞ여라」(여기는 두 가지의 예외밖에 없다. 「와라」가 아니라 「오너라」, 「가라」가 아니라 「가거라」라고 한다).

[주의] 정규正規의 변화에 속하지 않는 또 하나의 다른 명령형이 있는데, 그것은 일인칭 복수 명령법에만 사용된다.

그것은 「다」로 끝나는 동사의 어근에 「자」를, 「타」로 끝나는 동사의 어근에 「차」를 붙여서 만든다. 보기 – 「ᄒᆞ자」, 「너차」.

현재관계부사는 어근에 「ᄂᆞᆫ」을 붙여서 만든다. 「타」로 끝나는 동사에서는, 위에서 말한 이유로 「ㅅ」을 사이에 끼운다. 보기 – 「ᄒᆞᄂᆞᆫ」, 「놋ᄂᆞᆫ」. 과거관계부사는 다음과 같이 만든다. 「다」로 끝나는 동사에서는, 어근이 「ㄹ」 이외의 자음으로 끝나면, 「은」을 붙이고, 모음으로 끝나면 「ㄴ」만을 붙이고, 「ㄹ」로 끝나면 자음 「ㄹ」을 없애고 남는 모음에 「ㄴ」을 붙인다. 「타」로 끝나는 동사에서는 어근에다 「흔」을 붙인다. 보기 – 「숨은」, 「ᄒᆞᆫ」, 「푼」賣, 「너흔」, 「일흔」. –미래관계분사는 과거관계분사의 「ㄴ」을 「ㄹ」로 바꾸어서, 「숨을」, 「ᄒᆞᆯ」, 「풀」, 「너흘」 따위.

동사는 명사로 사용되는 수가 매우 많다. 그때에는 과거관계분사의 끝의 「ㄴ」을 「ㅁ」으로 바꾸어서 얻어지는 특별한 꼴이 되고 모든 격으로 변화한다. 보기 – 「ᄒᆞᆷ」, 「ᄒᆞᆷ이」, 「ᄒᆞᆷ으로」 따위. 특히 책에서 보이는 이 꼴 이외에, 회화에서 훨씬 더 많이 쓰이는 또 하나의 꼴이 있다. 그것은 어근과 낱낱의 동사적 분사에 「기」를 덧붙여서 얻는다. (p. XCI) 보기 – 「ᄒᆞ기」, 「ᄒᆞ엿기」, 「ᄒᆞ겟끼」. 이 세 개의 새로운 명사는 어미가 변화한다.

동사의 다른 태態에 관하여 몇 마디 함으로써 이 조선어 동사 변화의 설명을 보충하겠다.

조건동사는, 만약 내가 하면, 만약 내가 했으면, 만약 내가 하겠으면 따위의 「만약」이라는 조건과 더불어 변화하는 동사이다. 이것에는 직설법밖에 없다. 현재는 어근에 다음과 같은 어미를 덧붙여서 만든다. 어근이 「ㄹ」이외의 자음으로 끝나면 어미는 「으면」이고, 모음 또는 「ㄹ」(떼어낸다)로 끝나면 어미는 「면」이다. 「타」로 끝나는 동사에서는 어미는 「흐면」이 된다. 보기 – 「숨으면」, 「ᄒᆞ면」, 「너흐면」. 다른 때는 보통 직설법의 때와 같이 「다」를 「시면」, 「더니」를 「더면」으로 바꾸어서 만든다. 보기 –「ᄒᆞ더면」, 「ᄒᆞ엿ᄡᅥ 면」, 「ᄒᆞ겟시면」 따위.

의문동사도 비슷한 방법으로 만든다. 긍정동사의 어미 「다」는 「ᄂᆞ냐」로, 어미 「더니」는 「더냐」로 바꾼다. 현재에서는, 현재의 표시를 떼고 바로 어근에다 어미를 붙인다. 보기 – [ᄒᆞᄂᆞ냐」, 「ᄒᆞ더냐」, 「ᄒᆞ겟ᄂᆞ냐」, 「ᄒᆞ엿겟더냐」 따위.

엄밀한 의미에서의 부정동사는 두 가지밖에 없다. 그것은 앞서 말한 두 개의 존재동사와 일치하는 것이니, 「업다」는 「잇다」의 부정이오, 「아니다」 또는 「아닐다」는 「일다」의 부정이다. 모든 동사는 어근에 일반 법칙에 따라서 변화하는 어미 「잔다」를 붙임으로써 부정이 될 수 있다. 물론 「타」로 끝나는 동사에 있어서는 이 어미는 그 첫 자음을 유기음화有氣音化하여 「찬다」가 된다. – 「잔다」는 「지아니다」의 단축短縮으로서, 의문을 포함하고 부정을 불러오는 음절 「지」와 앞서 말한 부정동사 「아니다」가 합한 것이다. – 또 하나의 부정형은 어근에 어미 「지못ᄒᆞ다」를 덧붙임으로써 얻어지는데, 이것은 음절 「지」와, 불능不能을 뜻하는 「못」과, 동사 「하다」가 복합된 것이다. 이 마지막 부정형은 글자 그대로 …을 못한다, 할 수 없다라는 뜻이다.

존대 동사는 모음으로 끝나는 어근에는 「시다」를, 자음으로 끝나는 어근에는 「으시다」를 붙여서 만든다. 「타」로 끝나는 동사에 있어서는 어근에 「흐시다」를 붙인다. 보기 – 「ᄒᆞ다」, 「ᄒᆞ시다」(높은 자리에 있는 사람에 관해 말할 때), 「집다」, 「집으시다」, 「깁다」, 「깁흐시다」 따위. (p. XCII) 존재동사의 존칭은 「잇다」는 「계시다」로, 「일다」는 「실다」, 「이실다」 도는 「이시다」로 된다. 존대

동사는 일반 규칙에 따라 긍정형, 조건형, 의문형, 사역형 따위로 변화한다.

사역 동사는 동사적 미래 분사에 「ᄒᆞ다」를 붙여서 만든다. 보기 ― 「ᄒᆞ게ᄒᆞ다」, 「자다」, 「자게ᄒᆞ다」.

이유 동사는 그 뒤에 올 것의 이유, 동기를 나타낸다. 그것은 전치사 parce que(왜냐하면)와 더불어 변화한 프랑스어의 타동사에 해당한다. 그것은 어근에 어미 「니ᄭᅡ」를, 동사적 분사에 어미 「시니ᄭᅡ」를 붙여서 만든다. 보기 ― 「ᄒᆞ니ᄭᅡ」, 「ᄒᆞ엿시니ᄭᅡ」, 「ᄒᆞ겟시니ᄭᅡ」. 또 다음과 같은 표현도 쓸 수 있다. 「ᄒᆞᄂᆞᆫ고로」, 「ᄒᆞ엿ᄂᆞᆫ고로」, 「ᄒᆞ겟ᄂᆞᆫ고로」. 뜻은 같다. ― 여기서 잠시 걸음을 멈추고 이 마지막 꼴을 분석하여 보자. 그것은 교착어膠着語가 어떻게 이루어지는가에 관해 우리에게 명확한 관념을 준다. 먼저 세 개의 기본시基本時 즉 어근에 의하여 표시된 현재와 동사적 분사에 의하여 표시된 과거와 미래가 있다. 「ᄂᆞᆫ」을 붙이면 현재 해놓고 있음과 현재 하고 있음과 현재 하겠음을 뜻하는 현재분사가 된다. 음절 「고」는 긍정 「예, 정말 그렇습니다」의 뜻을 포함하고 있다. 끝으로 전체에다 구격具格 어미 「로」를 덧붙이면, …으로 말미암아, …에 의하여라는 뜻이 된다. 그러므로 「ᄒᆞ겟ᄂᆞᆫ고로」는 글자 그대로 「정말 하겠음에 의하여」라는 뜻이다.

그밖에도 또 여러 가지 뜻의 뉘앙스를 나타내는 몇 가지의 변화형이 있기는 하나, 앞서 본 것들은 가장 많이 사용되는 것으로 조선어의 특성에 관하여 충분한 개념槪念을 주는 것이다.

지금까지 든 동사 어미는 흔히 다른 어미로써 변형 또는 대용代用되는 수가 있는데, 그것을 세 가지로 분류할 수 있다. ― (1) 존대 어미. 조선사람은 남과 이야기할 때, 상대방이 손위 사람이냐 동등한 사람이냐 또는 손아래 사람이냐에 따라서 동사의 어미를 바꾸거나 꾸미거나 한다. 뿐만 아니라, 손위 사람의 품계의 높낮이에 따라서, 동등한 사람에 대한 친,불친에 따라서, 손아래 사람을 정답게 대하느냐 무심하게 대하느냐 업신여기고 대하느냐에 따라서, 여러 가지로 뉘앙스가 다르다. 끝으로 제삼자의 말을 할 때는, 그의 말투는 그 사람이 대화자의 손위인가 동등한가 손아래인가를 나타내지 않으면 안 된다. (p. XCIII) 예법이 문법을 매우 복잡하게 하고 있음을 알 수 있다. – (2) 많은 어미가 어떤 뜻의 뉘앙스를, 이를테면 긍정, 가능, 의문, 개연蓋然, 희망, 비난 따위를 나타내기 위하여 사용된다. – (3) 끝으로 글 뜻이 중지되어 있는가, 끝나 있는가를 나타내기 위하여, 한 마디로 말하여 구두점을 대신하기 위하여 특수한 어미가 있다.

이 여러 가지의 끝 음절은 혹은 어근에, 혹은 동사적 분사에, 혹은 정규의 어미에, 또 어떤 것들은 아무렇게나 어떤 꼴에 덧붙여진다. 뿐만 아니라, 그것들은 흔히 저희들끼리도 서로서로 덧붙고 달라붙어膠着, 따로 떨어진 각 단편의 뜻의 합성合成인 복잡한 뜻을 이룬다.

각 동사의 여러 가지 시時와 태態에 적용할 수 있는 이런 방식으로, 어근이 가질 수 있는 단순 또는 복합 어미의 총 수는 엄청난 수효에 이른다는 것을 이해하리라. 조선사람들은 수 천을 헤아리고 있지만, 그들이 내놓는 표에는 어미가 아니라 참다운 글로 된 수 많은 합성어合成語가 있는데 그것은 떼어내지 않으면 안 된다. 그리하여 이를테면, 그들은 동사의 어미 속에 「때」(또는 그의 처격 「때에」)라는 낱말을 헤아리고 있는데, 이것은 「한때에」, 「할때에」처럼 쓰이며, 관계분사에 덧붙여진다.

구두점 노릇을 하고, 콤마, 종지부, 세미콜론, 콜론 등 조선어의 쓰기에는 알려져 있지 않는 표지에 대신하는 어미들에 관하여 한 마디만 더 하겠다. – 콤마는 보통 어미 「고」, 때로는

「며」, 또는 「이오」(동사 「일다」에서), 「이시오」(존대동사 「이시다」에서)로 표시된다. 조선어의 접속사 「와」, 「과」, 「화」 및 호격의 「아」, 「야」, 「여」도 역시 콤마를 나타낼 수 있다. – 세미콜론은 어미 「며」,「하니」,「이니」로 표현된다. – 콜론은 뒤에 열거列擧가 올 때에는 과거분사의 어미 「아」, 「야」, 「여」로, 어떤 사람의 말을 인용할 때에는 음절 「대」로 표시된다. – 종지부는 「다」 또는 「라」로 끝나는 음절의 모든 배합, 「니라」, 「이니라」, 「나니다」, 「난도다」, 「도다」, 「도소이다」 따위와 그밖에 「쇼셔」 따위의 첨사添辭로 나타낸다(그림 3, 4, 조선어 천주경 및 성모경을 보라).

「부사」 단순부사는 꽤 수가 적다. 보기 – 더, 덜, 또, 몃幾, 만但. 이 낱말들은 더 많은 것, 더 적은 것 따위를 뜻하는 참다운 명사였고 또 현재도 그렇다. (p. XCIV) 복합부사 중 어떤 것들은 명사, 형용사 또는 대명사들을 필요한 격으로 변화시킨 것으로, 대개의 경우 탈격, 처격 및 구격으로 놓인 것이다. 그밖에 대부분은 오히려 부사구이다. 보기 – 「어ᄂᆞ때」, 「뎌때」 「젼에」, 「후에」, 「여긔」, 「여긔셔」, 「져긔」, 「져긔셔」, 「또한」, 「한가지로」, 「어떠케」 따위. 다른 복합부사는 어근에 「이」, 「히」, 「게」, 「케」를 붙인 자동사로써 만든다. 보기 – 「밝이」, 「가득히」, 「크게」 따위.

「후치사」後置詞 이것은 프랑스어의 전치사에 대신한다. 주요한 것들은 어미 변화에 쓰이는 것들이고, 그밖에도 한둘이 있다. 보기 – 「기리」(끼리). 조선사람들은 몇 가지의 후치사를 헤아리고 있는데, 그것은 사실은 후치사구句이다. 보기 – 「보다」, 「중에」, 「인하야」, 「위하야」. 마지막의 두 개는 대격對格을 지배하는 동사적 분사이다.

「접속사」 접속사 et(and)는 앞서는 낱말이 자음으로 끝날 때는「와」로, 모음으로 끝날 때는「화」로 번역된다. 또 흔히 「고」를 홀로 쓰는 수도 있고 또는 동사 「ᄒᆞ다」의 어근 「ᄒᆞ」와 더불어 「ᄒᆞ고」로 쓰는 수도 있다. 이 첨사添辭들은 참다운 접속사라기보다 오히려 접속분사이므로, 낱말 뒤에 놓고, 함께 맺으려는 낱말이나, 절節 뒤에서 일일이 되풀이해야 한다. 보기 - 「글 쓰고 책보고」. 다른 접속사는「혹」,「마는」,「비록」 따위다. 또 접속구句도 있다. 보기 - 「연고로」.

「간투사」間投詞 주요한 것들은 「애고」, 「에」, 「애」, 「아나」, 「여보」, 「야」 따위다. 또 간투사에는 긍정의 보통의 두 형태 「오냐」,「예」도 덧붙일 수 있다.

(3) 문법(문장 구성법)

조선어 구문법의 기본 원리는 지배하는 낱말은 언제나 지배되는 낱말의 뒤에 놓인다는 것이다. 그러므로 다음과 같이 된다. - 어미 변화에 있어서, 격을 나타내는 전치사는 자리가 바뀌어, 명사를 지배하므로 후치사가 된다. (p. XCV) - 소유격의 명사는 그것을 지배하는 명사의 앞에 온다. - 형용사 또는 관계분사는 그것이 붙는 명사의 앞에 온다. - 부사는 동사 앞에 온다. - 명사는 지배하는 동사의 앞에 온다 등등. 그러므로 조선어 문장의 변함없는 형태는, (1) 속사屬詞가 있으면 주어는 모든 속사의 뒤에 온다.(2) 필요한 격格에 놓인 간접보어도 역시 속사의 뒤에 온다.(3) 직접 보어는 그것에 붙는 모든 것의 뒤에 온다.(4) 끝으로 동사는 부사 따위의 뒤에 오며 따라서 필연적으로 문장의 맨 끝에 온다.

이 일반 규칙은 다음과 같은 주의로써 충분히 보충될 것이다.

복수의 표시는 흔히, 특히 보통의 회화어에서는 생략된다. 보기 -「스무 사람들」 대신에 「스무 사람」.

또 소유격의 표시도 곧잘 생략한다. 보기 -「나무의 넙(잎)」 대신에 「나무넙」. 중국어에서 온 낱말에서는 이 예외는 절대적 규칙이 된다. 보기 -「텬쥬경」(天의 主의 經).

여러 명사가 접속사로 연결될 때는, 마지막 것만 격의 표시를 취하고 다른 것들은 변하지 않는다.「나귀와 말과 개에게 주엇ᄉᆞᆸᄂᆞ이다」.

중국어 낱말은 상류 계급 사람들과 도시의 주민들에 의하여 조선어 낱말 대신에 매우 잘 사용 된다. 시골 사람들도 때때로 사용한다. 이런 경우에 중국어 명사 또는 동사에 붙는 형용사, 수사, 부사 따위도 또한 중국어여야만 한다. 결코 중국어 명사에 조선어 형용사를 붙이지 아니하고 그 반대도 또한 마찬가지다.

여러 형용사가 하나만의 주어에 걸릴 때에는, 마지막 형용사만이 보통의 꼴(관계 분사)을 취하고, 다른 형용사들은 어근에 접속사 「고」를 붙여 놓는다. 보기 -「검고 크고 븕고 플ᄋᆞᆫ 빗」.

열거할 때에, 프랑스의 예의관觀과는 반대로, 대명사 「나」, 「내가」는 맨 먼저 놓인다. 보기 -「나ᄒᆞ고 아버지ᄒᆞ고 어머니ᄒᆞ고 동셩ᄒᆞ고 누님ᄒᆞ고 아기ᄒᆞ고 잘들잇다」.

열거한 말이 부정법 동사일 때는, 마지막 것만이 변화하고, 다른 것들은 어근에 접속사 「고」를 붙여 놓는다. (p. XCVI) 보기 -「발로도 싸오고, 손으로도 싸오고, 니로도 싸왓다」.

일반적으로 무생물은 동사의 주어가 될 수 없다. 그런 경우에는 글을 달리 만든다.

타동사가 대격(목적격)을 지배하기는 하나, 이 격의 표시는, 특히 회화에서는, 직접 보어 뒤에서 매우 잘 생략된다.

(4) 조선어는 어느 어족에 속하는가?

언어 유별類別에 있어서 기본 요소가 되는 것은 문법 구조의 비슷함 또는 다름이다. 낱말의 비슷함 또는 다름은 매우 부차적副次的인 중요성밖에 없다. 그런데 앞서 우리가 그 대강을 본 모든 규칙은, 조선어는 보통 저 몽골어, 우랄알타이어, 투란어 따위로 부르는 어족에 속함을 명백히 증명하고 있다. 이것은 스키티아어 또는 달단어韃靼語라는 말로 더 잘 특색이 나타날지도 모르겠다. 왜냐하면, 고대인에 있어서는 스키티아인[1]이라는 말이, 근대인에 있어서는 달단인이라는 말이 항상 상부上部 아시아 주민 전체를 가리키는 데에 사용되었으니 말이다.

인도유럽어에 비교하여 달단어의 주요한 성격은 과연 무엇인가?

인도유럽어는 성性의 구별이 있는 생물에 대해서 뿐만이 아니라 무생물과 추상적 관념에 대해서도 다른 성의 말을 가지고 있다. 이에 반하여 달단어에서는 명사는 모두 중성中性이라기보다 차라리 성이 없다.

인도유럽어는 단수 명사에 있어서는 여러 가지의 어미 변화를 한다. 복수는 항상 그와는 다르고 다른 방법으로 어미 변화를 한다. 격의 어미는, 그 맨 처음의 기원이야 어쨌든 간에, 낱말 자체의 변화 또는 굴절屈折로 되었고, 여기서 「굴절어」라는 이름이 나왔다. 달단어에서는 단 한 가지의 어미 변화밖에 없다. 격은

---

1) **스키티아인** 유럽 동북 및 아시아 서북쪽에 살던 고대의 야만족으로, 아시아에서 침입한 몽골족과 토착土着의 아라아인과의 혼혈족 : 역주.

명사와는 따로 떨어져 있는 후치사를 붙여서 만든다. 복수는 어근에 덧붙인 특수한 첨사添辭에 의하여 표시되고, 어미 변화를 위해서는 거기에 단수에서와 같은 후치사를 덧붙인다. 끝으로 이상하게도 비슷한 것은, 여격의 후치사가 이들 몇몇 언어에 있어서 후음喉音 k로써 특징지어져 있다. 이것은 인도 남쪽의 언어에서도 조선어에서와 같이 볼 수 있다. (p. XCVII)

인도유럽어는, 명사처럼 변화하고 성, 수, 격에 있어서 명사와 일치하는 형용사를 가지고 있다. 달단어에서는, 엄밀한 의미의 형용사는 매우 드물고 항상 변하지 않는다. 형용사에 대신하고 명사 앞에 놓임으로써 형용사가 되는, 성질과 관계를 나타내는 명사 또는 동사들도 또한 마찬가지로 변화하지 않는다.

인도유럽어는 3인칭에 대한 대명사를 가지고 있다. 달단어는, 특히 가장 원시적인 것은 제3인칭의 대명사가 없고 지시대명사로 그것에 대신한다.

인도유럽어는 모두 풍부한 관계대명사를 갖추고 있다. 대부분의 달단어에 있어서는, 관계대명사가 존재했던 흔적이 없고, 동사로 나타낸 관념과 관계의 관념을 단 한 마디 속에 포함하는 관계분사로써 대용된다.

인도유럽어의 여러 가지 동사 변화에 있어서는, 여러 가지의 법과 시와 인칭은 동사 자체의 변화 또는 굴절로 표시된다. 달단어에 있어서는, 유일한 동사 변화는 항상 따로 떨어져 있는 첨사添辭를 붙이거나 덧붙여서 교착법膠着法에 의하여 형성된다.

따로 떨어진 전치사 또는 뜻을 바꾸기 위해 명사와 동사 앞에 붙인 전치사는 인도유럽어에서는 큰 구실을 한다. 달단어는 어떤 관계를 나타내는 따로 떨어진 전치사를 후치사로 대용하고, 명사와 다른 동사의 도움을 받아서 비로소 복합동사를 만든다.

인도유럽어는 모두 능동태와는 다른 어미로써 정규로 변화한 수동태를 가지고 있다. 인도유럽어에는 부정不定 동사가 없고, 부사적으로 사용된 별개의 부정에 의하여 대용된다. 수동태를 가진 달단어에서는, 수동태는 어근에 특별한 첨사를 붙여서 만들고, 그 첨사에 보통의 변화 어미가 붙는다. 다른 달단어에는 수동태가 전혀 없다. 그 대신, 별개의 부정동사와 모든 동사에 공통된 부정태否定態의 존재는, 달단어에만 있는 특징이다.

끝으로, 이런 비교를 쓸 데 없이 늘어놓지 않기 위하여 한 마디만 더 하거니와, 인도유럽어에서는 지배하는 낱말은 일반적으로 지배되는 낱말의 앞에 오지만, 모든 달단어에 있어서는 반드시 뒤에 오게 마련이다. (p. XCVIII)

그런데 위에서 든 이런 달단어의 특색은 모두 예외 없이 조선어 문법에서 발견된다. 그러므로 조선어는 달단어족에 속한다. 이 사실은 의심할 여지가 없다. 그러면 조선어는 이 어족 중 어느 계열에 더 가까이 속하는 것일까? 이것은 후일 문법과 사전이 출판될 때에 밝혀질 문제이다. 말이 난 김에 주의해두는 것이 무익한 일은 아닐 것 같아서 말인데, 이상한 사실은 조선어 문법과 드라비다어 즉 남부 인도어 문법이 비슷하다는 점이다. 많은 경우에 있어서 규칙이 비슷할 뿐만 아니라 똑같다. 조선어와 드라비다어[1]의 어떤 낱말들의 비슷함은 역시 놀라운 사실이다. 이런 비슷한 점들을 깊이 연구하면 인도 민족의 원시 역사의 몇몇 중요한 점과 아직 별로 알려져 있지 않은 여러 가지 토속학적土俗學的 문제에 큰 빛을 던져 주리라. (p. XCIX)

---

1) **드라비다어** 인도 남부 듀란계系에 속하는 언어이다. 19세기 말부터 20세기 초에 걸쳐서 한국에 관한 많은 논문을 발표한 H. B. Hulbert도 그의 저서 The Origin of the Korean People에서 한민족은 드라비다족이 해로海路로 북상하여 이주한 것이라고 하고 있다 : 역주.

8
사회적 신분

여러 계급, 귀족, 서민, 노예

5백 년 전, 현 왕조의 초기에는 조선 사회는 귀족과 농노農奴 또는 노예의 두 계급만으로 나뉘어 있었다. 귀족은 왕조 창건자創建者의 지지자로 그가 왕위에 오름을 도운 사람들이고 그 보상으로 부귀를 얻고, 품계와 관직의 독점권을 얻은 것이다. 국민 대중은 그들의 권력 아래 놓여 토지에 매인 농노와 노예를 이루었다. 이들 처음 귀족의 자손들과 여러 시대에 임금에게 두드러진 공을 세운 자들의 자손들이 현재도 역시 조선의 귀족계급을 이루고 있다. 그러나 자연스러운 추세趨勢에 의하여, 중세에 유럽에서 볼 수 있었던 일이 조선의 농노들에게도 일어나 대다수는 차츰차츰 그들의 자유를 획득하여, 때가 감에 따라 오늘날과 같은 농민, 병사, 상인, 공인工人 따위의 서민 계급을 형성하였다. 그리하여 지금 조선에는 이른바 양반, 서민, 노비奴婢의 세 계급이 있고, 그것이 여러 부류로 다시 나뉘어 있다. 노비는 그 수가 꽤 적다.

양반 신분은 세습적이며, 관직과 품계는 거의 귀족만의 세습재산이므로, 집안마다 족보와 아울러, 살아 있는 모든 일가사람들의 완전하고 상세하고 자주 정정訂正된 명부를 고이 간직하고 있다. 일가들은 필요할 때에 보호와 지지를 구하기 위하여 그들 상호간에, 그리고 같은 씨족의 종가宗家 대표자와 끊임없는 연락을 유지하기에 매우 애쓰고 있다.

옛날에는 여러 세기에 걸쳐, 법률은 귀족 집안의 적자손嫡子孫만을 귀족으로 인정하였다. 임금의 서자에 대해서만은 예외여서 그들은 항상 정당한 양반 대접을 받았다. (p. C) 그러나 1세기도 더 전부터, 예전에는 따로 매우 천한 계급을 이루고 있던 양반의 서자들이 그 수가 매우 많아지고 세력이 커졌으므로, 차츰차츰 참다운 양반의 모든 특권을 가로챘다. 1857년에, 한 칙령勅令은 이 나라의 거의 모든 관직에 오르는 권리를 적자嫡子들과 같이 그들에게도 인정하여줌으로써, 그들을 적자들로부터 떼어놓고 있던 마지막 장벽을 무너뜨렸다. 옛 풍습에 대한 존중의 잔재殘滓로 말미암아, 어떤 관직들은 아직도 예외로 되어 있으나, 그것도 머지않아 완전히 없어질 것이다. 그러나 참다운 양반들은 이 벼락귀족들에 대하여 마음속으로는 언제나 큰 모멸을 품고 있어서, 평소의 교제에 있어서는 존경과 예의의 온갖 관습적 범절을 갖추어서 그들을 대하지 않으면 안 됨에도 불구하고, 그런 모멸은 꽤 자주 겉에 나타난다.

풍속의 퇴폐頹廢만이 조선 귀족계급의 관습법에 일어난 이 중대한 혁명의 원인은 아니다. 정당간의 치열한 싸움과 그에 따라 한껏 많은 지지자를 갖는 것이 명문거족에게는 매우 유리하다는 것이 거기에 크게 이바지하였다. 서자 귀족은 보통 사사로운 당파의 구별 없이 서로 통혼은 하지만, 언제나 각자의 아버지의 집안에 속하는 것으로 생각되고 있다. 그들을 벼슬자리에 밀고 그들이 무슨 경죄輕罪를 저질렀을 때 법관 수령으로부터 보호해 주는 것은 그 집안이며, 그 대신, 본래 불평가이고 대담하고 난폭한 그들은 정치적 동란과 충돌이 벌어졌을 때에는 그 집안에 강력한 협조를 제공한다.

모든 양반은 병역 명부에 기입되지 않는다. 권리, 신체 및 주거에 대한 불가침권不可侵權, 양반계급 특유의 표지인 말총으로 된 건을 집안에서 쓰는 권리, 이런 따위의 약간의 공통된 특권을 가지고 있다. 그러나 귀족 신분에도 여러 가지의 높고 낮은 계층이 있다. 나라에 두드러진 공헌을 한 집안이나, 임금 자신에게 큰 충성을 바친 집안이나, 학문과 효행孝行 따위에 있어 예외적인 명성을 얻은 집안은 다른 집안보다 훨씬 세력이 크고, 궁중의 요직을 독차지 한다. 왕족과 그 후손은 왕가에 속하는 한에서 매우 호화로운 존칭을 갖고는 있으나 결코 중요한 자리에 오르지는 못한다. 모든 전제 군주와 같이 조선 왕도 너무나도 권력에 집착하고, 진부眞否간에 음모에 대하여 너무나도 의혹이 많은지라, 그들로 하여금 조금도 권력 행사에는 참여치 못하게 하였던 것이다. (p. CI) 왕비의 친척에 대해서도 매일반이다. 임금의 첫째 부인은 으레 어느 대가에서 간택揀擇되고, 군주와의 혼인으로 말미암아 그 아버지나 형제들은 높은 품계를 얻고, 때로는 돈이 많이 들어오는 자리도 얻으나, 실제적인 권력을 가져다주는 관직은 거의 결코 얻지 못한다. 그들이 다소간 강대한 세력을 행사하는 것은 간접적인 길을 통해서, 이를테면 왕비의 세력이나, 온갖 음모, 또는 왕위 후계자의 미성년시未成年時 등을 통하는 수밖에 없다.

양반은 판결, 딴 계급과의 결혼, 시효時效 등 여러 가지 방법으로 신분을 상실한다. 어떤 귀족이 모반 또는 대역죄로 처형될 때는, 그 부모 아들 및 꽤 먼 친척까지의 그의 일족은 모조리 품계와 관직과 귀족 칭호를 박탈당하고, 서민 계급으로 떨어진다. 양반이 정식으로 과부나 여자 종과 결혼하면, 그의 자손들은 그들 계급의 거의 모든 특권을 잃고, 벼슬길도 막힌다. 그와 마찬가지로 양반 집안이 상당한 기간에 걸쳐 어떠한 종류의 공직에도 오르지 못했을 때는, 그의 칭호는 그 사실만으로도 취소되고, 법정은 그에게 양반의 특권을 거부한다.

조선 귀족계급은 세계에서 비교적 가장 강력하고 가장 오만한 것이다. 다른 나라에서는 군주, 사법관, 여러 가지의 단체 등이 귀족계급을 견제하여 그 권력과의 균형을 갖는다. 조선에서는 양반이 수가 많고, 내부의 싸움에도 불구하고, 그들의 계급적 특권을 보존하고 확대하기 위하여 잘 뭉칠 줄을 앎으로, 서민도 수령도 임금마저도 그들의 권력에 대해 싸우지는 못한다. 약간의 거족巨族의 지지를 받고 있는 대귀족은 대신들을 파면시키고, 궁중에서 임금하고도 맞설 수 있다. 감사나 수령이 높은 자리에 있고 배경이 튼튼한 귀족을 처벌하려 들다가는 어김없이 스스로 파면 당하고 말리라.

조선 귀족은 도처에서 지배자와 폭군처럼 행세한다. 대귀족이 돈이 없으면, 하인을 보내서 상인이나 농민을 잡는다. 그 자가 기꺼이 돈을 낼 때에는 놓아주고, 그렇지 않으면 양반집에 끌고 가서 가두고, 먹을 것을 안 주고, 요구하는 금액을 치를 때까지 때린다. 가장 정직한 양반들도 자기들의 강탈 행위를 다소간 자발적인 차용 형식으로 가장하나, 그들은 차용한 것을 결코 돌려주는 일이 없으므로, 아무도 그런 줄을 모르는 사람은 없다. (p. CII) 그들이 서인庶人으로부터 논밭이나 집을 살 때는, 대개의 경우 값을 치르지 않는다. 그리고 이런 강탈 행위를 저지할 수 있는 수령이란 하나도 없다.

법률과 관습에 의하면, 양반에게는 부자이건 가난하건 유식하건 무식하건 간에, 온갖 경의를 다 표하지 않으면 안 된다. 아무도 감히 양반의 몸에 접근할 수 없고, 사령이 설령 잘못 알고서라도 양반에게 감히 손이라도 댈 경우 엄중히 벌을 받을 것이다. 양반의 주택은 신성한 곳이어서 여자를 제외하고는 마당에만 들어가도 죄가 될 것이다. 여자는 어떤 계급이나 신분이건 어디고 드나들 수 있다. 말을 타고 여행하는 서민은 양반의 집

옆을 지날 때에는 말에서 내려야만 한다. 여관에서는 감히 양반에게 말을 묻거나 그를 바라볼 수도 없으며, 그 앞에서 담배도 못 피우며, 가장 좋은 자리를 내어주어야만 하며, 그가 편안하도록 스스로는 불편을 당해야만 한다. 노상에서 말 탄 양반은 모든 말 탄 평민을 내리게 한다. 보통은 평민이 자진하여 말에서 내리나, 필요할 때는 억지로 강요하고, 만약 대항할 때는 강제로 먼지와 진흙 속에 거꾸러뜨린다. 양반은 혼자 말을 타고 다닐 수 없다. 고삐를 잡고 말을 끄는 하인이 하나 있어야 하고, 그의 처지에 따라 하나 또는 그 이상의 수종隨從이 있어야 한다. 그러므로 그는 말을 달리거나 뛰게 하는 법이 없고 언제나 보통 걸음으로 걸리어 간다.

양반들은 그들의 모든 특권에 관하여 매우 까다롭고, 때로는 조금이라도 실례를 할 때에는 잔인한 보복을 한다. 다음과 같은 실화가 있다. 초라한 옷차림을 한 가난한 양반 하나가 군청 근처를 지나가고 있었다. 도둑을 찾고 있던 네 명의 포졸이 그를 만나, 그의 행색에 좀 의심을 품고, 그가 혹시 자기들이 찾고 있는 사람이 아닌가고 꽤 무례하게 물었다. 그는 이렇게 대답했다. “예, 그렇습니다. 우리 집까지 따라와 주신다면, 공범자도 가르쳐드리고 훔친 물건 숨겨둔 곳도 알려 드리겠습니다.” 포졸들은 따라갔다. 그러나 그의 집에 이르자마자, 이 양반은 하인들과 몇몇 친구를 불러서 그들을 포박하게 하고, 사정없이 후려친 후, 그 중의 세 사람은 두 눈을 빼고, 나머지 한 사람은 한쪽 눈만 빼게 하고는 다음과 같이 호령하여 돌려보냈다. “이만하면 알렸다. 이제부턴 똑바로 보고 다녀라. 너희들이 군청엔 돌아갈 수 있도록 눈깔 하나만은 남겨준다.” 이 야만무도한 행위가 벌을 받지 않았음은 두말할 나위도 없다. 이 비슷한 예는 드물지 않다. 그러므로 서민들은, 더군다나 시골에서는 양반을 불처럼 무서워한다. (p. CIII) 어린이들을 놀라게 할 때는 양반이 온다고 그들에게 말한다. 프랑스에서 아이들을 귀신으로 위협하듯이 이 고약한 인간으로 위협하는 것이다. 대개의 경우 양반들의 부당하고 오만한 행위를 사람들은 별 수 없이 참고는 있지만, 많은 서민들은 그런 행위에 대하여 속으로는 가슴에 사무치는 원한을 품고 있어, 적당한 기회만 오면 피비린내 나는 복수를 하게 될 것이다.

현 왕조의 창건 이래, 따라서 오늘과 같은 조선 귀족계급의 발생 이래 16, 7세대를 헤아린다. 그러므로 맨 처음부터 상당했던 양반의 수는 엄청나게 증가했다. 오늘날 이 나라의 큰 약점은 바로 거기에 있다. 특히 우리가 앞서 본 폐해도 바로 거기서부터 빚어나는 것이다. 왜냐하면, 귀족계급이 더욱 강대해짐에 따라 더 많은 양반들이 막심한 빈궁에 빠져 강탈과 착취로 살아가지 않을 수 없게 되었기 때문이다. 모든 양반들에게 품계와 관직을 준다는 건 미상불 절대로 불가능한 일이다. 그러나 모두가 그것을 바라고 모두가 어려서부터 벼슬길을 쉽게 터 줄 시험준비를 하고, 거의 모두가 다른 생활방법을 모른다. 상업이나 농업, 또는 무슨 수공업에 의하여 정직하게 생활 수단을 벌기에는 너무나도 거만한 그들은 빈궁과 간계奸計 속에 무위도식하고, 빚만 잔뜩 짊어지고, 조그만 벼슬자리라도 하나 굴러오기를 늘 기다리고, 그것을 얻기 위해서는 온갖 비열한 짓을 다하고, 그래도 잘 안될 때에는 굶어죽고 만다. 선교사들이 아는 어떤 양반들은 3, 4일만에 한번밖에 먹지 못하고, 엄동에 불도 없고 옷도 거의 없이 지내면서도 어떤 노동에는 끝내 거절하는 것이었다. 그런 노동에 종사했다면 생활은 좀 넉넉해졌을 것이나, 그들은 귀족 신분을 빼앗기고 수령직에 오를 자격을 잃게 되었을 것이다. 특히 최후의 박해 이래로 공직을 얻기가 매우 어려워진 기독교도의 귀족은 모든 사람들 중에서도 가장 불행한 사람들이다. 어떤 사람들은 농부가 되려고 애써보았으나, 농사일도 알지 못하고 오랜 육체적 노동이 가져다주는 그런 힘도 없으므로, 그들은 가장 절실히 필요한 것만을 겨우 충족할 수 있을 뿐이다.

양반이 무슨 감투를 쓰게 되면, 모든 친척들에게, 가장 먼 자에까지도 생활비를 대어주지 않으면 안 된다. 그가 수령이 되었다는 사실만으로써, 이 나라의 변함없는 풍속 습관은 그에게 자기의 모든 집안사람들을 부양하는 의무를 지우고, (p. CIV) 그가 만약에 충분한 성의를 보이지 않으면, 가장 탐욕스런 자들은 그의 등을 쳐서 돈을 우려내는 여러 가지 수단을 쓴다. 대개의 경우, 그 수령이 없는 동안에 그의 부하 징세리徵稅吏에게 가서 얼마큼의 돈을 요구한다. 물론 징세리는 한 푼도 없다고 주장한다. 그러면 그를 위협하고, 팔다리를 잡아매고, 손목으로 천장에 달아매고, 물매질을 하여, 요구한 금액을 짜내기에 성공한다. 나중에 수령은 이 사건을 알게 되지만, 약탈 행위에 눈을 감지 않을 수 없다. 벼슬아치가 되기 전에는 그 자신도 아마 그런 짓을 저질렀을 것이고, 내일이라도 만약 그 자리를 잃는 날이면, 자기도 그렇게 하게 마련이기 때문이다.

관직은 조선 귀족에 있어서 명예로운 유일한 직업이고 흔히 유일한 수단이므로, 얼마나 수많은 아첨자와 기식자寄食者와 청원자請願者와 불운한 지원자와 엽관자獵官者들의 무리가 밤낮으로 대신들과 인사권을 가진 다른 대관들의 사랑방에 들끓어야만 하는가를 쉽사리 이해할 수 있다. 이 탐욕스런 거지떼는 대신과 대관들의 정열을 이용하고, 그들의 교만을 만족시키고, 비열한 인간성만이 할 수 있는 온갖 술책과 온갖 아부와 온갖 감언과 온갖 농간을 언제나 조금도 거리낌 없이 끊임없이 행하여 다소의 성공을 얻는다.

1866년에 순교한 선교사의 한 사람인 푸르티에 씨는 한 통의 편지에서 이른바 문객門客이라는 가장 흔히 볼 수 있는 종류의 엽관 운동자들을 자세히 재미있게 그리고 있다. 그의 이야기는 좀 길기는 하나, 조선인 성격의 여러 가지 흥미 있는 면을 드러내주고 있으므로 여기에 온전히 싣겠다.

≪문객이란, 그 이름이 나타내고 있듯이, 사랑방에 드나드는 특권을 가진 손님입니다. 그러나 이 명칭은 특히 대가大家에 가서 날을 보내는 가난하고 한가한 사람들을 가리키는 것인데, 그들은 아첨하고 시중들고 한 보수로 마침내 무슨 감투라도 얻어 쓰게 되는 것입니다. 귀족 신분의 높낮이와 희망에 따라 문객에게도 여러 가지의 부류가 있습니다. 위로는 궁중에 드나드는 사람들로부터 아래로는 조그만 벼슬아치를 싸고도는 사람들까지 있으나, 모두가 비슷비슷합니다.

문객은 호의를 사려는 대신이나 수령, 또는 양반의 집에 들어갈 만한 그럴 듯한 핑계를 발견하기만 하면 그는 단 한 가지 점에 마음을 쓰게 됩니다. (p. CV) 그것은 자기 보호자의 성격, 경향 및 변덕을 완전히 알고, 재치와 융통성과 헌신의 맹세를 되풀이함으로써 그의 특별한 호의를 얻는 것입니다. 그는 자기가 드나드는 회중의 지배적 취미를 유심히 연구하여, 불운에 처해서도 태연한 얼굴로 세상에도 능란하게 순응해야 합니다. 그는 번차례로 차라리 입을 다물고 있고 싶을 때에는 지껄이고, 가정과 재정상의 불여의不如意로 슬픔에 젖었을 때에는 얼굴을 반짝이며 만족해하고, 기쁨과 행복감에 마음이 사로잡혔을 때에는 화를 내고 슬퍼하며 눈물을 흘립니다. 처자妻子는 굶주림에 허덕이다 쓰러져도, 자기 자신은 기나긴 나날을 아무것도 못 먹고 지내도, 사랑방에만 오면 다른 사람들과 더불어 웃고, 다른 사람들과 더불어 놀고 하지 않으면 안 되며, 술과 잔치와 여흥에 있어서는 시를 짓고 읊지 않으면 안 됩니다. 자기에게 독특한 태도와 안색과 기질을 갖지 않는다는 것이 그에게는 한 의무입니다. 자기 주인의 얼굴 표정에 보이는 즐겁고 슬프고 열중하고 고요하고 활발하고 낙망한 빛은 거울처럼 그의 얼굴 표정에 반영되지 않으면 안 됩니다. 그는 오직 하나의 사본寫本이 되어야만 하며, 그 사본이 충실하면 충실할수록 행운의 기회가 불어가는 것입니다.

문객은 무한한 영합迎合에 이른바 사교의 재주라는 것을 아울러 갖추고 있지 않으면 안 됩니다. 좌중의 흥을 북돋고 좌담을 재미있게 끌어 나가도록 앞장서는 것은 언제나 문객입니다. 온갖 이야기와 우화寓話의 산 보고寶庫인 그는 자주 재미있게 이야기할 수 있도록 연구합니다. 그는 누구보다도 먼저 시골과 서울의 모든 소식이며, 궁중의 모든 일화며, 모든 추문, 모든 사고를 알고 있습니다. 그는 고관대작들 곁에서 백 개의 입을 가진 평판의 여신이오, 참다운 이동移動 신문입니다. 그는 여러 당파의 모든 기도企圖와 비밀 계획과 음모를 탐지하고, 정부의 은혜의 사다리에서 오르내리는 모든 벼슬아치들의 수효와 이름과 지위와 기회를 환히 가리켜 보입니다. 그는 이 나라의 모든 양반들의 족보와 재정 상태를 술술 외웁니다.

두 얼굴을 가진, 양심 없는 새 야누스신神[1])이오, 정계政界의 참다운 카멜레온인 문객은 은혜의 해가 떠오르는 쪽으로 자기의 아름다운 얼굴을 내놓으려고 애씁니다. 그의 모든 친절은 오로

1) **야누스신**神 이탈리아와 로마의 신. 라춤(고대 이탈리아)의 전설상의 첫 왕. 하늘에서 쫓겨난 사튜로누스신神을 환대한 그에게 사튜르누스신神은 놀라운 총명을 부여하였으므로 그의 눈에는 과거도 미래도 항상 잘 보인다. 그의 이러한 이중의 능력 때문에 그는 두 개의 얼굴을 가진 것으로 나타내지고 있다 : 역주.

지 감투가 굴러올 수 있는 쪽으로 향하지만, 자기에게 무익하고 적대하고 자기보다 열등한 모든 것에 대해서는 가장 쌀쌀한 이기적 본능으로만 지배된, 야비하고 탐욕스런 마음을 드러내 보입니다. 그는 행운을 따라서 돌며, (p. CVI) 행운이 아부하는 사람이면 자기도 아부하고, 행운이 버리는 사람이면 자기도 돌보지 않고, 무뚝뚝하게 대하는 것이 이로울까, 관후하게 구는 것이 이로울까, 배반하는 것이 이로울까, 충실한 것이 이로울까늘 따집니다. 자기에게 유리할 때는 불화를 일으키고, 일가와 친구들을 이간시키고, 권세 있는 집안끼리는 불구대천의 원한과 적의를 품게 하고, 진실과 허위, 칭찬과 중상, 충성과 배은의 수단을 번갈아 활용하는 것, 이것이야말로 그의 상투적인 방법입니다.

조선에서는 대관들의 마음이 돈을 보여서 그들의 눈을 즐겁게 할 때에만 기뻐진다는 것을 알고 있으므로, 문객은 소송중인 모든 사람들과 모든 죄인들과 모든 하급 야심가들을 찾아서 자기 몫으로 톡톡히 돈을 받고, 더 많은 금액을 권력을 빌어야 할 주인 몫으로 받고서, 그들에게 중개 역을 맡고 나서고 보호를 약속합니다. 돈만 한 번 치르면, 그의 도움으로 시골뜨기도 위대한 박사가 되고, 상사람도 양반이 되고, 죄인도 무고해지고, 도둑도 사법관이 되는 것이니, 한 마디로 말하여 문객과 돈으로 제거할 수 없는 곤란이 없고, 씻지 못할 얼룩도 없고, 무고함을 증명 못할 죄도 없고, 숨겨버리고 훌륭하게 만들지 못할 수치도 없습니다.

그러나 문객은 현재 하고 있는 일이 그의 야심의 목적지에 이르는 길에 불과함을 잊지 않습니다. 늘 경계하고 늘 엿보면서, 자기의 보호자로부터 어떤 관직과 품계의 선물을 받거나 또는 뺏어 낼 좋은 기회만을 살피고 있는 것입니다. 그에게는 불행한 일이지만, 그의 힘만이 작용하는 건 아닙니다. 돈과 친척관계, 이해관계, 여러 가지의 운동 등이 대신의 선택을 딴 데로 떨어지게 하며, 불운한 문객은 허구한 세월을 괴로운 기다림 속에서 보내는 수가 많습니다. 이런 경우에 문객은 놀라울 만한 인내성을 보입니다. 뿐만 아니라, 조선인 관리 지원자의 최대의 미덕은 참을성입니다. 백발노인이, 스무 번이고 마흔 번이고 쉰 번까지라도, 반드시 걸어서 초시初試를 보러 가는 것은 드문 일이 아닙니다. 우리 문객도 또한 영웅적인 참을성으로 무장되어 있어서, 절망하거나 승부를 포기하기보다는 차라리 끝없이 곤궁과 실망의 생활을 계속할 것입니다. 마침내 애교와 감언으로 문제를 해결하지 못하면, 때로는 뻔뻔스럽게도 자기의 보호자에게 폭행 비슷한 것을 부리는 수도 있을 것입니다.

황해도의 초시 합격자 하나가 서너 해 전부터 한 대신의 사랑방에 매우 열심히 드나들었는데, 재치도 있는 사람이었는지라, 행운의 미소를 끌 만한 수단은 무엇 하나 소홀히 하지 않았습니다. (p. CVII) 그럼에도 불구하고 희망의 서광이 아직껏 비치지를 않았습니다. 어느 날 대신과 단 둘이만 있을 때, 대신은 어느 고을 원을 고르는 데 골몰하여, "이러이러한 고을은 좋은 자리일까?"하고 말하기 시작하였습니다. 초시 합격자는 얼른 일어나서 대신 발아래 꿇어 엎드려, 감격한 어조로 대답하였습니다. "대감은 참으로 과분하게 친절하옵나이다. 대감께서 소인에게 어떤 곳이던 고을 하나를 주시려 하시니, 그 은혜 실로 백골난망이로소이다." 그에게 좀 물어보려는 생각밖에 없었던 대신은 그 대답을 듣고 어리둥절했으나, 차마 이 가엾은 문객을 너무 슬프게 할 수가 없어 그에게 그 고을을 주어버렸습니다.

또 어떤 때는 문객을 존중하게 하는 것은 재치 있는 언행과 익살입니다. 다음에 들려는 예는 이 나라에서도 유명한 것입니다. 어느 무과 초시 합격자가 매우 충실히 병조판서를 찾아다니며 문안을 드렸습니다. 이런 힘 드는 일을 시작한지 15년이 흘렀건만, 첫 날보다 일이 더 진전되었다고 볼 만한 것은 아무것도 없었습니다. 언제나 임명은 그의 눈앞에서 행해졌지만, 아직껏 자기를 생각해주는 듯한 눈치 하나, 말 한마디 떠볼 수 없었습니다. 그는 이야기 잘하는 재주가 있었으므로, 대신의 사랑방 단골손님들을 즐겁게 해주었고, 그가 혹 자리에서 빠지면 좌중한 군데가 눈에 띄게 텅 빈 것 같았습니다. 그런데 어느 날부터 갑자기 그는 사랑방에 나타나지 않게 되었습니다. 이 나라의 대관들은 대개 그런 일에는 거의 주의도 하지 않으나, 이 대신은 그 정성스럽던 문객이 나타나지 않음을 알았지만, 병이 났거나 무슨 특별한 볼일로 여행이라도 갔으려니 생각하고 그 이상 걱정하지 않았습니다. 이 문객의 결석이 근 세 주일이나 끌다가, 마침내 어느 날 기쁨에 얼굴을 반짝이며 다시 나타나, 대신에게 와서 공손히 인사하였습니다. 대신도 또한 그를 다시 보게 됨을 반기며 그의 절을 받자마자, 무엇보다도 먼저 어째서 그렇게 오랫동안 보이지 않다가 이제야 하늘에서 떨어져 왔는가고 급히 물으매, 문객은 대답하였습니다. "아, 지금 대감께서 하신 말씀은 생각하신 것보다도 더 사실입니다!" "그래, 어찌된 일인지 말해보게. 병이라도 났던가?" 하고 대신은 다시 말을 이었습니다. "15년 이래 취직 못하고 있는 초시 합격자가 대감께서도 잘 아시다시피 병이든 것임에는 틀림없사오나, 요번 일은 그게 아닙니다. 아, 이 세상에는 참으로 이상한 일도 다 일어납니다 그려." (p. CVIII) – "어서 말해보게, 왜 허공에 떠 있게 하는가?" – "허공에 떠 계시게 하다니요, 제가. 천만의 말씀입니다. 저는 방금 허공에 매달린 경험을 하고 왔는데, 그런 경험은 저에게도 남들에게도 다시는 바라지 않습니다." 대신은 더욱더 호기심에 끌리고, 신기함에 틀림없을 성싶은 그 이야기를 알고 싶어 못 견디어서, 화난 모양으로 이렇게 말했습니다. "자네 이야기가 이상하다면 자네는 더욱더 이상하다 말하지 않을 수 없네. 한 번 더 말하니, 단도직입적으로 말해보게." – "대감께서 그렇게 분부하시니, 다 아뢰겠습니다. 그러나 하도 기이한 일이어서 아무도 곧이들으려고 하지 않을 이야기를 아뢰려고 결심하기에는 정말 대감의 명령이 필요했습니다.

한 20일 전에 시달리다 못해 무료함을 풀려고, 낚시질로 기분전환을 할까 생각했습니다. 그래서 낚싯대를 매고, 서울 부근의 큰 못가에 가서 자리를 잡았습니다. 낚싯줄을 물에 던지자마자 수 천 마리의 황새가 바로 제 옆에 내려왔습니다. 저는 곧 그중 어떤 놈이 낚시를 물지도 모를 텐데 그렇게 되면 제 손목은 그 퍼덕거리는 놈을 억누를 만큼 굳세지 않다는 걸 생각하고, 얼른 그 긴 낚싯줄 끄트머리를 잡아서, 제 허리에 단단히 맸습니다. 이런 경비 태세를 취하자 다른 놈들보다 게걸든 놈이 미끼에 뛰어들어 눈 깜짝할 사이에 삼켜버렸습니다. 포로가 된 황새가 조용히 낚시를 삼키도록 내버려 두고 싶은 생각이 나서, 저는 가만히 움직이지 않고 있었더니, 그 황새도 또한 마치 무슨 흉계라도 궁리하고 있는 사람처럼 조용히 움직이지 않고 있었습니다. 그러나 그 새들은 매우 밥통이 뜨겁고 소화가 빠른지라, 제 낚시는 일분 반 후에는 다른 쪽 끝으로 다시 나타났습니다. 이런 신기한 꼴을 보고 어리둥절해 있자니까, 또 한 마리의 황새가 미끼에 달려들어 역시 마찬가지로 삼키고 소화시켜 버렸습니다. 세 마리째가 또 그 뒤를 따랐습니다. 간단히 말씀드리자면, 다섯 마리, 스무 마리, 쉰 마리의 황새가 연해연방 제 낚싯줄에 와서 꿰어진 것입니다. 가만 두었더라면 모조리 와서 꿰어졌을 것입니다만, 이런 희한한 광경을 참지 못해 웃음을 터트리고 몸을 움직였더니, 갑자기 놀란 황새 떼는 날기 시작하고, 저는 허리가 매여 있었으니까 황새 떼와 함께 공중으로 올라가게 되었습니다. 가면 갈수록 황새는 더욱더 겁을 내는 것이었습니다. 하늘높이 매달려서 좌우로 흔들리고, 상하로 오르내리고, 그칠 줄 모르는 갈지자를 그리면서 그렇게 나는 수밖에 정말 별 도리가 없었습니다. (p. CIX) 그러나 저는 어찌할 수 없어, 최선을 다하여 그 줄에 꼭 매달려 있노라니까, 그 모양으로 저를 나르기에 지쳐빠진 황새들은 마침내 허허벌판에 가서 내려앉았습니다. 저는 무엇보다도 먼저 저를 풀어줌과 동시에 그들을 풀어주었습니다. 저는 되살아났습니다만, 제가 조선 내에 있는 건지, 또는 이 세상 맨 끝으로 실려 왔는지, 저는 알 수가 없었습니다. 게다가 뜻밖에 그런 긴 여행에 떠나게 된 저는 아무 것도 먹을 것을 준비할 수가 없었으므로, 이승에 다시 내려오자마자 몹시 공복감을 느꼈습니다. 그러나 사방에는 적막만이 저를 에워싸고 있었습니다. 저 자신과 황새들을 원망하면서, 온 들판을 내려다보고 그 꼭대기가 하늘에 닿은 듯한 육중한 바위를 향해 기계적으로 걸어갔습니다. 바로 그 옆에 이르러 크게 놀란 것은, 바위로만 알았던 것이 다름 아닌 거대한 조상彫像으로, 그 머리가 눈에 안 보이도록 높이 솟아 있었습니다. 더욱 감탄할 만한 일은 크고 아름다운 열매가 열린 큰 배나무 한 그루가 그 거상巨像 위에 뿌리를 박고 장엄하게 솟아 있었습니다. 그 과실을 보기만 해도 매우 몸에 이로울 것 같은 무슨 단 물이 제 위胃 속에 생겨나서 더욱 입맛을 북돋았습니다. 그러나 어떻게 그것을 따겠습니까? 어떻게 그 엄청난 높이에 닿겠습니까? 필요는 지혜의 어머니라는 말이 있습니다. 들판은 갈대로 덮여 있었습니다. 저 갈대를 끊어야겠다는 생각이 나서 잔뜩 끊어다가 하나씩 하나씩 이어 꽂아서 조상의 높이 만한 긴 장대를 만들었습니다. 그런 후 그 끝을 거상의 콧구멍에 넣고 냅다 쑤셔댔더니, 조상의 거대한 머리가 무시무시한 재채기를 하면서 무섭게 떨리기 시작하고 세게 배나무를 흔들었기 때문에, 배가 모조리 제 발 아래 떨어졌습니다. 보기에도 아름다웠지만 그에 못지않게 맛도 좋았습니다. 그 맛 좋은 과일을 양껏 먹고 나서 그 고장을 살피러 갔습니다. 이내 저는 제가 있던 곳이 은진군(수도에서 4백리 떨어진 충청도)이라는 걸 알고, 지체 없이 서울 길을 떠나, 마침내 여기에 이렇게 돌아왔습니다. 그러나 솔직히 말씀드립니다만, 그토록 해괴한 사건들이 급속도로 연발하여 정신이 얼떨떨했습니다만, 저는 잠시도 대감을 잊어 본 적이 없었습니다. 그 증거로, 저의 이상한 이야기의 진실성을 뒷받침하기 위해서라기보다도 오히려 대감께 그 향긋한 맛을 보아 주십사 하고 배 하나를 고이 간직하여 여기 가져 왔나이다." 그와 동시에 문객은 대신의 손에 커다란 배 한 개를 놓았습니다. (p. CX) 대신이 당장에 그 맛을 보니 맛이 좋았습니다. 이튿날 문객은 수령에 임명되었습니다.≫

지금까지 이야기한 태어날 때부터의 양반 이외에 양자든 양반이 있다. 그것은 임금이나 대신들로부터가 아니라, 어느 명문거족으로부터 돈을 주고 귀족 칭호를 산 돈 많은 사람들이다. 그들은 그렇게 해서 아무개의 후손으로 족보에 실리게 되고, 그 후부터 그 집안사람들은 모두 정부와 사회에 대하여 그들을 친족으로 인정하고 어떠한 경우에도 친족으로 지지하고 보호한다. 이런 짓은 법률 규정에는 위반되나 오늘날 관습화되었으므로, 대신과 임금까지도 관용하지 않을 수 없다.

끝으로 하급 양반계급, 즉 반半 양반 또는 시골 양반이라는 집안에 관해 말해 보자. 그것은 좌수, 별감 같은 별로 중요치 않은 공직에 종사한 사람들의 후손이다[1]. 이런 집안들은 특히 말총 탕건을 쓰는 따위의 몇몇 특권을 가지고 있고, 그 집안사람들이 자주 이런 보좌직에 종사하는 명예를 가졌을 때는 그 지방에서 얼마큼의 존경을 받게 된다. 그들과 이야기할 때에는, 진짜양반에 대해서와 같은 정중한 언사를 써야만 한다. 그러나 실지에 있어서 그들의 권력은 훨씬 작으며, 그들 자신의 고을 밖에서는 거의 아무 것도 아니다.

조선에서도 다른 곳에서와 같이 귀족 칭호의 참칭僭稱이 드물지 않음은 말할 나위도 없다. 수많은 건달들이 자기들 고장에서 멀리 떨어진 지방에 있을 때는 양반으로 통하고, 말총 탕건을 쓰고, 아주 귀족적인 교만을 부리면서 온갖 귀족 특권을 다 쓰고 남용한다. 사기가 드러날 때에는 제일 가까운 군청에 끌려가서 톡톡히 매를 맞는다. 그러나 그들이 재주가 있고 꾀가 있고 특히 돈이 있을 때에는, 수령은 눈을 감고 백성은 참지 않을 수 없다. 교난教難 때에 기독교도들은 박해를 모면하기 위하여 흔히 그런 수단을 썼고, 거기에 만족을 느낀 후로는 줄곧 양반 행세를 해오고 있다. 다블뤼이 주교의 편지에 이런 사연이 있다. ≪나는 때때로 그런 가짜 양반들을 좀 놀려줍니다. (p. CXI) 그러나 진짜양반에 속하는 어떤 기독교도들은 그 일을 더 진지하게 생각합니다. 그들은 자기들 눈에 커다란 죄 같이 보이는 그러한 폐습에 대하여 심한 불평을 토합니다. 그들은 감히 자기들을 대등하게 취급하는 그 상사람들에 대하여 관용하는 죄를 저지른다고 탓하므로, 그들을 진정시키는 데 힘이 드는 때가 있습니다.≫

1) 이에 관해서는 (p. XXXVII)을 보라 : 역주.

양반과 엄밀한 의미에서의 서민 사이에는 중인 계급이 있는데 이것은 실지로는 서울에밖에 없다. 이 계급은 몇 대 전부터 정부 곁에서 통역관, 천문관, 의관醫官 따위의 어떤 특수한 관직에 종사하는 집안으로 구성되어 있다. 이것에 관해서는 앞서 말한 바 있다.

중인계급 아래에 오는 것이 서민인데 이것은 전혀 아무런 정치적 세력도 없다. 법률상으로는 서민도 문무 관직을 목적하는 과거에 응시할 수 있으나, 실지에 있어서는 서민은 무슨 칭호를 얻어도, 진사나 급제를 얻었다 할지라도, 정부로부터 결코 시시한 관직밖에는 받지 못할 것이다. 양반의 착취와 횡포, 압제로부터 방어하기 위하여 여러 직업 계급은 자기들끼리 단결하고 조합을 만들어, 필경에는, 특히 서울과 큰 도시에서는, 꽤 강대하게 되었다. 이런 동업조합의 어떤 것들은, 이를테면 관棺 제조업자, 기와장이, 석공, 보부상褓負商 따위들은 성문률成文律이나 규정에 의하여 자기들 직업의 독점권을 가지고 있다. 그들은 자기들 조합원밖에는 아무도 그 직업에 종사하지 못하도록 하기 위하여 일정한 세금을 정기적으로 국고에 지불한다. 다른 단체는 독점권이 없다. 그들 회원의 유일한 목적은 상호 부조하고, 노동 수단의 편의를 도모함에 있다. 이런 단체들은 회비를 치르고 공통된 규칙에 따르기만 하면, 노동자든 아니든, 지원하는 사람은 아무라도 받아들인다.

부자와 강자를 위한 것밖에 다른 법이 거의 없는 나라에서 그토록 자연적 필연적으로 발생된 이 협동 정신은, 위로는 왕족으로부터 아래로는 최하급의 노예에 이르기까지, 조선사람들 사이에 매우 널리 퍼져 있다. 우리는 이것을 귀족계급을 갈라놓은 여러 정당과, 중인계급과, 법원의 아전과 사령에 관해 말할 때 지적한 바 있다. 그것이 모든 서민계급 사이에도 다시 보인다.

마을마다 조그만 단체를 이루고 모든 세대가 빠짐없이 추렴해야 하는 공동 기금을 가지고 있다. 그 돈은 토지나 이자로 투자되고, 그 수익은 부가세附加稅와 결혼, 장례 등의 공익사업과 그밖에 뜻밖의 비용을 치르는 데 쓰인다. (p. CXII) 문묘文廟나 그밖의 위인 사당에 속하는 사람들, 대궐의 문지기, 경호원, 사환, 온갖 종류의 하인들, 각 조曺와 문무 사법 관청의 고용원들, 한마디로 말하여, 같은 종류의 일이나 공동 이해관계를 가진 모든 사람들은 자기들끼리 엄밀한 의미에서의 노동자들의 것과 비슷한 협동조합 또는 단체를 이루고, 자기들의 직업이나 환경에 의하여 그런 단체의 어느 것에도 속하지 않는 사람들도, 필요한 경우에 원조와 보호를 얻기 위하여, 다소간에 상당한 금액을 내고 그것에 가입한다.

가장 강대하고 가장 조직적인 동업조합의 하나는 보부상褓負商의 그것이다. 거의 언제나 사람과 마소의 등으로 행해지는 국내 상업은 오로지 그들의 손 안에 들어 있다. 그들의 대부분은 홀아비 아니면 가난하여 결혼하지 못한 사람들이다. 그밖의 사람들은 노상에 처자를 뒤에 데리고 다닌다. 전국에 팔천 내지 만 명으로 퍼져 있는 그들은 반수班首, 부副반수, 감사, 감독 등의 지휘 아래, 도와 군으로 나뉘어 있다. 그들은 자기들끼리 서로 알아보기 위하여 암호를 쓰고, 만나면 어디서고 인사하고, 매우 깍듯한 경의를 아낌없이 표시한다. 그들은 엄격한 규율에 복종하고, 그들의 우두머리는 조합원의 범죄와 위반 행위를 사형으로 처벌하는 때도 있다. 그들은 정부는 자기들 일에 간섭할 권리가 없다고 주장하고 있으며, 그들이 수령에게 판결을 구하는 것을 본 사람은 아무도 없다. 그들은 대개 정직하고 성실한 것으로 알려져 있으며, 매우 먼 지방에 보내는 꾸러미나 짐을 그들에게 부탁할지라도 받을 사람에게 어김없이 전달된다. 그들의 풍속은 매우 부패하여 거의 모두가 비역 같은 악습에 빠져 있다고 한다. 그러나 그들의 아내는 존경을 받고 있으며, 그들 중에 동업자 아내에 손을 대거나 하는 자는 이내 사형을 받게 될 것이다. 그들은 서민에 대해서는 거만하게 굴며, 수령들도 그들을 무서워한다. 그들이 어떤 모욕이나 부정에 대하여 불평을 해야겠다고 생각할 때는, 고을이나 도시로부터 모조리 물러간다. 그들이 물러가면 상업이 정지되고 상품이 돌지 않게 되므로, 그들과 담판하여 그들의 조건을 들어주지 않을 수 없으며, 그런 뒤에는 그들은 전보다 더 교만하게 되어가지고 돌아온다. (p. CXIII)

가장 멸시 받는 동업조합은 푸주의 하인 즉 쇠백정의 조합이다. 소는 논밭 갈이와 짐 나르기에 절대로 필요한 짐승이므로, 매우 오랜 옛날부터 법률은 정부 허가 없이 소 잡는 것을 금하고 있고, 일반 여론도 법률과 일치하여 소 잡는 행위를 무엇보다도 가장 천시한다. 그러므로 쇠백정은 누가 보아도 노예보다 낮은 별개의 한 계급을 이루고 있다. 그들은 마을 안에서는 살 수 없고, 그들을 싫어하고 멀리하는 주민들의 밖에 거주하며, 자기들끼리만 통혼한다. 사형집행인은 그들 중에서 채용된다. 오직 그들만이 소를 잡을 권리가 있고, 다른 사람이 그런 짓을 할 것 같으면 누구나 자기 마을과 집안에서 쫓겨나 백정들한테 피난 가지 않을 수 없을 것이다. 말이 난 김에 주의해 두거니와, 일반 사람들의 멸시는 도살자에만 미치고, 고기를 파는 푸주한에게는 전혀 미치지 않는다. 푸주한은 수령에 의하여 임명되는 돈 많은 사람으로, 자기의 전매권을 확보하기 위하여 수령에게 매우 무거운 세금을 치른다. 다른 사람이 소를 잡으면 누구라도 보통 송아지 값인 54 내지 56프랑의 벌금을 내야 할 것이다.

노비의 수는 오늘날은 옛날보다 훨씬 적으며 늘 줄어만 간다. 적어도 중부 지방에서는 노비는 지체 높은 양반 집안에서밖에는 거의 찾아 볼 수 없게 되었다. 노비가 되는 자는, 어미가 종인 사람, 종으로 스스로 몸을 팔거나 양친이 판 사람, 끝으로 주워서 기른 버린 아이들이다. 그러나 마지막 경우에 있어서는 노예 신분은 그 자신에게만 한정되고, 그렇게 자유를 잃은 사람의 아이들은 자유로운 몸으로 태어난다. 노예로서의 속박은 이 나라에서는 매우 너그럽고, 대개 젊은이만을, 특히 계집애들을 집안 일을 위하여 노비로 두고 사용한다. 장가들 나이가 되면 사내아이는 대개의 경우 자유로운 몸이 되어 어디든지 가고 싶은 곳으로 가되, 주인에게는 해마다 일종의 인두세人頭稅를 지불할 의무만은 가진다. 또 어떤 때에는 주인은 그들을 곁에 두고 자기의 여자종과 결혼시켜 준다. 계집애는 주인집에 살다가 결혼 뒤에는 조그만 집에 따로 살되, 약간의 일을 보아 주어야만 하며, 그들의 아이는 주인에게 속한다.

주인은 자기의 노비에 대하여 생살권을 가지고 있다. 그러나 만약 보통 경우에 그 권리를 행사하든지, 또는 너무 사납게 때리기만 하더라도 법정에서 재판을 받아야 한다. (p. CXIV) 선교사들은 그런 월권행위가 드물다는 것을 확인하고 있다. 요컨대 노비의 신세는 흔히 가난한 시골사람의 신세보다 나으며, 서민이 양반이나 수령들의 착취와 횡포에서 벗어나기 위하여, 호족豪族곁에 피난하여 그 계집종과 결혼하고 스스로도 종이 되기를 바라는 예가 드물지 않다.

개인의 소유물인 노비 이외에 또 정부에 속하는 자들도 있다. 그들은 각 조各曹, 각 군各郡 등 여러 가지의 관청에 부속하여 가장 천한 종노릇을 한다. 그들 중 어떤 사람들은 태어날 때부터 노비이나, 대개는 형사 재판에서의 판결 결과 노비가 된 자들로, 그런 사람들은 노비라기보다 오히려 도형수徒刑囚이다. 그런 노예 상태는, 더군다나 여자종에 있어서는, 보통 노예 상태보다도 훨씬 더 고통스럽다. 군청의 여자종은 거의 짐승처럼 취급된다. 그 여자들은 수령뿐만 아니라 아전, 포졸, 사령 등 누구라도 마음대로 할 수 있다. 아무 것도 그들에 대한 멸시에는 비길 것이 없으며, 이런 관노官奴의 선고를 받는다는 건, 정숙한 부인에게는 사형보다 몇 천 배나 더 고약한 것이다. (p. CXV)

9
여성의 처지

결 혼

조선에서도, 아시아의 다른 나라들에서와 같이, 풍속은 무섭게 부패해 있으며, 그 필연적인 결과로 보통 여성의 처지는 불쾌하리 만큼 저열한 상태에 있다. 여자는 남자의 반려伴侶가 아니라, 노예에 불과하고, 쾌락 또는 노동의 연장에 불과하며, 법률과 관습은 여자에 아무런 권리도 그리고 말하자면 아무런 정신적 존재도 인정하지 않는다. 「남편이나 부모의 지배 아래 있지 않은 여자는 누구나, 주인 없는 동물처럼 먼저 차지하는 사람의 소유물이 된다」는 것은 널리 인정되고 법정에서도 시인한 원칙으로, 아무도 논박하려고 생각하는 사람은 없다.

여자는 이름이 없다. 대개의 처녀들이 어떤 별명을 받고, 나이 더 먹은 친척이나 집안 친구들이 그들의 어렸을 때만 그 별명으로 그들을 부름은 사실이다. 그러나 그들이 과년만 차면 부모만이 그 이름을 부를 수 있고, 집안의 다른 사람들은 남들과 마찬가지로, 아무개의 딸, 아무개의 누이와 같은 완곡한 표현을 쓴다. 시집간 뒤에는 여자는 이름이 없어진다. 친정 친척들은 대개의 경우 그 여자가 출가한 고을 이름으로 부르고, 시가 친척들은 시집오기 전에 살던 고을 이름으로 부른다. 때로는 간단히 아무개(남편의 성) 댁이라고만 부르는 수도 있다. 그 여자에게 아들이 있으면, 예의상 아무개의 어머니라고 불러야만 한다. 여자가 법정에 출두해야 될 때에는, 수령은 공판의 편의상 재판이 계속되는 동안 직권으로 그 여자에게 이름을 붙여 준다.

상류 사회 계급에서는 남녀 어린이들은 여덟 또는 열 살 때부터 자리를 같이 하지 않는 것이 예의로 되어 있다. 그 나이가 되면 사내아이들은 남자들이 거처하는 사랑방에 있게 된다. 그들은 거기서 시간을 보내고, 공부하고, 먹고 자고까지 해야 한다. 사내가 여자 방에 들어 있는 것은 수치라고 그들에게 되풀이하여 마지않으므로, 이내 그들은 여자 방에 들어가기를 거절하게 된다. 아가씨들은 반대로 안방에 들어박혀서, (p. CXVI) 거기서 교육을 받고, 쓰고 읽기를 배워야 한다. 그들은 이제 남자 형제와 놀아서는 안 되고 사내들 눈에 띄는 것은 무례한 일이라고 그들에게 가르치므로, 차츰차츰 그들은 자진해서 숨으려고 애쓴다.

이런 예법이 평생 지켜지고 그것이 과장되어 가정생활은 완전히 파괴되고 말았다. 점잖은 조선사람은 자기 자신의 아내하고도 조리 있는 대화를 하는 일이 거의 없을 것이며, 그는 자기의 아내를 자기보다 무한히 열등한 것으로 보고 있는 것이다. 더군다나 진지한 일에 관해서는 자기 아내와 상의하는 일이 결코 없을 것이며, 같은 지붕 아래에 살고 있으면서도 부부는 항상 따로 떨어져 있다고 할 수 있으니, 남자들은 남자들끼리 사랑방에서 이야기하고 놀고, 여자들은 그들에게 마련된 안방에서 친척이나 친구를 접대한다. 같은 편견에서 우러난 같은 습관에서, 평민들도 잠간 놀거나 쉬고 싶을 때 자기 집에 머물러 있지 못한다. 사내들은 이웃 남자들을 찾아가고 여자들은 여자들대로 모인다.

양반 집에서는 처녀가 과년이 차면, 자기 친척마저도, 촌수가 가장 가까운 이들을 제의하고는, 그를 만나서 이야기하는 것이 금지되며, 그런 법에서 제외된 사람들도 그에게 말을 할 때에는 깍듯이 조심해서 하지 않으면 안 된다. 결혼한 후, 양반 집 부인들에게는 접근할 수 없다. 거의 언제나 자기들 방에 갇혀 있게 마련인 그 여자들은 남편의 허가 없이는 외출은 물론이요 거리에 눈길을 던질 수조차도 없다. 그런 까닭에 수많은 기독교 부인들은, 더군다나 박해 때에는, 성사聖事에 전혀 참례할 수 없었다. 질투에서 오는 그런 감금이 극도에 이르러, 남의 손가락이 닿았다 해서 아버지가 딸을, 남편이 아내를 죽이기도 하고 여자가 자살하는 일도 있었다. 그러나 그런 과장된 조심성이랄까 수줍음은 본래 피하도록 마련이던 여러 가지의 불상사를 빚어내는 수도 매우 많다. 만약에 어떤 뻔뻔스런 난봉꾼이 양반 부인 방에 몰래 들어오게 되어도 그 여자는 차마 고함 하나 못 지르고 저항 하나 못하리라. 그랬다가는 주의를 끌게 되어, 죄야 있든 없든, 남자가 그 여자의 방에 들어왔다는 사실만으로 그 여자는 영원히 명예가 깎일 것이나, 반대로 비밀이 지켜지면 그 여자의 평판에는 손상이 없을 것이다. 뿐만 아니라, 만약에 그 여자가 저항을 하더라도, 그렇게 해서 일어날 고약한 소문 때문에, 아무도, 심지어 그 남편마저도, 그것을 기쁘게 생각하지는 않을 것이다. (p. CXVII)

여자들은 조선에서, 사회에서나 자기들 자신의 가정에서마저도 전혀 무시되고 있기는 하나, 그 어떤 대외적인 존경은 흠뻑 받고 있는 셈이다. 그들과 이야기할 때는 경어를 쓰는데, 자기 자신의 여자종에 대해서가 아니라면, 아무도 감히 경어를 안 쓸 수 없을 것이다. 사람들은 모든 숙녀에게, 평민의 숙녀에라도 길을 사양한다. 부인 방은 침범할 수 없다. 관청 사람들일지라도 발을 들여놓지 못하며, 양반 남자가 내실에 들어가 있으면 결코 강제로 체포하지 못할 것이다. 반란 사건만은 예외이다. 그때에는 여자들도 범인의 공모자로 생각되기 때문이다. 그밖의 경우에는 포졸들은 범인을 합법적으로 체포할 수 있는 곳으로, 바깥으로 끌어내기 위해 계략을 쓰지 않을 수 없다. 집 살 사람이 팔 집을 구경 왔을 때는, 자기가 온 것을 알려 여자 방문을 닫게 하고, 모든 사람에게 개방된 사랑방만 살펴본다. 남자가 자기 집 지붕에 올라가려 할 때는 이웃 사람들에게 알려 문과 창을 닫게 한다.

수령 부인은 이두二頭 마차를 사용할 권리가 있고, 서울 문안에서도 수종꾼들의 벽제辟除 소리를 중지시키지 않아도 된다. 이 벽제 소리는 감사나 대신 같은 관리도 중지시키지 않으면 안 되는 것이다. 여자들은 일정한 친등親等의 친척이나 소정의 예법에 의해서가 아니면 아무에게도 무릎 꿇고 절하지 않는다. 마차나 가마를 타고 가는 여자들은 궐문 앞을 지나갈 때도 내리지 않아도 된다. 이런 습관은 예의 관념에서 요구된 것 같으나, 분명히 더 약한 여성에 대한 멸시와 풍기 문란에서 온 습관들도 있다. 이를테면 여자들은, 어떤 사회 계급에 속하든, 어떤 위법 행위를 범했든, 자기들 행위에 책임이 있다고는 인정되지 않으므로, 법정에 소환되는 일은 거의 없다. 또 이를테면, 여자들은 어디고 집안에 들어갈 수 있으며, 언제고, 심지어 밤중이라도, 서울 거리를 돌아다닐 권리가 있는데, 이에 반하여, 남자는 종소리가 통행금지를 알리는 밤 아홉 시부터 아침 두 시까지는, 절대로 필요한 경우 이외에는, 아무도 외출할 수 없고, 만약에 위반하면 막대한 벌금을 내야 한다. (p. CXVIII)

아이들이 결혼할 나이가 되면, 부모는 그들에게 상의하지도 않고, 그들의 취미에도 개의치 않고, 흔히 그들의 뜻에 반해서까지도 정혼하여 결혼을 시킨다. 쌍방에서 고려하는 것은 다만 한 가지, 양가의 지체와 지위가 어울리느냐 어떠냐 하는 것뿐이다. 미래의 부부의 재능, 성격, 육체적 특징 또는 결함, 상호간의 혐오 등은 별로 대수롭지 않다. 총각 아버지는 처녀 아버지와, 서로 가까이 살면 구두로, 너무 멀리 떨어져 있으면 서신으로 교섭을 시작한다. 약혼의 여러 가지 조건을 토의하여 다 합의를 보면, 점쟁이 또는 음양가陰陽家의 계산에 의하여 가장 좋은 날을 정하고, 그 혼담은 완결된다.

혼인날의 전날 또는 전전날, 아가씨는 머리를 얹기 위하여 동무 한 사람을 초대하고, 도련님 쪽에서도 마찬가지로 같은 일을 시키기 위해 친척 또는 친구 한 사람을 부른다. 이 의식을 맡아볼 사람들은 신중히 선택된다. 그들은 복수福手 즉 행복의 손이라고 불린다. 이런 풍습이 어디에 기인하는가를 살펴보자. 조선에서는 사내아이나 계집아이나 다 같이 머리를 한 묶음만으로 땋아서 등에 드리운다. 그들은 언제나 머리에 아무 것도 쓰지 않는다. 결혼을 하지 않는 한, 언제까지라도 아이(아해)의 지위에 머물러 있고 그런 머리 모양을 하고 있지 않으면 안 된다. 그때에는 온갖 장난과 바보짓거리를 해도 아무 탈이 없다. 분별있는 생각이나 행동을 할 수 없다고 생각되며, 스물다섯이나 서른 살을 먹어도, 젊은이는 중대한 일을 다루는 어떤 모임에도 참석하지 못한다. 그러나 결혼은, 몇 살에 하든, 설령 열 두세 살 때라 할지라도, 결혼은 민사상의 해방을 가져온다. 그 때부터는 성인(어른)이 되고, 아이들 놀이는 버려야 하고, 신부는 기혼 부인 축에 끼이게 되고, 신랑은 어른들의 모임에서 이야기하고 갓을 쓸 권리를 갖는다. 결혼하기 위하여 머리를 올린 뒤, 남자는 머리 꼭대기의 조금 앞쪽에다 머리를 틀어 매고 다닌다. 예전부터 전하는 말에 의하면, 단 하나의 머리카락이라도 결코 베서는 안 된다는 것이다. 그러나 특히 서울에서는, 개인적으로 한결 맵시 있게 보이게 하고 머리 위에 너무나도 큰 머리 꾸러미를 얹지 않으려는 젊은이들은 상투가 달걀보다 더 크게 되지 않을 만큼 머리 꼭대기를 칼로 민다. 반대로 결혼한 여자들은 자기들의 머리칼을 다 보존할 뿐만 아니라, 그들에게 엄격한 규정으로 되어 있는 두 가닥의 엮은 머리를 되도록 굵게 하기 위하여 다리까지 덧붙인다. (p. CXIX) 서울에 있는 모든 계급의 부인들과 시골에 있는 양반 부인들은 그 두 가닥의 엮은 머리로 커다란 쪽을 만들어, 기다란 은 또는 구리바늘을 가로질러서 떠받쳐 목 위에 드리운다. 시골의 서민 부인들은 두 가닥의 엮은 머리를 터번처럼 머리둘레에 감아서 이마 위에 맺어놓는다. 시집가기를 싫어하는 젊은 여자들과 상당한 나이가 되었어도 장가가지 못한 남자들은 언제까지나 아이로 취급받지 않기 위하여 남몰래 숨어서 자기 머리를 얹는다. 이것은 중대한 관습 위반이나 관용된다.

정한 날에 규수 집에 호화찬란하게 꾸민 다소 높은 단을 차리고, 친척과 친지들이 초대되어 수많이 온다. 아직 한 번도 보지도 못하고 말도 못해본 미래의 부부는 엄숙히 단 위에 인도되어 서로 마주보고 서게 된다. 한참동안 그대로 있다가, 아무 말 없이 서로 절을 하고 나서, 제각기 따로따로 물러간다. 신부는 부인 방으로 들어가고 신랑은 남자들과 사랑방에 있으면서 친구들과 떠들며 놀며, 한껏 접대한다. 비용이 아무리 들지라도 기꺼이 돈을 쓰지 않으면 안 된다. 그렇지 않으면 관후하게 만들기 위해 생각해낼 수 있는 갖은 수단을 다 쓰고, 심지어 신랑을 천장에 매달기까지 할 것이다.

입회인들 앞에서 서로 교환하는 그 절이 서로간의 동의를 의미하고 합법적 결혼을 구성한다. 이때부터 남편이 소정의 형식에 맞추어 아내와 이혼하지 않으면, 언제 어디서나 아내에 대해서 남편의 권리를 주장할 수 있다. 그리고 설령 이혼을 했더라도, 처음 아내가 살아있는 동안은 다른 정식 아내를 얻는 것은 법으로 금지되어 있다. 그러나 첩은 먹여 살릴 수 있는 한 얼마든지 얻어도 무방하다. 첩이 법률상으로 한 남자의 소유물이 되기 위해서는 그 남자가 어느 처녀 또는 과부와 내연內緣 관계가 있음을 증명할 수만 있으면 충분하다. 아무도 그에게서 첩을 빼앗아 갈 수 없으며, 첩의 부모라도 자기 딸을 요구할 권리가 없다. 만약에 첩이 달아나면 남자는 첩을 강제로라도 자기 집에 끌어올 수 있다.

몇 년 전에 선교사가 있던 마을에서 일어난 다음 사실은 결혼에 관한 이 여러 가지 법률과 관습을 더 잘 이해케 해주리라. 어떤 양반이 같은 나이의 자기 딸과 죽은 자기 형의 딸을 결혼시켜야만 했다. 그는 두 딸 중 어느 쪽에나, 특히 자기 딸에게는, (p. CXX) 찾을 수 있는 가장 훌륭한 남편을 얻어 주려고 했으며, 될 수 있는 대로 가장 훌륭한 남편감을 고르려는 생각에서, 벌써 수많은 자리를 거절하였다. 마침내 어느 날 그는 돈 많은 명문으로부터 청혼을 받았다. 자기 딸을 줄까 조카딸을 줄까 얼마 동안 망설이다가 자기 딸을 주기로 정하고, 미래의 사위를 보지도 않고 정혼하여 혼인날까지 받았다. 그러나 결혼식 사흘 전에 그는 점쟁이로부터 총각이 바보이고, 매우 추남이고, 매우 무식하다는 말을 들었다. 어찌하면 좋단 말이냐? 이미 물러날 수는 없었다. 그는 이 타격을 완화시킬 방법을 궁리했다. 혼인날 아침 일찍이 그는 부인의 방으로 가서, 자기 딸이 아니라 조카딸의 머리를 얹고 옷을 입혀 단 위로 데려가 미래의 남편에게 절을 시키라는 엄명을 내렸다. 그의 딸은 어이가 없었으나 복종할 수밖에 없었다. 두 사촌 형제는 거의 키가 같았으므로 바꿔치기는 쉬웠으며 의식은 소정의 형식대로 집행되었다. 신랑은 습관대로 그날 오후를 사랑방에서 지냈는데, 신랑이 점쟁이가 말한 것 같은 바보는커녕 미남이고, 잘 생기고, 매우 재치 있고, 교양 있고, 상냥스러움을 보았을 때, 늙은 양반의 놀라움은 어떠했으랴! 그런 사위를 잃은 것을 슬퍼한 그는 그 불행을 만회할 것을 생각하여, 저녁에는 조카딸이 아니라, 자기 자신의 딸을 신방에 들여보내도록 가만히 명령했다. 단 위에서 정식 배례를 하는 동안 신부는 이상한 옷차림을 하고 장식품 투성이어서 그 얼굴을 알아볼 수 없으므로, 신랑은 전혀 눈치 채지 못하리라는 것을 늙은 양반은 잘 알고 있었던 것이다. 모든 것은 그가 바라는 대로 되었다. 집안사람들끼리 보내는 이 삼일 동안, 늙은 양반은 자기의 계략이 성공한 것을 대견해하고, 그런 탓할 데 없는 사위를 얻게 된 것을 기뻐하고 있었다. 한편 신랑은 더욱더 사랑스러워지고, 장인의 마음에 꼭 들게 되어 마침내 장인은 애정을 토로하는 가운데, 여태껏 있었던 모든 일을, 신랑에 관하여 떠돌았던 소문이며, 딸 대신 조카딸을 이어서 조카딸 대신 딸을 연방 바꾸어쳤다는 이야기를 했다. 젊은이는 처음에는 어리둥절하다가 다시 침착해져가지고 말했다. "장인으로선 참으로 잘됐고 잘하신 일입니다. 그러나 두 젊은 여자가 다 제 것임이 분명하니 둘 다 제 처임을 주장합니다. (p. CXXI) 조카따님은 저에게 법정法定 배례를 하였으니 저의 둘도 없는 정실이오, 따님은 장인께서 몸소 신방으로 인도하셨으니 권리 상으로나 사실상으로 제 부실副室이 된 것이올시다." 무엇이라고 대답할 수가 없었다. 두 젊은 여자는 신랑 집에 이끌려 가고, 혼자 남은 늙은 양반은 그 실수와 악의에 대하여 모든 사람들의 웃음거리가 되었다.

혼인날 신부는 매우 말을 삼가지 않으면 안 된다. 식장에서도 말을 하면 안 되고, 저녁에 신방에서도, 특히 상류 귀족 집에서는, 예법은 신부에게 절대로 침묵을 요구한다. 신랑이 아무리 말을 묻고 치하를 하더라도, 신부는 조상彫像처럼 입을 다물고 태연하게 있어야 한다. 신부는 방 한쪽 구석에 앉고, 입을 수 있는 한 많은 옷을 입고 있다. 남편이 그러고 싶으면 옷을 벗겨 주겠으나 신부는 거기에 참견해서는 안 된다. 만약에 신부가 좀 말을 하든지 몸짓을 하면 그 여자는 친구에게 웃음거리와 조롱거리가 될 것이다. 왜냐하면 그 집의 여자 종들이 엿듣기 위해 문 옆에 서서 모든 문틈으로 들여다보고, 듣고 볼 수 있는 것을 부지런히 퍼뜨리기 때문이다. 어느 날 한 신랑이 바로 첫날밤부터 자기 아내에게 몇 마디의 말을 시키겠다고 자기 친구들과 내기를 하였다. 신부는 그런 줄을 알고 있었다. 신랑은 여러 가지 방법을 써 보았으나 소용이 없었으므로, 생각 끝에 신부에게 말하기를, 장래 아내 될 사람의 점을 쳐 보았더니 자기 아내는 태어날 때부터 벙어리라고 점쟁이가 단언했는데, 실제 당하고 보니 그 말이 꼭 들어맞았으나, 자기는 벙어리 아내는 안 얻기로 결심했다고 했다. 신부는 아무 말 안 해도 탈이 없었을 것이다. 왜냐하면 한 번 합법적인 예식을 올린 이상, 두 배우자 중에 하나가 벙어리이든 소경이든 또는 병신이든 간에 상관없이 결혼은 성립되기 때문이다. 그러나 그 말에 기분을 잡친 신부는 언중유골의 말투로 이렇게 말했다. "어마나! 제가 시집갈 집에 대해 쳐 본 점이 훨씬 더 맞았어요. 점쟁이는 제가 쥐새끼에게 시집갈 것이라고 예언했었는데 틀리지 않았어요.」 이거야 말로 조선 사람에게는 가장 망측한 욕이 되는 말이니, 남편뿐만 아니라 그 아버지에까지 욕이 가는 것이다. 문 옆에서 엿듣고 있던 여자 종들이 깔깔 웃었으므로 신랑의 뜻밖의 실책이 더 크게 되었다. 그는 내기에는 이겼으나, 친구들의 야유는 그의 운 나쁜 허세虛勢에 대하여 오랫동안 톡톡히 영금을 보게 했다.

신혼 부부 사이의 이런 조심성과 부자유의 상태는 예법에 의하면 매우 오랫동안 끌어가지 않으면 안 된다. 몇 달 동안을 꼬박 젊은 부인은 꼭 필요한 일에 대해서만 겨우 입을 연다. (p. CXXII) 남편과 두서 있는 이야기를 하는 법도 없고, 속내 이야기를 하는 법도 없고, 조금이라도 정다움을 표시하는 일도 전혀 없다. 시아버지에 대해서는 예법이 더욱 엄격하다. 흔히 꼬박 몇 년 동안이나 시아버지에게는 이따금씩 짤막짤막하게 대답하는 걸 제외하고는 감히 먼저 말을 걸거나 바로 쳐다보지도 못한다. 시어머니하고는 좀 더 편히 대하고 때때로 잠깐씩 감히 이야기도 한다. 그러나 잘 자란 여자라면 그런 대화는 드물고 짧아야 한다. 조선 기독교도들이 이런 우스꽝스런 계율의 대부분을 집어치워버린 것은 말할 나위도 없다.

위에서 말한 바에 의하면, 조선에서는 행복한 결혼, 잘 어울리는 결합이라는 것이 얼마나 드물 수밖에 없는가를 이해할 수 있다. 아내는 남편에 대해 의무만을 지는데 반하여 남편은 아내에 대해 아무런 의무도 지지 않는다. 부부간의 절개는 아내에게만 의무적이고, 아무리 모욕과 멸시를 당하더라도, 아내는 질투하는 태도를 보여서는 안 되며, 그런 생각조차도 하지 못한다. 뿐만 아니라 부부 상호간의 사랑이라는 것은 풍습이 거의 불가능하게 만들어 놓은 희귀한 일이다. 예절은 남편이 아내를 존경하고 적당히 대우하는 것을 관용하나, 아내에게 참다운 애정의 표시를 하고, 아내를 일생의 반려伴侶로서 사랑하는 사람은 지독하게 조롱을 받을 것이다. 자중하는 남편에 있어서 아내는 그에게 아이를 낳아 주고, 집안일을 보살피고, 그가 마음이 내킬 때에는 그의 정열과 육욕을 만족시켜 줄 운명을 진 좀 더 높은 계급의 여자종에 불과하고 또 그래야만 한다. 양반들에 있어서는 신랑은 신부와 삼사일 같이 지낸 뒤, 그가 아내를 대수롭게 여기지 않는다는 것을 증명하기 위해, 꽤 오랫동안 신부와 떨어져 있지 않으면 안 된다.

그는 아내를 미리서부터 과부 상태에 두고 첩으로 그것을 메꾼다. 이와 다르게 행동한다는 것은 나쁜 취미라 할 것이다. 어떤 양반들이 아내가 죽었을 때 좀 눈물을 흘렸기 때문에, 야유를 퍼붓기를 그치지 않는 친구들의 사랑방에 나오기를 몇 주일 동안 피하지 않으면 안 되었다는 예가 있다.

여자들 중 어떤 사람들은 이런 상태를 깨끗이 단념하고 받아들이고 있다. 그들은 성실하고, 순종하고, 남편의 명성과 쾌락에 마음을 쓴다. 그들은 시어머니의 흔히 포학하고 부당한 요구에 대하여 그다지 반항하지 않는다. 어릴 때부터 속박을 받고 스스로 열등한 족속으로 알기에 버릇이 들어버린 그들은 기성 관습에 항의하거나 자기들이 그 희생이 되어 있는 편견을 부수려고는 생각조차도 않는다. (p. CXXIII) 그러나 다른 수많은 여자들은 모든 성격상의 결함을 마냥 드러내고, 포악하고, 불순不順하고, 가정을 분열 파괴하고, 시어머니와 싸우고, 그를 못 살게 함으로써, 남편에게 앙갚음하고, 끊임없이 분노와 추태의 장면을 빚어낸다. 서민 가정에서는 이런 경우 남편은 주먹이나 몽둥이로 후려쳐서 복수를 하지만, 지체 높은 양반 집안에서는 관습상 양반이 아내를 때리지 못하며, 이혼밖에는 길이 없는데, 만약에 이혼하고 재혼할 비용을 마련하기가 쉽지 않을 때는 참고 견딜 수밖에 없다. 만약에 아내가 남편을 괴롭힘에 만족하지 않고, 부실한 짓을 하거나 남편 집에서 달아나면, 남편은 아내를 수령에게 끌고 갈 수 있으며, 수령은 부인에게 태형笞刑을 가한 뒤 자기 포졸이나 하인 중 한 사람에게 첩으로 주어 버린다.

그러나 때로는 조선에서도 재치 있고 기개 있는 여자들은, 다음과 같은 예가 증명하다시피, 스스로 존경을 받고 자기들의 정당한 지위를 획득할 줄을 안다. 이 예는 남녀 젊은이들을 위한 조선수신서修身書에서 뽑은 것이다. 전 세기 말에, 꽤 높은 자리에 있던 한 서울 양반이 여러 아이를 둔 아내를 잃었다. 그는 벌써 나이가 지긋했으므로 재혼은 어려웠다. 그러나 이런 경우에 사용되는 중매인들이 오랫동안 찾아본 결과, 경상도의 한 가난한 양반 딸과의 결합이 성립되었다. 정한 날에 그는 미래의 장인 집에 가서, 두 신랑 신부는 관례대로 배례를 하기 위해 식장에 인도되었는데, 이 고관은 신부를 보고 한참 동안 어리둥절했다. 신부는 키가 매우 작고, 박색이고, 곱사등이고, 정신적 자질資質도 육체적 자질 못지않게 빈약해 보였다. 그러나 그만둘 수도 없었으므로, 운명을 달게 받았으나, 그 여자를 자기 집에 데려가지도 않고 그 여자와 통 관계도 하지 않으려고 마음먹었다. 장인 집에서 이삼 일 지낸 뒤 그는 다시 서울로 떠나고 다시는 소식을 전하지 않았다. 소박맞은 아내는 매우 총명한 사람이어서, 때때로 남편소문을 알아볼 뿐 외로움을 참고 견디면서 친정에 머물러 있었다. 이삼 년 후에 그 여자는 자기 남편이 판서判書가 되고, 두 아들을 매우 잘 결혼시켰다는 이야기를 들었으며, 또 몇 년 뒤에는, 환갑잔치를 격식대로 성대히 벌이려는 차비를 하고 있다는 이야기를 들었다. (p. CXXIV)

부모의 반대와 꾸지람에도 불구하고, 그 여자는 곧, 망설이지 않고, 서울 길을 떠나, 대신 집에 이르러 그의 아내가 왔다는 것을 알리라 했다. 그 여자는 대문 아래서 가마를 내려, 확고한 태도로 나타나, 잔치에 모인 집안 부인들을 조용히 둘러보고는 윗자리에 앉은 뒤, 불을 가져오게 하여, 세상에도 태연자약하게, 어리둥절한 회중 앞에서 담뱃대에 불을 댕겼다. 이 소식은 곧 남자들 방에 전해졌으나, 예의 상 아무도 놀란 기색을 하지 않았다. 부인은 이내 시중드는 종들을 불러 오게 하여 준엄한 어조로 그들에게 말했다. "무슨 집이 이런 데가 있단 말이냐? 나는 너희들의 안주인인데 아무도 영접하지 않으니, 어디서 그런 버릇을 배웠느냐? 너희들에게 톡톡히 벌을 주어야 마땅하겠지만, 요번에는 용서한다. 안주인 방은 어디냐?" 부랴부랴 그 방으로 인도하니, 거기 여러 부인들 한가운데서 물었다. "내 며느리들은 어디 있느냐? 어째서 나한테 와서 인사를 하지 않느냐? 얘들은 아마 내가 결혼하여 제 남편들 어머니가 되고 제 친어머니에게 바칠 모든 존경을 내가 저희들로부터 받을 권리가 있다는 것을 잊은 모양이구나." 이내 두 며느리가 나타나서 부끄러운 태도로, 이렇게 뜻밖에 오신 탓으로 두서를 못 차렸다는 것을 간곡히 변명했다. 시어머니는 조용히 그들을 나무라고, 좀 더 어김없이 예의를 지키라고 타이르고, 그 집 주부의 자격으로 여러 가지 명령을 내렸다.

몇 시간이 지나도 남자 주인들이 아무도 나타나지 않음을 보고, 여자종을 하나 불러 말했다. "내 두 아들은 오늘 같은 날에 분명히 출타하지는 않았을 것이다. 그 애들이 사랑방에 있는지 가서 보고 오너라." 그들은 매우 당황해가지고 와서 무어라고 어물어물 변명했다. "뭣이 어째"하고 그 여자는 그들에게 말했다. "내가 온 것을 몇 시간 전부터 알고서 여태껏 인사도 하러 오지 않다니! 그렇게 배운 데 없고 그렇게 의리를 모르고서야 상류 사회에 나가서 어찌할 것이냐? 노비들과 며느리들에겐 무례함을 용서했지만, 너희들 남자에게는 잘못을 그냥 둘 수 없다." 그러면서 하인을 불러 회초리로 그들 종아리를 몇 대 때리게 했다. 그런 뒤에 이렇게 덧붙였다. "너희 아버지 판서로 말하자면, 나는 그 분에게 매인 사람이니 그 분에게 명령할 건 없으나, 너희들은 차후에 다시는 예의를 잊지 않도록 하여라."

드디어 대신도 이런 모든 사건에 매우 놀라, 할 수 없이 결심하여 자기 아내에게 인사하러 오지 않을 수 없었다. (p. CXXV) 사흘 뒤 잔치도 끝나 그는 궁중으로 돌아갔다. 임금은 그에게 친히 모든 것이 잘 진행되었는지를 물었다. 대신은 자기가 결혼한 이야기며, 자기 아내가 뜻밖에 온 것이며, 그 여자가 한 행동 등을 자세히 아뢰었다. 분별 있는 임금은 그에게 대답했다. "그대는 부인에 대하여 매우 잘못하였소. 내가 보기에는 그대 부인은 썩 재치 있고 비상한 꾀가 있는 여자로 생각되오. 부인의 행동은 탄복할 만하고, 아무리 칭찬하여도 충분치 않소. 나는 그대가 부인에게 저지른 잘못을 보상하기를 바라오." 대신은 그러기를 약속했다. 그리고 며칠 뒤에 임금은 부인에게 궁중 최고의 품계品階 하나를 엄숙히 수여했다.

과부나 노비가 아닌 이상, 정식으로 결혼한 여자는 완전히 남편의 사회적 지위에 참여한다. 출생은 양반이 아니더라도 양반에게 시집가면 그 여자도 양반이 되고, 그 아이도 양반이 된다. 또 이를테면 만약에 두 형제가 숙모와 질녀에게 장가들어 질녀가 형의 아내가 되면, 그 사실로써 그 여자는 형이 되고 숙모는 동생으로 취급되는데, 그것은 이 나라에서 커다란 차이가 나는 것이다.

사회의 모든 계급에 있어서 부인의 주된 임무는 어린이를 기른다기보다 오히려 젖먹이는 일이다. 어머니는 이 나라에서 다른 나라에서보다도 신성시되는 이 의무에서 벗어나는 수가 거의 없다. 이 나라에서는 인공 포유哺乳라는 것은 생각지도 않으며, 따라서 어렸을 때 어머니를 여의는 어린이들은 거의 다 살지 못한다. 조선사람들은 동물의 젖을 짤 줄 모르며, 암소와 염소의 젖을 전혀 사용하지 않는다. 다만 때때로 우유를 먹는 임금을 위해서 하나의 예외가 있을 뿐이다. 그런 경우에는 매우 복잡한 작업 과정을 밟아서 그것을 얻게 된다. 모든 궁중 사람들 앞에서 소를 옆으로 누이고, 이어서 널빤지 또는 몽둥이로 젖통을 눌러, 젖 짜는 사람들이 이마에 땀을 뻘뻘 흘리면서 흘러나오게 한 우유는 상감마마를 위해 고이 모아진다.

더 나이 어린 다른 어린이가 없을 때에는 어머니는 그 젖먹이에게 일곱 여덟 살 때까지, 또 때로는 열 살 열두 살 때까지도 젖을 먹인다. 이런 불쾌한 버릇은 이 나라에서는 당연한 것같이 생각되고 있으므로, 이런 일은 공공연히 행해지고, 거의 제 어머니 만한 큰 어린이들이 젖통을 쥐고 있는 꼴이 보이지만, 아무도 상을 찡그리려 하지 않는다. 게다가 또 교육에도 별로 유의하지 않는다. 교육은 보통 어린이의 모든 뜻을 다 받아 줌에 있다. (p. CXXVI) 더구나 그것이 아들이면, 모든 응석을 다 받아 주고, 모든 흠과 나쁜 버릇을 고쳐주기는커녕 웃어버리는 것이다. 새끼들을 돌보는 외에, 양반집 부인들의 하는 일이라고는, 하녀를 지휘하여 안방의 정돈을 유지하는 것밖에 없다. 그들의 일생은 거의 다 아무것도 하는 일 없이 흘러간다. 그러나 서민 부인들은 고된 일을 한다. 그들은 식사도 차리고, 베도 짜고, 그것으로 옷도 만들고, 옷을 빨고, 집안에서 모든 것을 보살피고, 게다가 여름에는 모든 들일에서 남편을 돕지 않으면 안 된다. 사내들은 씨 뿌리고 가을할 때는 일하지만 겨울에는 쉰다. 이때의 그들의 유일한 일은 산에 가서 불 때는 데에 필요한 나무를 베는 것이고, 그 나머지의 시간은 놀고, 담배 피우고, 잠자고, 친척과 친구를 찾아보는 데에 보낸다. 여자들은 정말 노예처럼 결코 쉬는 일이 없다.

남녀 간의 부당한 불평등은 한 쪽 배우자가 죽어서 결혼이 마침내 해소된 뒤에도 계속된다. 남편은 아내가 죽은 뒤, 겨우 몇 달 동안만 반기상半期喪[1)]을 입고, 이내 재혼할 수 있다. 아내는 반대로, 특히 상류 계급에 있어서는, 평생을 두고 죽은 남편을

1) **반기상**半期喪 처상妻喪은 경국대전에 의하면 기년상朞年喪이다 : 역주.

위해 울고 복을 입어야 한다. 정숙한 과부에 있어서는 아무리 젊을지라도 재혼은 수치다. 1469년에서 1494년까지 다스린 성종 대왕은 개가改嫁한 양반 부인이 낳은 아들에게는 과거에 응시함과 관직에 종사함을 금지했다. 오늘날도 그들은 법률에 의해 서자로 간주되고 있다.

조선사람들처럼 난폭하게 정열적인 국민에 있어서는, 이런 재혼의 불공평한 금지로부터 필연적으로 중대한 풍기 문란이 생겨난다. 젊은 양반 과부는 재혼은 하지 않지만, 거의 모두가 공공연하게 또는 비밀리에 자기들을 부양하려는 자의 첩이 되어 있다. 뿐만 아니라, 끝내 외로움 속에 정숙하게 살아가려는 여자들은 매우 위태로운 처지에 빠져 있다. 혹은 음료수에 마취제를 넣어서 저도 모르게 취하게 하여, 깨어 보면 잠든 동안에 자기들을 능욕한 악한 옆에 정조를 빼앗기어 있기도 하고, 혹은 밤중에, 매수된 몇몇 불한당에 의하여 폭력으로 겁탈을 당하는 수도 있다. 그리고 어떤 방법으로든 탐내는 자의 폭력에 한 번 희생이 되는 날에는, 벌써 아무런 구제의 길도 없다. 그 여자들은 법률과 관습에 의하여 그의 것이 되는 것이다. 때로는 청상과부들이, 자기들의 절개를 더 잘 증명하고 자기들의 명성과 명예를 보전하기 위해, 남편의 장례식이 끝나면 이내 자살하는 것을 볼 수 있다. (p. CXXVII) 양반들은 그런 모범적인 부인들을 극구 찬송하고 거의 언제나 그 여자들의 장한 행위를 기념하기 위해, 왕으로 하여금 그들에게 비석이나 사당 같은 공공 기념물을 세워주도록 한다. 이십 년 전에, 미구未久에 내란이 일어나리라는 막연한 소문이 국내에 퍼져서, 기독교도 미망인들은 만약에 무장 군중이 자기들 집에 다가오면 자살을 허가해달라고 선교사들에게 요청하여, 신부는 그런 경우에도 자살은 하느님에 대해 가증스런 범죄라는 것을 그들에게 이해시키기에 매우 힘이 들었다.

평민에게는 재혼은 법률이나 습관에 의해 금지되어 있지 않다. 부자 집안에서는, 그 점에 있어서도 다른 점에 있어서와 마찬가지로, 자존심에서 양반들을 모방하기를 바라는 수가 꽤 많다. 그러나 가난한 사람들 집에서는, 남자는 음식을 차려줄 사람이 있어야 할 필요에서, 여자는 굶어 죽지 않아야 할 필요에서, 그런 종류의 결혼을 꽤 자주 하고 있다. (p. CXXVIII)

10
가 족

양자, 친족관계, 법정상法定喪

조선사람은 자식을, 특히 사내자식을 몹시 사랑한다. 사내아이는 조선사람 보기에는 계집아이보다도 적어도 열 갑절이나 더 가치가 있지만, 계집아이도 귀중하지 않은 건 아니다. 그러므로 어린이를 버리는 예는 거의 볼 수 없다. 때로는 크게 기근이 들었을 때 굶어 죽어가는 사람들이 그런 극단에 몰리는 수도 있으나, 그런 때에도 차라리 남에게 주든지 팔든지 하려고 애쓰고, 그 뒤에 그들이 모을 수 있는 최초의 자금은 할 수만 있다면 아이들을 도로 찾는 데에 사용한다. 그들은 결코 자기들의 가족이 너무 많다고 생각하지 않는다. 그리고 말이 났으니 말이지만, 그런 가엾은 이교도들의 행위는, 심판의 날에, 우리 기독교의 나라에서, 아이들을 교육하는 귀찮음과 고됨을 면하기 위해 하느님의 계율을 어기고 인정에 어그러짐을 두려워하지 않는 저 수치스러운 부모들의 치욕과 선고가 될 것이다. 조선사람은 아무리 가난하더라도 언제나 아이의 아버지 됨을 기뻐하고, 빈궁 속에서도 하느님이 그에게 보내는 모든 식구를 먹여 살리고 기르는 데 필요한 것을 찾아낼 줄 안다.

아주 어렸을 때부터 맨 먼저 어린이에게 가르치는 것은 아버지에 대한 존경이다. 아버지에 대한 어떠한 불복不服도 즉시 엄벌을 받는다. 어머니에 대해서는 그렇지 않다. 이 나라의 풍습에 의하면, 어머니는 아무 것도 아니고 대수롭지 않은 것인데,

아이는 너무 일찍부터 그것을 알게 된다. 아이는 어머니 말을 잘 듣지 않으며, 어머니에는 복종하지 않아도 거의 벌을 받지 않는다. 아버지 말을 할 때에는 자주 엄친, 엄부형이라는 형용어를 붙이는데, 그것은 엄격한, 두려워할 만한 이라는 뜻으로, 그 속에는 깊은 존경이 담겨져 있다. 반대로 어머니 이름에는 자친, 자당이라는 말을 붙이는데, 그것은 인자한, 너그러운, 무서워할 것 없는 이라는 뜻이다. 그런 차이는 확실히 자연 발생적인 것이지만, 이 나라에서처럼 지나치게 되면 한심스런 폐해가 된다.

아들은 결코 아버지와 놀거나, 그 앞에서 담배를 피우거나, 그가 있는 앞에서 너무 자유로운 자세를 갖거나 해서는 안 된다. 그러므로 넉넉한 집안에는 아들이 편히 있을 수 있고 친구들과 놀 수 있는 특별한 방이 있다. 아들은 아버지의 하인이다. (p. CXXIX) 흔히 그는 아버지에게 밥을 갖다 주고, 밥상에서 시중을 들고, 잠자리도 차려준다. 집에서 나갈 때나 집에 돌아왔을 때에는 아버지에게 공손히 절을 해야 된다. 아버지가 늙었거나 앓을 때에는, 그의 모든 필요에 응하기 위해, 거의 잠시도 그의 곁을 떠나지 않고 가까운 데서 잔다. 아버지가 감옥에 갇혀 있으면, 아들은 쉽게 그와 연락하고 그에게 다소의 위로라도 주기 위해, 그 근처에 가 있는다. 그리고 그 감옥이 금부禁府[1]의 감옥일 때는, 아들은 옥문 앞 지정된 곳에 무릎을 꿇고 앉아서 밤낮 아버지의 운명이 결정되는 것을 기다려야 한다. 죄인이 귀양갈 때에는 그 아들은 적어도 모든 여정旅程을 동행하지 않으면 안 되고, 가정 사정이 허락하면 아버지의 배소配所에 자기도 거주한다. 아들이 노상에서 아버지를 만나면 곧 무릎을 꿇고 먼지나 진흙 속

---

1) 금부禁府에 관해서는 p. LVIII을 보라 : 역주.

에라도 엎드려 그에게 절을 해야 한다. 아버지에게 편지를 올릴 때는 조선말이 나타낼 수 있는 최상의 경어를 써야 한다. 벼슬아치들은 부모에게 문안드리러 가기 위해 다소간 긴 휴가를 자주 얻으며, 재임 중에 아버지나 어머니를 여의게 되면, 죽은 부모에게 마지막 효도를 하는 데만 오직 골몰하기 위해 곧 사직하지 않으면 안 되고, 법정상法定喪 기간 중에는 어떠한 관직에도 종사할 수 없다. 조선에서는 어떠한 미덕도 효행만큼 존경 받고 중시되는 것은 없고, 어떠한 미덕도 효행보다 더 주의 깊게 가르쳐지는 것도 없으며, 어떠한 미덕도 세금 면제, 효자비孝子碑, 효자묘墓 건립, 품계, 관직 따위로써 효행보다 더 크게 포상褒賞을 받는 것은 없다. 그러므로 그런 덕행의 특이한 예는, 특히 아버지에 대한 아들이나 딸의 그러한 예는 꽤 자주 있다. 어머니에 대한 아이들의 그러한 예는 더 드물 수밖에 없는데, 그것은 앞서 말한 교육의 편견에서 기인되는 것이다.

양자는 조선에 파다하다. 실자實子가 없는 사람은 친척 중에서 양자를 골라야 하는데, 이런 풍습의 큰 이유는 이 나라의 종교적 신앙 속에 있다. 아닌 게 아니라 선조를 관습적으로 숭배하고, 신주를 모시고, 장례와 상례喪禮의 여러 가지 의식을 지키고, 제사를 드리고 하는 것은 자손들이다. 가문家門의 보존은 양자의 부수적 목적에 불과하다. (p. CXXX) 그러므로 딸은 결코 양자들이지 않는다. 딸은 규정된 제사를 드릴 수 없기 때문이다. 한편, 양자 올 사람이나 그 부모의 동의는 조금도 필요치 않다. 왜냐하면 그것은 종교적 사회적 필요에 관한 문제로서, 필요할 경우에는 정부가 억지로라도 그 수락을 강요하기 때문이다.

법적으로는 양자가 유효하게 되려면 예조禮曹 즉 의전부儀典府에 등록을 해야 되겠지만, 그런 수속은 폐지되었다. 친족 회의에 공표하여 모든 친척으로부터 승인만 받았으면 충분하다. 양자는 아버지 편 친족 중에서, 즉 같은 성을 가진 사람들 중에서 데려와야 하며, 일가가 너무 많은 경우에는 같은 파에 속하는 사람들 중에서 데려와야만 한다. 게다가 또 양자는 양부와 항렬이 다른, 그러나 한 대代만이 다른 방계傍系의 친족이어야 한다. 다시 말하자면 자기 형제의 아들, 또는 종형제의 아들 등은 양자를 삼을 수 있으나, 자기의 형제나 어떤 종형제나 그들의 손자 등은 양자로 삼을 수 없을 것이다. 결혼한 아들이 자식 없이 죽었을 때에는 자기 자신의 이름으로는 못하고 죽은 아들 이름으로 양자를 한다. 따라서 앞서 말한 규칙에 의하여, 자기 형제나 종형제의 손자 중에서, 다시 말하자면 자기 아들의 아들이 될 수 있는 사람을 골라야 한다.

대개의 경우 양자가 되는 것은 아직 젖 먹는 어린애이지만, 나이에는 조건이 없다. 양자는 양부모에 대해 아들로서의 모든 의무를 지고 있고, 아들로서의 모든 권리와 특권을 빠짐없이 가지고 있다. 대부분의 강제적인 이런 양자 삼기는 집안에 많은 분열을 가져오고 수많은 걱정거리를 빚어낸다. 양부모가 남의 자식을 자기 자신의 아들처럼 사랑한다는 건 퍽 어려운 일이고, 양자는 양자대로 자기 입장에 만족하지 못해 흔히 자기 친부모를 그리워한다. 상류 계급에서는, 예의상, 남들 앞에서 감정을 너무 노골적으로 겉으로 나타내는 것을 삼가나, 서민에 있어서는 불화와 싸움이 날마다 터진다. 법적 양자는 예조禮曹의 특별한 허가로만 취소될 수 있으나, 그 허가를 얻기는 꽤 어렵다. 한 양자 관계가 해소되었으면 다른 양자를 들이는 것은 자유이다. 양자 관계는 아무리 정식 수속을 다 밟은 것이라 할지라도 조선에서는 교회에서 결코 인정하지 않았다. 그것은 대개의 경우 친부모와 아이들에게 강요된 것이기 때문이다. (p. CXXXI)

또 다른 종류의 양자가 있는데, 이것은 법률에 의하여 인정되지 않은 것이며, 양자든 아들에게 아무런 권리나 특권도 주지 않는다. 이것은 특히 하층 계급에서 아들도 딸도 없는 사람들이 늙고 병들었을 때에 의지하려고 남의 자식을 기르는 때에 생긴다. 이런 양자 관계는 아무런 외부 수속도 밟지 않고, 성이나 혈족 관계, 가문 같은 어떠한 제한도 없이 이루어진다. 가난해서 법률에 의한 소정의 형식을 밟아서 양자를 얻어올 수 없는 사람들만이 그런 방법을 쓴다. 그들이 죽으면 그의 집과 가구와 그밖에 대수롭지 않은 물건들의 소유권은 아무 이의 없이 양자에게 넘어간다.

조선에서도 동양 대부분의 나라에서와 마찬가지로, 친족 관계는 현대의 유럽 여러 나라에서보다도 훨씬 긴밀하고 훨씬 멀리까지 미치고 있다. 부자이든 가난하든, 유식하든 무식하든, 벼슬아치든 거지이든, 그들의 사회적 지위의 여하를 막론하고, 15촌 또는 20촌에 이르기까지 모든 친척이 한 씨족, 한 부족, 더 정확히 말하면, 단 하나의 집안을 이루고, 모든 집안사람들은 공통된 이해관계를 가지고 있고 서로 돕지 않으면 안 된다. 아버지가 죽으면 맏아들이 그 자리를 잇고 소유권을 간직한다. 아우들은 결혼할 때나 그밖의 어떤 경우에, 그 집안의 관습과 계급과 재산에 따라서 부모로부터 다소의 증여贈與를 받는다. 그러나 모든 재산은 맏형 것이 되고, 맏형은 아우들을 자기 자신의 자식처럼 돌보아줘야 한다. 아우들은 아우들대로 형을 아버지처럼 여기고, 그가 투옥이나 유형을 당하게 되면, 자기들 자신의 아버지에 대해서와 같은 정성을 그에게 바친다. 대체로 친척 관계는 매우 친밀하다. 어떤 한 사람의 집은 모두의 집이고, 한 사람의 재산은 가위 모두의 재산이며, 벼슬을 하거나 돈을 벌 가능성을 가진 사람은 모두가 떠받쳐준다. 모두가 그 덕을 보기 때문이다. 이것이야 말로 이 나라의 보편적인 풍습이며, 법률도 인정하고 있다. 왜냐하면 일가 중의 한 사람이 치르지 못하는 세금과 공납貢納뿐만 아니라 그가 갚지 못하거나 갚지 않으려는 개인의 빚까지도 가장 가까운 일가로 하여금 치르게 하기 때문이다. 법정에서는 언제나 그런 취지로 언도를 내리지만, 아무도 불평을 하거나 항의를 할 생각을 하는 사람은 없다.

1855년에 다블뤼이 주교는 서한에 다음과 같이 쓰고 있다.

≪요즘에 스무 살을 넘은 한 젊은이가 국고에 바칠 몇 프랑의 인두세를 지불할 수 없었으므로 원 앞에 불려갔습니다. (p. CXXXII) 미리 내용을 보고받은 법관은 매우 칭찬할 만한 방법으로 그 사건을 처리했습니다. – "어째서 세금을 바치지 않는고?" 하고 그는 젊은이에게 물었습니다. – "저는 날품삯으로 빠듯이 살아가고 있으니 어쩔 도리가 없습니다." – "너는 어디서 사느냐?" – "거리에 삽니다." – "그대 부모는?" – "제가 어렸을 때 돌아가셨습니다." – "그대 일가는 아무도 없는가?" – "어느 거리에 사시는 숙부 한 분이 계시는데, 얼마 안 되는 토지로 살아가고 계십니다." – "숙부는 그대를 도와주지 않는가?" – "이따금 도와주시지요. 그러나 숙부님도 비용 쓸 데가 있으니까 제게는 아주 조금밖에는 못해 주십니다." 원은 이 젊은이가 제 삼촌에 대한 경의에서 그렇게 말은 하지만, 실상 그의 삼촌은 늙은 구두쇠여서, 매우 유복하게 살면서도 이 가엾은 고아를 돌보아주지 않는다는 것을 잘 알고 있으므로 이렇게 계속하여 물었습니다. – "왜 그만한 나이에 아직 장가도 안 들었느냐?" – "그게 그렇게 쉬운 일입니까? 누가 부모도 없고 가난한 젊은이에게 딸을 주려 하겠습니까?" – "장가가고 싶은 생각은 있느냐?" – "생각이 없는 건 아니오나 방도가 없습니다." – "그러면 내가 그 방도를 생각해보마. 너는 정직한 아이 같으니, 일이 잘되기를 바란다. 너는 정부에 바

칠 그 조그만 돈을 지불할 방법을 연구해보아라. 그러면 멀지 않아 다시 너를 부르도록 하마."

젊은이는 그것이 모두 무슨 뜻인지 잘 알지도 못하고 물러갔습니다. 법정에서 일어난 일에 관한 소문이 이내 숙부의 귀에 들어갔습니다. 숙부는 자기 행동을 부끄러워하고, 원에 의하여 관으로부터 무슨 모욕이라도 받을까봐 두려워서, 무엇보다도 먼저 조카를 결혼시키려고 애썼습니다. 혼담은 빨리 맺어지고, 혼례식 날도 정해졌습니다. 바로 그 전날, 신랑이 머리를 막 올리고 났을 때, 비밀히 모든 일의 경과를 듣고 있던 원은 그를 다시 법정으로 불러들여 세금을 요구했습니다. 젊은이는 즉시 치렀습니다. – "아니! 상투를 올렸구나. 벌써 결혼을 했느냐? 어떻게 해서 그렇게 빨리 뜻을 이뤘느냐?"하고 원은 말했습니다. – "저에게 적당한 혼처가 생겼고 숙부님이 좀 보조를 해 주셨기 때문에, 일이 결정을 보아, 내일 혼인하게 되었습니다." – "참 잘됐다. 그러나 어떻게 살아 갈 작정이냐? 집은 있느냐?" – "그렇게 장래 일까지 내다보려고 애쓰지는 않습니다. 우선 결혼이나 해놓고 보겠습니다." – "그러나 그 때까지 네 아내는 어디다 살게 할 작정이냐?" – "제가 집을 갖게 될 때까지는 삼촌집에나 어디 다른 곳에 아내 둘 데를 찾아보렵니다." – "내가 집을 하나 갖게 해 줄까?" (p. CXXXIII) – "제 걱정을 해주시니 참으로 감사하오나, 시나브로 그럭저럭 해결되겠지요." – "헌데 네가 집을 갖고 웬만큼 살아가려면 얼마나 필요하겠나?" – "그건 조그만 일이 아니겠습니다. 집과 세간과 조금이라도 갈아먹을 땅이 있어야겠으니까요." – "2백 냥(4백 프랑)이면 족할까?" – "2백 냥만 있으면 충분히 해결될 것 같습니다." – "그러면 생각해보마. 너는 혼인을 해서 의좋게 살고, 차후로는 더 잘 어김없이 세금을 내도록 하여라."

두 사람의 이야기는 한 마디 한 마디 다 숙부에게 전해졌습니다. 그는 그대로 하지 않으면 고을의 이야깃거리가 되리라는 걸 알았습니다. 그리고 결혼 후 며칠 만에 조카는 집 한 채와 세간과 원이 말한 2백 냥의 돈을 손에 넣게 되었습니다.≫

일가끼리의 이런 상호 이해와 의무의 공동 체제는 여러 가지 이점도 있으나 또한 커다란 폐해가 없는 것도 아니다. 관리에 관해서 이야기할 때 벌써 그 중 몇 가지는 지적했다. 좀 일가가 많은 집안에서는 약간의 게으름뱅이나 타락자가 없는 수가 드문데, 그들은 어떤 일에 종사하지도 못하고 정직하게 생활비를 벌지도 못하여, 이 사람한테서는 소를 훔치고, 저 사람한테서는 개를 훔치고, 또 다른 사람한테서는 피륙을 훔치고, 돈을 훔치고, 양식을 훔치고, 전혀 돌려주지는 않고 빌기만 하고, 기꺼이 주려고 하지 않는 것은 폭력으로 뺏고 하여, 가까운 일가들을 등쳐먹고 산다. 또 때로는 부동산 등기 증서를 훔쳐다가 자기 이익을 위해 팔아먹는가 하면, 심지어 가짜 증서를 만들어서 남들에게 저당을 잡혀먹기까지 한다. 그래도 그들은 거의 처벌을 받을 염려가 없다. 왜냐하면, 이 나라의 풍습은 일가를 사직에 넘기는 것을 허락하지 않을 뿐만 아니라, 그가 원에게 붙들려 가면, 그의 모든 친척들로 하여금 그를 구원하고 옹호하게끔 만들기 때문이다. 이웃 사람들은 자기들 자신이 침해되지 않았을 때는 간섭하지 못한다. 그렇지 않으면 남의 일에는 참견하지 말라고 핀잔이나 받을 것이다. 정식 고소가 없고 죄인의 집안에서 증인을 찾아내지도 못할 것이므로, 원도 거의 그들에게 손을 댈 수 없다. 뿐만 아니라, 원칙적으로, 원은 불가피한 사건을 마지못해 조사 처리하는 사람이니, 정의를 정신적으로 사랑하여, 자발적으로 번거롭고 괴로운 사건을 만들어낼 사람이 어디 있겠는가? 그런 경우에 집안사람들이 취하는 유일한 수단은 자기들의 손으로 재판하는 것이다. 집안 어른이 필요한 명령을 내리면 다른 사람들이 범인을 잡아서 가두거나 따끔하게 매를 때린다. (p. CXXXIV) 범인은 저항할 권리가 없으므로 좀 강경하게 대하면 행실을 고치든지 도망하여 딴 지방으로 떠나지 않을 수 없다. 그러나 불행히도 집안사람들이 거기에 필요한 인내성을 갖는 일은 드물고, 보통 불충분한 그런 징벌은 악惡을 일시적으로 억누름에 불과하다.

지금까지 우리가 친척과 그 관계 및 의무에 관해서 말한 모든 것은 아버지 편의 친척 관계 즉 성이 같은 사람들 사이에만 적용되는 것이다. 그것은 20촌 이상까지 미치며, 말하자면 법적 제한이 없는 셈인데 반하여, 어머니 편의 친척 관계는 거의 존재치 않는다. 2대代가 넘어서부터는 서로 알고 지내거나 서로 돕거나 하지도 않고, 복도 입지 않는다.

성씨는 그 수효가 매우 적어서 145나 많아도 150이고, 또 그 중 많은 성씨들은 그다지 번성하지 않다. 모두가 단 한 자의 중국글자로 되어있고 6, 7개의 성만이 두 자로 되어있다. 같은 성을 가진 여러 가문을 구별하기 위해 그 성에 본本이라는 것을, 즉 그 가문이 맨 처음에 나온 고장을 표시하는 말을 붙인다. 이 본이 다르면 친척으로 간주되지 않으나, 같으면 법률상의 견지에서 친척이며, 결혼은 금지된다. 스물 이상의 본을 가진 김이라든가 이라든가 하는 성이 있는데, 그것은 기원을 달리하는 스물 이상의 가문에 공통된다. 우리는 이 역사책에서 그것을 본관 또는 관향이 어디라는 이름으로 나타냈다. 성은 결코 단독으로는 사용되지 않는다. 그 다음에 이름이든지, 아직 젊은 남자일 때는 서방이라는 말이든지, 나이 먹은 양반이나 가장일 때는 생원이라는 칭호가 붙는다. 그런 표현은 거의 프랑스어의

monsieur, seigneur라는 말에 해당한다.

그런 성 이외에 사람마다 이름이 있는데, 그것은 보통 세 가지가 있다. 즉 아명兒名과 속명俗名과 관명冠名인데, 그밖에 또 별명 또는 별호가 있고, 기독교도에게는 세례명이 있다. 아명은 출생 후 얼마 안 있다가 붙이고, 노비와 사환 이외에는 모든 사람이 그가 결혼할 때까지 그를 부르는 이름으로 사용한다. 이 이름은 보통 말의 한 낱말이다. 그것은 단독으로 또는 성 다음에 붙여서 사용된다. 결혼 후에는, 남자에 있어서는, 부모와 스승, 그밖에 그 비슷한 사람들이 이따금 사용할 뿐 결코 사용되지 않는다. 속명은 결혼할 때에 붙인다. 이것은 손윗사람과 대등한 사람들이 부르는 데에 쓰인다. (p. CXXXV) 친구와 아는 사람들은 다른 이름을 쓰지 않으며, 이것이 제일 널리 알려진 이름이다. 여자들은 결혼할 때 이름을 갈지 않는다. 그들은 아명을 그대로 간직한다기보다도 오히려 이미 개인의 이름을 가지지 않게 된다. 대개 그들을 부를 때는 남편 이름에다 댁宅-婦人 또는 과댁寡宅(홀어미)이라는 말을 붙여서 사용한다. 관명은 때로는 어려서부터 붙여지는 수도 있지만, 대개는 결혼할 때 짓는다. 그것은 두 개의 중국 글자로 되어 있고, 양반에 있어서는 한 파派 즉 같은 조상으로부터 내려온 모든 자손들은 관명에 규정된 글자 하나를 넣어야 하며, 그 글자는 세대마다 달라진다. 그러므로 그 글자만 보아도 곧 시조부터의 직계 대수代數와 방계 친등수親等數를 알게 된다. 이 이름은 고위 고관에 대해서밖에는 일상생활 관계에 있어서는 사용되지 않지만, 공식 문서나 민간 계약, 시험, 소송 따위에는 이 이름만이 나타난다. 중요한 편지를 쓸 때에는 서명署名으로 사용된다. 이 이름은 족보나 나라의 공식 장부에도 적히지만, 같은 집안사람이 아니거나 그 사람과 자주 교제하지 않는 사람들은 알지 못하는 수가 많다. 보통 서민은 관명이 없다. 조선에는 별호가 매우 흔하고, 누구든지 그것을 부를 수 있다.

여기서 주의해둘 것은 조선 예법은 부모나 숙부, 그밖에 모든 손윗사람의 이름을 부르는 것을 금할 뿐만 아니라, 발음하는 것까지도 금지한다는 것이다. 그런 경우, 교양 있는 사람들은 여러 가지의 완곡한 표현을 쓴다. 임금 이름은 하나 또는 두 자의 중국 글자로 되어 있는데, 베이징 궁정에서 책봉冊封할 때 지어준다. 그것은 절대로 불려서는 안 되고 백성은 그 이름을 알지도 못한다. 왕이 죽은 뒤, 그 후계 왕이 그에게 시호諡號를 올리고 역사에서는 그 이름으로 가리키게 된다.

끝으로 조선에서, 특히 상류 계급에서 시행하고 있는 법정상喪에 관해 몇 마디 말하겠다. 양반은 부모나 가까운 일가가 죽었을 때 자기 투로 마음대로 울 수 없다. 거상居喪의 지시와 장소, 방법, 기간에 관하여, 정부가 발표한 상례 규정에 상세히 설명되어 있는 법규에 합치해야 한다. 어떤 중대한 점에 있어서 그 법규를 어기면 체면을 잃게 될 것이다. (p. CXXXVI) 바꾸어 말하자면, 아무 앞에도 감히 나갈 수 없을 만한 수치가 될 것이다. 우선 시신을 매우 두꺼운 나무관 속에 넣고 그것을 특별히 이 목적을 위해 차리고 꾸며놓은 방에 몇 달 동안 둔다. 시신 둘 방을 가질 길이 없는 평민은 관을 집 밖에다 두고, 비를 가리기 위해 짚으로 엮은 거적으로 덮는다. 이 시신의 방에 하루 적어도 네 번은 곡하러 가며, 그 방에 들어가려면 특수한 옷차림을 한다. 그것은 찢어지고 길고 세상에도 없는 꾀죄죄한 회색 베의 커다란 프록코트로 되어 있다. 허리에는 짚과 실로 된 손목만 한 굵은 줄을 두른다. 그와 비슷한 엄지손가락만한 또 하나의 끈을 회색 베의 건을 쓴 머리에 두른다. 그 끈의 양쪽 끄트머리는 앞으로 양쪽 뺨 위에 드리워진다. 보선과 특별한 신을 신고 손에 마디 많은 굵은 지팡이를 쥐면 복장은 완비된다.

그런 야릇한 옷차림을 하고, 아침 일어나서와 식전마다 빈소殯所에 간다. 여러 가지 음식을 차린 조그만 상을 가져다 관 옆 제단 위에 놓는다. 다음에 의식을 주재하는 사람이 몸을 구부려 지팡이에 기대고 구슬픈 울부짖음 소리를 선창한다. 부모상에는 이 울부짖음은 '아이고'라는 음절로 되어 있는데, 이 '아이고' 소리를 슬픈 곡조로 15분이나 반시간 동안 끊임없이 되풀이한다. 다른 친척일 경우에는 '어이 어이'라고 노래 부른다. 슬퍼하는 곡소리가 세면 셀수록, 곡하는 시간이 길면 길수록, 거상자居喪者에 대한 일반의 존경이 더 커진다. 곡이 끝나면 물러가고, 음식을 내 가고, 상복을 벗고, 식사를 한다. 삭망에는 모든 친척들과 친구들과 아는 사람들이 초대되어 의식에 참석한다. 그런 행사는 치상이 끝난 뒤에도 2, 3년간 계속되고, 그 기간 동안 체면 지키는 양반은 자주 부모의 무덤에 가서 울부짖어야 한다. 때로는 온종일에 밤까지 거기서 지낸다. 무덤 옆에 조그만 집을 세우고, 여러 해 동안 거기서 삶으로써 높은 성덕聖德의 명성과 광범한 숭배를 획득한 사람의 예도 있다. (p. CXXXVII)

11
종 교

조상숭배, 승려, 민간미신

지방 전설에 의하면, 불교 즉 석가모니의 가르침은 예수 기원 4세기에 조선에 들어와서 그때 반도를 나누어 갖고 있던 3국에 제법 퍼졌다. 고려 왕조가 이 3국을 단 하나의 왕국으로 통일했을 때[1] 고려조는 국교로 된 이 교리의 신도를 보호했다. 14세기 말에 고려조가 넘어지고, 그 뒤를 이은 조선 왕조의 군주들은, 베이징 황제의 세력과 아마도 그 정식 명령에 굴복하여, 중국 연대기와 책력뿐만 아니라 유교까지도 받아들였다. 그들은 예전 종교를 금하지는 않았으나 되는대로 내버려두었다. 그래서 자연적인 추세로 말미암아, 불교도의 수는 줄곧 줄어만 갔고, 그 교리는 그 중들과 같이 오늘날 업신여김을 받고 있다. 반대로 법률에 의해 확립된 유교는 지배적인 종교가 되었고, 그 신앙은 국가적인 신앙이 되고, 중대한 점에 있어서 그 규율에 위반할 때는 모두 윤 바오로[2]와 권 야고보[3]의 공판 기록과 이 역

1) 삼국을 처음 통일한 것은 물론 고려가 아니고 신라였다. p. 43 주1 참조 : 역주.

2) **윤 바오로** 윤지충尹持忠, 전라도 진산珍山사람, 정약용丁若鏞의 외종外從. 정약전丁若銓의 인도로 개종하였으며, 조상의 신주를 불사르고 제사를 지내지 않았다 하여 잡아 죽였는데, 이것이 1791년 신해교난辛亥教難의 실마리가 되었다 : 역주.

3) **권 야고보** 권상연權尙然, 경상도 안동사람, 윤지충의 외사촌. 윤과 함께 신해교난 때 순교하였다 : 역주.

사책에 자세히 적은 그밖의 기록들이 증명하다시피, 극형으로 처벌 받게 마련이다.

우리는 여기서 이 유교 자체에 관해서는 말하지 않겠다. 선교사와 중국 학자들의 연구는 2세기 전부터 이 문제를 다 탐구해 버렸으며, 칭찬과 비난의 상반된 과장誇張을 통해, 오늘날 사람들은 이에 관해 거의 올바른 관념을 갖기에 이르렀다. 여기서는 다만 유교가 조선에서는 어떤 것인가 만을 보기로 하겠다. 다수 국민에 있어서 유교는 조상 숭배와, 임금에 대한 의무, 부모에 대한 의무, 부부간의 의무, 노인에 대한 의무, 친구간의 의무 등 5대 의무 속에 존재한다. 그밖에도 유교에는 대개 하늘과 혼동하고 있는 상제上帝에 관한 다소 막연한 관념이 있다. 학자들에 있어서는, 공자와 위인의 숭배, 중국 경서經書의 존중, 끝으로 나라의 수호신인 사직社稷에 대한 국가적 예배를 덧붙이지 않으면 안 된다. (p. CXXXVIII) 또 이따금 정부의 공적 기록에는 착한 신과 운명신에 관해서도 적혀 있다.

선교사는 흔히 매우 유식한 조선사람들에게 그들이 말하는 상제라는 말의 뜻이 무엇인가고 물어 보았으나 한 번도 명확한 대답을 얻지 못했다. 어떤 사람들은 그것이 우주의 창조자이자 관리자인 하느님을 가리킨다고 믿고 있고, 또 어떤 사람들은 곡식을 생산하고 저장하고 익게 하며, 병을 물리치는 하느님의 힘을 가졌다고 간주되는 단순한 하늘이라고 주장하고, 대부분은 무엇인지 알지 못하고 별로 개의치도 않는다고 고백하고 있다. 비를 빌거나 날이 개기를 빌기 위해 또는 여러 가지 재액을 쫓기 위해 나라에서 제사를 드릴 때, 그 기원祈願은 그 제식을 책임 맡은 수령이 지은 기도문에 따라 혹은 하느님에 혹은 하늘에 바쳐진다.

아주 드물게밖에 올리지 않지만 그런 제사에 대해 좀 자세히 살펴보자. 어떤 고을이나 지방이 가뭄으로 고생하면, 정부는 수령들에게 명령을 내리고, 수령은 제각기, 정한 날에 아침부터 수종과 아전, 사령들을 이끌고 지정된 곳에 간다. 거기서 그는 아무 것도 먹지 않고, 담배조차도 안 피우고, 길시吉時가 오기를 참을성 있게 기다린다. 그것은 보통 자정께인데, 어쨌든 자정이 지난 뒤에야 수령은 집에 돌아가게 마련이다. 정각에 그는 돼지와 양과 산양을 잡아서 피와 생고기를 신에게 바친다. 이튿날은 쉬고, 다음다음 날 다시 시작하고, 비가 오실 때까지 하루씩 걸러서 그와 같이 계속한다. 서울에서는 날마다 제사를 올리도록 수령들이 교대한다. 두서너 번 제사를 드려도 비를 얻지 못하면 자리를 갈아 더 상서로운 다른 곳으로 자리를 잡는다. 그렇게 차지하게 될 장소는 옛날부터의 관습에 의해 정해져 있다. 기도가 보람이 없으면 대신이 수령 대신 와서 제사를 드린다. 그리고 마지막으로 수령도 대신도 아무 효과를 못 얻었을 때는, 임금이 몸소 성대하게 차리고 와서, 백성의 구원을 얻기 위해 제사를 드린다. 비가 올 때는 제관祭官이나 그 수행원들은 비를 피해서는 안 되고, 자정이 지나 집에 돌아갈 때까지 기다려야 한다. 백성들도 모두 그들을 본받는다. 왜냐하면 그토록 갈망하던 비를 피하려 한다는 것은 하늘을 모독하는 것이라고 생각되기 때문이다. (p. CXXXIX) 그리고 누가 만약 운 나쁘게도 갈모를 쓰든지 우산을 펴려고 하다가는, 그것을 빼앗아 산산조각을 내고, 그 사람도 마구 얻어맞고 욕을 먹을 것이다.

기우제를 드린 뒤 비가 오면, 그 수령은 나라에 큰 공을 세운 것으로 간주되고, 임금은 그를 승진시키거나 그에게 귀중한 선물을 내려서 포상褒賞한다. 몇 년 전에 서울의 한 벼슬아치는 정한 시간 전에 제사를 드렸다고 해서 즉시 파직되었다. 그러나 바로 그 날 밤 비가 떨어지기 시작했다. 그는 복직되고, 제사

중에 흠뻑 비를 얻게 되었던 그 다음 날의 벼슬아치와 더불어 상을 탔다. 그들은 다 같이 임금으로부터 사슴 가죽을 받아 자기들 집까지 한껏 성대하고 화려하게 가지고 갔다.

좋은 날씨를 얻기 위한 제사는 서울에서는 남대문 위에서 거행된다. 시간도 기우제와 같고, 제관도 같은 재계齋戒를 하며, 이 제사가 계속되는 동안은 밤낮으로 줄곧 문이 닫혀 있어서 교통이 차단된다. 또 때로는 그 동안에 시신 운반을 금지하는 수도 있다. 금령에도 불구하고 이때 출상 길을 떠난 사람들은, 그것을 알지 못했든, 살짝 지나가려고 했든, 또는 점쟁이가 정한 장례식 날을 변경할 수 없었든 간에, 가차없이 성문에서 제지당한다. 그들은 매장하기 전에는 집에 돌아갈 수 없으므로, 그들과 그들이 운반하는 관은, 다시 갠 날씨가 돌아와서 금지가 해제될 때까지, 흔히 며칠 동안이고, 비를 맞으면서 머물러 있지 않으면 안 된다.

간혹 호열자(콜레라) 같은 큰 재앙이 있을 때에는 더 많은 제사 비용을 마련하기 위해 개인들이 추렴도 하고 모금도 하며, 또 임금은 임금대로 부분적 또는 전반적 대사大赦를 베풀어 하늘의 노여움을 가라앉히려고 애쓴다.

상제 또는 하늘에 대한 그런 국가적 예배 이외에 정부는 서울에 하나의 사당祠堂을 보존하여 정기적으로 사직社稷에 제사를 드리고 있다. 다블뤼이 주교는 이렇게 쓰고 있다.

"나는 때때로 사직이라는 것이 무엇이냐고 물어 보았습니다만, 그 대답은 매우 애매합니다. 대개는, 사라는 것은 지신地神이고, 직이라는 것은 오늘날 수호신 중에 들어 있는 중국의 농업 창시자라고 주장합니다. 그야 어쨌든 서민은 사직이라는 것에 별로 관심이 없고, 시골에서는 그 이름도 그 제사도 모르고 있습니다. (p. CXL) 그러나 수도에서는 그 사당은 가장 신성한 것이고, 현 왕조의 조상 위패를 모시는 종묘도 그 다음 차례밖에 안 됩니다."

학자의 종교의 주요 부분이고 절대 다수의 국민이 알고 충실히 믿고 있는 유일한 종교는 조상 숭배이다. 상사喪事와 묘지와 가묘家廟에 관한 법률의 중요성은 바로 거기서 유래하는 것이다. 왕의 장례와 친족의 의무에 관해서는 이미 임금의 초상과 능에 관한 데서 자세히 말한 바 있다. 여기서는 보통의 묘와 위패에 관해 몇 가지 개념을 적어서 그것을 보충하기로 하자.

장지葬地의 선택은 모든 조선사람들에게 중대한 일이다. 상류계급 사람들에 있어서는 그것은 그들의 주된 관심사라고 할 수 있다. 그들은 일가의 운명과 일족의 번영이 그 선택에 걸려 있다고 믿고 있고, 상서로운 곳을 찾아내기 위해서는 아무 것도 아끼지 않는다. 그러므로 그런 학문을 전공한 음양가와 점쟁이는 이 나라에 파다하다. 묘지가 결정되고 거기에 시신을 모신 뒤에는, 복이 그 쪽으로 옮아갈까 봐 아무도 거기에 매장하지 못하게 하며, 그 금지는 묘를 쓴 사람의 권력 정도에 따라서 다소 상당한 거리에까지 미친다. 능에 있어서는 그 부지는 사방 수 리里에 미치고, 능이 보이는 주위의 산까지 들어간다. 대관 귀족들은 그들대로 한껏 넓은 땅을 차지하고, 거기에 나무를 심고, 절대로 베어 가지 못하도록 하므로, 세월이 흐름에 따라 정말 훌륭한 숲을 이룬다. 만약에 누가 이미 남이 차지한 산소에 몰래 매장하게 되면, 그 산은 법률상 견지에서 볼 때 최후 매장자의 소유물이 되므로, 이런 경우에 처음 무덤이 양반이나 부자의 것일 때는 그 시신을 파 가게 하거나, 그렇지 않으면 무덤을 깎고 땅을 골라서 흔적만 없애 버림으로써 만족한다. 이로부터 말다툼과 싸움과 격렬한 원한이 빚어지고, 그런 원한은 조선사람들의 다른 모든 원한처럼 대대로 넘겨진다.

법률은 다른 집안에 속하는 사람의 시신을 파내는 것을 금하고, 죽은 사람의 친족만이 그것에 손댈 권리를 가지고 있다. 몇 해 전에, 선교사가 살고 있던 산 뒤에, 아버지 상을 당한 돈 많은 상인 하나가 마음에 드는 묘지를 찾아냈다. 그 근처에 양반의 무덤이 몇 개 있었다. 그 사이의 거리는 법률상 충분했으므로 상인은 매장할 권리가 있었다. (p. CXLI) 그러나 조선에서는 가장 강한 자의 이론이 거의 언제나 가장 옳은 것이므로 양반은 반대했다. 상인은 끝끝내 버티고, 묘지기들의 온갖 저항을 물리치기 위해, 씩씩한 장사 백 명쯤을 비밀히 사서, 규정대로 매장을 하고, 자기 패와 더불어 물러갔다. 그것은 저녁 여섯 시 무렵이었다. 묘지의 처음 소유자였던 양반들은 거기서 30 리 떨어진 곳에 살고 있었는데, 아침부터 그 기별을 받았으나, 반시간 뒤늦게야 2, 3백 명을 거느리고 도착할 수 있었다. 그들은 이미 산을 뺏겼다. 갓 묻은 시신에는 감히 손을 대지 못하므로, 그들은 한 패를 이끌고 상인을 뒤쫓아 가서 그의 심복들을 후려치고, 상인을 잡아 손발을 묶어서, 떠들썩한 가운데, 그의 아버지의 무덤까지 떠메고 왔다. 불쌍한 상인은 가엾게도 무서움과 피로로 절반 죽어가지고, 삽질을 시작했다. 그러자 다른 사람들도 시신을 파낼 수가 있었으므로, 그것은 몇 분밖에 걸리지 않았으며, 상인은 다른 데 가서 묘지를 찾지 않으면 안 되었다. 서민은 자기 무덤을 지키기 위해 갖은 수단을 다 쓴다. 어느 날 아전들이 어느 가난한 집안에서 가지고 있는 땅에 아전 하나를 매장하려고 했다. 그 집안의 가장은 아무리 항의를 해도 소용이 없음을 알고, 아전들이 하는 매장에 조용히 입회했다가, 장례식이 끝난 뒤에, 무덤 파는 사람들에게 술을 먹였다. 그리고는 세상에도 태연스럽게 자기 넓적다리 살을 베어, 피가 뚝뚝 떨어지는 살점을 술안주로 그들에게 주었다. 원이 이 사실을 알고, 백성이 아전들을 저주한다는 소리를 듣고, 그들을 엄벌에 처하게 하고, 송장을 파내어 그 곳을 처음 소유자에게 돌려주게 했다. 또 어느 때에는 쇠백정 하나가 매우 권세 있는 양반에게 아버지의 묘지를 빼앗겼다. 다름 아니라 그 양반이 같은 곳 바로 곁에다 자기 어머니를 파묻었기 때문이다. 가엾은 백정은 항의는커녕 장례하는 사람들을 매우 기꺼이 도와주고, 그 호의의 보상으로 새 무덤의 묘지기로 임명 받게 되었다. 며칠 뒤에 그는 두 송장 사이에 나무를 심어서 울타리를 만들었다. 여느 때처럼 자기 어머니의 산소에 성묘 온 양반은 어찌된 일인가고 물었다. "이렇게 하지 않을 수밖에 없었습니다"라고 산지기는 대답했다. "그러나 그 이유는 죽어도 말씀드리지 못하겠습니다." 양반은 매우 호기심에 끌려, 그를 달래기도 하고 칭찬도 하며, 벌주지는 않겠다고 몇 번이고 다짐했다. "이런 일을 어떻게 여쭙겠습니까?"하고 백정은 말했다. (p. CXLII) "며칠 전 밤에 소인은 제 아비 시신이 일어나서 곧장 자당님 뫼로 걸어가는 것을 보았는데, 그 다음은 감히 여쭙지 못하겠습니다. 그래서 이튿날 아침 일찌감치 그런 추악한 독신瀆神 행위를 막기 위해 저 나무 울타리를 심었습니다." 부끄러워 죽을 지경이 된 그 양반은 한 마디도 대답하지 못하고, 당장 그 날 저녁에 자기 어머니의 관을 파내게 하여 딴 데로 옮겨 갔다.

사람이 죽으면 곧 죽은 사람의 혼백이 들어와서 살 신주를 만든다. 이 신주는 대개 밤나무로 만들며, 그 나무는 사람 사는 데서 썩 멀리 떨어진 숲에서 베어오지 않으면 안 된다. 그것을 조선사람들은 이런 말로 표현하고 있다. '신주를 만들려면 생전에 (베기 전에) 개 짖는 소리, 닭 우는 소리를 들은 일이 없는 나무라야 한다.' 이 신주는 백연白鉛을 칠한 조그만 널빤지인데, 그 위에 중국 글자로 죽은 사람의 이름을 써놓은 것이다. 측면에는 혼백이 들어갈 구멍을 뚫어놓는다. 신주는 네모진 상자에 넣어서 부자 집에서는 특별한 방에, 서민 집에서는 집 한 쪽 구석의 일종의 벽감壁龕 속에 간직한다. 가난한 사람들은 종이로 신주를 만든다. 27개월의 복상 중 날마다 신주 앞에서 상식上食을 드린다. 이마를 먼지 속에 대고 엎드려, 정성 들여 장만한 여러 가지 음식과 담배를 올리고 향을 피운다. 탈상 후에도 한 달에 몇 번씩, 법률과 관습으로 정해진 날에, 혹은 신주 앞에서, 혹은 산소에서, 계속하여 그런 제물을 올린다. 4대 후에는 위패를 땅에 묻고, 위패를 영원히 보존하는 특이한 사람을 제외하고는 제사는 마침내 끝난다.

모든 조선사람들에게 공통된 이런 조상 예배 이외에, 학자와 양반들은 공자와 위인들을 예배하는데, 그들에 대한 제사는 특별한 사당에서 드린다. 그들을 신이라고 생각해서가 아니라 그들이 수호守護 영신靈神 또는 정령精靈이 되었다고 생각하고 있기 때문이다. 그러나 그것은 무슨 뜻일까? 그것을 알기는 어렵다. 다블뤼이 주교는 이렇게 쓰고 있다. '이 나라에서는 사람들이 영靈과 육肉의 구별이나 혼魂의 영성靈性에 관하여 명확한 개념을 가지고 있지 않습니다. 우리 기독교 책에서 사람의 넋과 그 성질을 가리키는 데에 쓰는 혼魂, 신神, 영靈 등의 낱말은 이교도들에 의해서는 죽은 사람의 혼백이나 정령(精靈), 영혼을 가리키는 데에만 쓰입니다. 사람은 누구나 영혼을 가지고 있다고 내가 어느 꽤 학식 있는 이교도에게 말한즉 그는 그것을 인정하려 하지 않았습니다. 그는 말하기를, 우리들 범인에 있어서는, 우리들을 움직이고 우리들에게 생명을 주는 것은 숨이 떨어짐과 동시에 사라지나, (p. CXLIII) 위인들로 말하자면 죽은 뒤에도 그들은 존재한다는 것입니다. 그는 위인들의 영혼을 말하고 있는 것일까, 또는 그들이 정령 또는 혼백으로 변형되어 있다고 주장하는 것일까? 나는 모르겠습니다. 그 자신도 모르고 있었습니다.' 고을마다 공자묘廟가 있다. 그것은 넓은 부속지를 가진 이 나라로선 꽤 아름다운 조그만 건물이다. 그것을 향교라고 부른다. 이런 사당 앞은 말을 타고 지나갈 수 없으며, 이 성지聖地에 세워진 경계표에는 내려야 할 곳이라는 것이 표시되어 있다. 학자들은 이 사당에 모여 삭망에 제사를 드린다. 사당에 소속된 수입이 비용을 다 감당하지 못할 경우에는 고을의 금고에서 보충에 주어야 한다. 학자들은 자기들 중에서 소정 기간에 헌관獻官의 임무를 맡아 볼 사람을 선출한다.

서원은 임금의 허가로 위인들을 위해 세운 사당이다. 그들의 초상이 거기에 보존되어 있는데, 그 초상에 대해 사람들은 죽은 사람의 신주에 대하는 것과 거의 같은 숭배를 표시한다. 그 위인들에게 후손이 있으면, 그는 당연히 사당의 역원役員이 된다. 후손이 없을 때는 인근 학자들이 번차례로 헌관의 직무를 맡아 본다. 이들 서원 중 어떤 것들은 이 나라에서 매우 유명하고, 감사나 대신이라 할지라도 때로는 이런 사당의 역원들이 요구하는 막대한 금액의 제사 비용을 공금에서 내주기를 거절하는 날에는 그 지위가 매우 위태로워질 것이다.

중국의 경서經書는 또한 조선사람들의 경서이기도 하다. 이 경서에는 통속어로 된 공식 해석본이 있는데, 정부의 명령 없이는 단 한 마디도 고치지 못한다. 학자나 박사들이 중대한 점에 관해 감히 다른 주석을 붙이다가는 그런 대담한 짓을 한 값으로 목숨을 바치고도 모자랄 것이다. 몇 해 전에, 어떤 양반이 공자의 제자인 한 현인에 대해 공격했다는 고발을 받아, 하마터면 학자들의 소동으로 목숨을 잃을 뻔했는데, 임금이 간신히 그의 목숨을 건졌다.

이런 책 외에 조선에는 정부가 금지하는 예언집 즉 점쟁이의 책이 있어 비밀히 나돌고 있다. 이 책은 매우 옛날 것이라고들 말하고 있다. 이 책은 신성한 해에 불교도 유교도 아닌 종교가 창립된다고 분명히 예언하고 있다고 사람들은 말하고 있다. 그러나 이 신성한 해라는 것이 무엇인가? 아무도 아는 사람은 없다.

국교國敎 이외에, 앞서 말한 바와 같이, 불교 즉 석가모니의 가르침이 있으나, 지금은 거의 쇠퇴하였다. (p. CXLIV) 현 왕조 이전에는, 때때로 석가여래釋迦如來-釋家出라고 부르는 조선의 부처가 그 중들과 같이 매우 존경을 받고 있었다. 모든 큰 절이 세워진 것은 그 때였고, 그 중의 어떤 것들은 오늘날도 현존하고 있다. 절은 고을마다 있었고, 백성과 임금의 시주施主는 그 번영을 유지했다. 시주만 가지고 모자랄 때는 국고가 그것을 채웠다. 고려조의 여러 임금은, 신앙심에서, 불교식으로 그런 절에 매장되기를 바랐다. 불교식이란, 시신을 불사르고 그 재를 그릇에 모아서 특별한 곳에 보존하든지 물에 던지는 것이다. 어떤 임금 하나는 아들 셋을 가진 집은 모두 아들 하나를 출가시켜야 한다는 법령까지 내렸다. 14세기 말에 조선 왕좌에 오른 현 왕조는 조금도 불교를 금하지는 않았으나, 완전히 버리고 돌아보지 않았으므로, 그때부터 절과 중과 여승은 사뭇 일반의 존경을 잃어만 갔다. 하기야 오늘날도 때때로 정부가 공식으로 부처에 기원 드리는 일이 있고, 왕비나 공주가 특별한 경우에 어떤 절에 조그만 시주를 하지만, 그뿐이고, 모든 사람들이, 불교도까지도, 몇 세대 후에는 그들의 종교는 추억밖에 안 남으리라고 솔직히 말하고 있다.

중국식으로 세운 불교 사원은 대개 주목할 만한 것이 아무 것도 없다. 불상이 있는 법당은 꽤 좁으나, 그 둘레에는 으레 중들의 거처하는 방, 공부하는 방, 집합소가 되는 수많은 방들로 에워싸여 있다. 대부분의 절은 그 폐허만이 남아 있다. 그 절들은 보통 산중 적막한 곳에 위치하고 있고, 그 경치가 썩 훌륭한 곳도 많다. 더군다나 여름에는 학자들이 거기에 모여서 학문과 문학 토론에 골몰한다. 거기는 고요하고, 쓸쓸하고, 공기도 좋다. 중들은 사소한 보수를 받고 그들에게 시중을 들어준다.

이 중들은 지금 거의 아무런 재원財源도 없다. 그들이 좀 세력을 보유하고 있는 경상도를 제외하고는, 그들은 살기 위해 동냥을 하거나, 종이나 짚신 제조 같은 여러 가지 수공업에 종사하지 않을 수 없게 되었다. 어떤 중들은 사찰에 부속한 땅뙈기나 갈아 먹는다. (p. CXLV) 그들의 종교는 인기가 없는 까닭에, 새로 중을 보충하기가 어렵고, 또 모든 수업修業을 포기하지 않으면 안 되었다. 오늘날 중이 되는 사람들은 거의 다 절에 보호를 구하는 무뢰한과, 결혼하지 못한 자와, 혼자서 살기 싫거나 살지 못하는, 자식 없는 홀아비들이다. 민중은 그들을 깔보고, 그들을 싸움꾼, 사기꾼, 위선자로 보고 있다. 그러나 관습에 의하여, 그리고 또 아마 어떤 미신적인 두려움에서 그런지도 모르겠으나, 사람들은 그들에게 곧잘 보시布施를 한다.

다른 모든 불교의 나라에서와 마찬가지로 조선에도 여승들이 있는데, 그들은 그들에게 입주하지 못하게 되어 있는 절에서 그리 멀지 않은 곳에 있는 승방에서 같이 살고 있다. 남승과 같이 여승도 승방에 있는 동안은 순결을 지켜야 하며, 아이를 낳으면 사형을 받을 것이다. 그러므로 사람들이 단언하는 바에 의하면 신중들은 흉측한 낙태술에 매우 능란하다 한다. 그들의 풍기는 타기할 만한 것으로 알려져 있다. 게다가 남승이나 여승들이 환속還俗하고 싶을 때 절을 떠나오는 것은 전혀 자유이며, 그런 일은 날마다 있는 것이다. 그들은 무얼 하면 좋을지를 몰라서 그런 절간에 들어왔으므로, 얼마 동안 절간에 있어 본 뒤에, 싫증이 나면, 다른 데 가서 팔자를 고쳐보려고 거기서 떠나가는 것이다.

이러한 것이 조선에서의 유교와 불교의 현상이다. 이 두 교리는, 사람들이 흔히 지적하다시피, 그리고 우리가 보기에 매우 지당하다고 생각하거니와, 실상 이 두 교리는 두 개의 다른 형태의 무신론에 불과하다. 두 교리의 법률상의 공존과, 종교적 신앙을 별로 심사숙고하지 않는 국민의 정신에 있어서의 두 교리의 필연적인 혼합으로부터, 거의 모든 조선사람들의 특징이 되어 있는 저 실제적인 무신앙과 내세來世에 대한 무관심이 빚어난다. 모두가 신주 앞에 꿇어 엎드리고 제사를 드리지만 진심으로 그 효과를 믿는 사람은 적다. 그들은 최고 권력과 영혼의 존재에 관해 막연한 관념은 가지고 있으나, 그런 것에는 개의치 않으며, 그들에게 죽음 뒤에 올 것에 관해 이야기하면, 그들은 프랑스의 상류 및 하류 계급의 자유사상가들과 같은 어리석은 대답을 한다. 그걸 누가 알아? 아무도 죽었다 돌아온 사람은 없다. 중요한 것은 목숨이 붙어 있는 동안 그것을 즐길 뿐이다. 그러나 거의 모든 조선사람들은 실제적으로 무신론자이지만, 그 반면, 불가피한 결과로, 그들은 가장 미신적인 사람들이다.

그들은 도처에 귀신을 본다. 그들은 길일吉日과 흉일凶日, 상서로운 곳과 불길한 곳을 믿는다. 모든 것이 그들에게는 길흉을 나타내고 있다. (p. CXLVI) 끊임없이 그들은 제비를 뽑고 점을 쳐 본다. 모든 중대한 행동이나 기도企圖의 앞뒤와 중간에 불제祓除와 제사와 술법을 거듭한다. 집집이 출생과 생명의 보호신인 성주와, 주거住居의 보호신인 가신家神 등을 모셔두는 한두 개의 단지가 있고, 때때로 그 단지 앞에서 큰절을 한다. 산을 지나다가 무슨 사건이 일어나면 산신에게 제물을 바쳐야 한다. 사냥꾼은 성적이 좋은 날과 나쁜 날에 따라 특별한 계율을 지킨다. 뱃사람들은 더욱 그러하다. 하늘의 모든 바람에도, 별에도,

땅에도, 물에도, 그들은 제물을 올리니까 말이다. 길 위와 특히 언덕 마루터기에는 조그만 사당이 있거나 돌무더기만 있는 데도 있다. 행인마다 사당에 종이나 헝겊이나 그밖에 다른 것을 걸거나, 무더기에 돌을 던져야 한다. 이교도의 나라에서는 어느 때 어디서나 다 매일반이지만, 여기서도 뱀은 미신적 공포의 대상이다. 감히 뱀을 죽이는 조선사람은 매우 적을 것이다. 때로는 그들의 누옥陋屋 지붕이나 담벼락에 사는 뱀들에게 음식을 풍부히 규칙적으로 가져다주는 일조차 있다. 상중에 있는 사람은 어떤 동물도 죽이지 못한다. 이가 물어도 감히 잡아 없애지 않는다. 부인은 이 나라에서는 온갖 일을 다 하지만, 병아리도 죽이려고 하지 않을 것이며, 다른 사람이 죽여놓은 것을 창자조차도 꺼내려고 하지 않을 것이다.

대부분의 가정에서는 집안에 불을 소중히 간직해두고, 결코 꺼지지 않도록 한다. 만약에 그런 불상사가 일어난다면, 그것은 그 집안에게는 가장 큰 불행의 전조이자 원인이 될 것이다. 그런 일을 피하기 위해, 날마다, 아침저녁의 식사를 차린 뒤에는, 타다 남은 잉걸을 재와 함께 각로脚爐 같은 모양의 오지그릇에 넣어서 불씨를 간직하도록 필요한 주의를 하여, 다음에 다시 불을 일으킬 때에 사용한다. 어느 날 사랑에서 많은 손님들을 접대하고 있던 한 양반이, 식사 준비를 해야 할 때, 하인 하나가 손에 짚단을 들고 나가는 것을 보았다. "어디 가느냐?"하고 그는 소리를 질렀다. – "불을 얻으러 이웃집에 갑니다. 집에는 아무 데도 불이 없습니다."하고 하인은 대답했다. – "그럴 리가 있나"하고 주인은 얼굴이 새파래져가지고 말하고는 이내, 손님들을 두고, 불을 간직해두는 여러 방의 오지그릇으로 달려가서, 무릎을 꿇고, 눈에 눈물을 글썽거리면서, 초조하게 재를 뒤적거렸다. 드디어 희미한 불빛이 눈에 띄었다. (p. CXLVII) 그는 불을 불어 불쏘시개에 불을 붙이기에 성공했다. "잘됐다!"하고 그는 사랑에 돌아오면서 외쳤다. "우리 집안 운명은 아직 다되진 않았어. 내 조상이 10대 전부터 충실히 전하신 불을 되살려냈거던. 나도 이제는 내 자손들에게 불을 전할 수 있게 됐어."

앞서 우리는 천연두가 조선에서 얼마나 무서운 것인가를 말했다. 천연두가 마을에 들어올 것으로 예상될 때에는, 남자 여자 할 것 없이, 새 물독으로 물을 죽죽 끼얹어 머리를 감는 그런 목욕을 매우 자주 되풀이하여, 이 유명한 역신疫神 마마의 방문을 예절 바르게 맞이할 차비를 한다. 이런 경우에 바닷물을 얻을 수 있다면 민물보다 효력은 훨씬 크다. 동시에 집집이 대문 아래나 방문 옆에, 과실을 상에 차려 놓는다. 병이 집에 들어왔을 때에는, 그 집에 조그만 기를 꽂든지 대문에 황토를 칠하여, 다른 사람들이 와서 이 무서운 손님을 괴롭히지 못하게 한다. 손님의 환심을 사기 위해 잘 대접하도록 애쓰고, 엎드려 기도하고, 노래하고, 손님에게 경의를 표하기 위해 자주 제물을 바치고, 손님 이름으로 모든 이웃 사람들을 대접하기 위해 쌀과자를 만드는데, 그 쌀이 이 집 저 집에서 구걸해온 것이면, 그 일은 훨씬 갸륵하게 여겨진다. 사람들은 여러 가지 미신적 도구를 가진 무당 또는 마술사를 불러다가, 손님 마마를 화려하게 쫓아 보내기 위해, 저마다 살림 형편에 따라서 성대한 의식을 거행한다. 병에 걸린 어린이들은, 앓는 동안은, 신령들과 통하고, 천리안을 갖게 되고, 먼 곳에서 일어나는 것도 벽을 통해서 본다고 모두들 믿고 있다. 몇 해 전에, 열 두어 살 먹은 어린이가 집안에 앓아누워 있는데, 마을 양반 하나가 말총 관을 쓰고 무심코 이웃 마당에 들어왔다. 그 사람에게 매를 맞아 원한을 품고 있던 어린이는 그가 오는 것을 보고 부르짖었다. "관을 쓰고 저기 오는 저 양반이 손님 마마를 성나게 해서 내가 더 아파 죽겠다.

손님 마마의 화를 풀려면 저 양반 볼기를 때려야 해."

놀란 그 양반은 자기 잘못을 알고, 그 무서운 노여움이 자기를 위협하고 있는 불행을 피하기 위해 당장 속죄의 물매를 맞기에 동의했다.

이런 미신과 그밖에 수많은 미신들은 일일이 예를 들자면 너무 장황할 테니 그만두겠으나, 이 나라에 매우 널리 퍼져 있다. 어떤 유식 계급 남자들은 그런 미신을 경멸하고 조금도 믿지 않으나, (p. CXLVIII) 모든 신분의 여자들은 생명처럼 미신에 집착하므로, 남편들은 가정의 평화를 해치지 않기 위해, 그런 것에 참가하기는 거절하면서도 너그럽게 봐둔다. 그래서 위로는 대궐로부터 가장 보잘 것 없는 오막살이에 이르기까지, 미신은 널리 행해지고 있다. 이런 것으로 보아, 조선에는 남녀 간에 얼마나 많은 사기꾼이며, 음양가며, 점쟁이며, 무당이며, 사주 관상쟁이들이 곧잘 믿는 민중을 이용해먹고 살아가고 있는가를 알 수 있다. 집을 짓거나 장사 지내는 데 알맞은 땅을 살피고, 사업하는 데 상서로운 날을 점치고, 미래의 배우자 사주를 보고, 장래를 예언하고, 불행이나 재액을 불제하고, 궂은 기운을 몰아내고, 어떤 질병에 주문을 외우고, 악귀를 내쫓고 하여 돈을 버는 치들은 어디서고 볼 수 있으며, 그 때마다 으레 큰 굿을 하고, 법석을 치고, 많은 음식을 차린다. 그것도 그럴 것이 점쟁이의 게걸은 조선에서 유명하니까.

이 직업에서 가장 인기 있고 명성을 떨친 것은 장님들인데, 그들은 대개가 어려서부터 그 일에 종사하고, 그 비결을 같은 불구不具로 고생하는 어린이들에게 전한다. 그것은 가위 그들의 타고난 직무이며 대개 그들의 유일한 생활 수단이다. 변두리 지방에서는 제각기 따로따로 자기 책임하에서 일하고 있으나, 도시 특히 수도에서는 그들은 강력한 동업조합을 조직하고 있어서, 법률로도 인가되고 정부에 세금도 지불한다. 그들만이 밤중에 거리에 다닐 권리가 있다. 낮에는 둘씩 셋씩 패를 지어서, 자기들의 일을 필요로 할 사람들의 주의를 끌기 위해 독특한 소리를 지르고 있는 것이 보인다. 결정적으로 조합원이 되려면 적어도 3년의 수련기修練期를 겪어야 한다. 이 기간은 점술占術의 비결을 연구하고 특히 서울의 큰길과 골목길을 익히는 데 바쳐진다. 서울의 꼬불꼬불한 미로迷路와 막다른 골목과 외곬을 찾아 가는 그들의 재주는 신기하고도 쉽사리 이해할 수 없는 일인 것 같다. 어떤 집을 그들 소경에게 가리켜주면, 지팡이로 좀 더듬어서, 다른 일반 사람들과 마찬가지로 빨리 어김없이 찾아간다.

장래를 예언하고, 감춘 물건을 찾아내고, 점을 치기 위해 그들을 부르지만, 무엇보다도 귀신을 쫓아달라고 부른다. 이 마지막 경우에는 여럿이 함께 오는 것이 좋다. 그러면 그들의 굿은 한결 신속하고 효과적인 힘을 갖는다. (p. CXLIX) 그들은 처음에는 마루청과 오지그릇 또는 놋그릇을 막대기로 단조롭게 차츰차츰 빨리 치면서, 그 소리에 맞추어 묵직하고 느릿느릿한 목소리로, 이어서 시나브로 어조를 높여서, 여러 가지의 상투적인 글을 노래한다. 그리고는 이내 일종의 이상한 광란狂亂 상태에 들어가서, 노래의 운율은 차츰차츰 급해지고, 마침내는 지독하게 아우성치고 고함지르고 하여 무시무시한 소란을 빚어낸다. 이런 자세한 사실을 우리에게 알려주고 있는 다블뤼이 주교는 아래와 같이 외치고 있다. "굉장한 목소리가 아닌가! 정말 지옥의 귀신들을 깡그리 달아나게 하기에 충분하다는 것을 나는 단언합니다. 푸닥거리마다 서너 시간 계속되고, 때로는 다시 시작하는데, 줄곧 더 세차게, 하룻밤에 세 번씩 며칠 밤을 계속해서 합니다. 이런 굿이 벌어지는 집 옆에 사는 사람들은 불행한 일입니다. 나도 여러 번 겪어보았습니다만 눈을 감기란 절대로 불가능한 일입니다." 그러나 마침내는 푸닥거리하는 사람들이 귀신을 이기게 되어, 한 쪽 구석에 몰아넣고, 사방서 압축하여, 드디어 그들 중의 한 사람이 손에 들고 있는 단지나 병 속에 도망해 들어가게 만든다. 그리고는 이내 매우 조심하여 마개를 막고 끈으로 매면, 그 집은 반갑지 않은 손님을 쫓아 버렸으므로 개선가를 부르기 시작한다. 굿을 하는 동안 내내 귀신을 꾀기 위해 줄곧 여러 가지 음식을 낸다. 그 음식은 봉사의 소유물이 되는데, 그는 그밖에도 다소 상당한 금액의 돈을 받는다.

이런 경우와 그밖에 그와 비슷한 경우에 있어서 귀신의 실제적 행위로 말하자면 그것을 밝히기는 어렵다. 흔히 많은 사기와 협잡이 있다는 것은 아무도 의심치 않는다. 그러나 때때로 귀신은 자연 법칙과 어긋나는 현상에 의해서 인간이나 사물 속에 그의 존재와 행위를 실제로 나타낸다는 것, 마술의 의식에 의하여 악마와 직접 교통하는 참다운 마술사, 특히 무당이 있다는 것, 이 사실은 절대로 확실하다. 이른바 귀신 들린다는 현상은 때때로 있는 일이라는 것을 선교사들은 증언하고 있고, 그와 마찬가지로, 귀신에 홀리는 일은, 기독교도 중에도, 흔하지는 않지만 드물지도 않다.

뿐만 아니라, 조선에서 일어나는 이런 종류의 사실들은 모든 이교도의 나라에서도 일찍이 일어났었고 또 현재도 일어나고 있는 일들이다. 신약에서나 구약에서나, 성경의 모든 지면에는 그와 비슷한 예들로 가득 차 있으며, 세계 역사가 더 잘 알려져 있는 오늘날에 있어서도, 감히 그런 사실의 가능성을 부정할 진정한 학자는 아무도 없으리라. (p. CL)

12
조선인의 성격

도덕적 미점美點, 결점, 습관

조선사람의 커다란 미덕은 인류애人類愛 법칙을 선천적으로 존중하고 나날이 실행하는 것이다. 우리는 앞서 어떻게 여러 가지 동업조합이나 특히 친척이 서로 보호하고 서로 원조하고 서로 의지하고 서로 부조하기 위해 긴밀히 결합된 단체를 이루고 있는가를 보았다. 그러나 이 동포同胞 감정은 혈족 관계와 조합의 한계를 넘어서 확대되어 간다. 상호 부조와 모든 사람에 대한 흔연대접은 이 나라 국민성의 특징인데, 솔직히 말하여, 그런 특성은 조선사람을 우리 현대 문명의 이기주의에 물든 여러 국민들보다 훨씬 우위에 서게 하는 것이다.

혼례나 상례喪禮 같은 인생의 중요시기에 있어서 사람들은 저마다 직접 일을 당한 집안을 돕는 것을 자기의 의무로 여기고 있다. 모두들 선물을 보내고, 할 수 있는 모든 일을 보아준다. 어떤 사람들은 장보기를 맡고, 또 어떤 사람들은 예식 준비를 맡는다. 아무 것도 주지 못하는 가난한 사람들은 이웃이나 먼 마을에 사는 친척들에게 알리러 가기도 하고, 밤낮 서서 지내고, 필요한 노역勞役과 진력盡力을 거저 해준다. 마치 개인 일이 아니라 최고의 공익公益에 관한 일 같다. 어떤 집이 화재나 홍수, 또는 그밖에 무슨 사고로 부서졌을 때는, 이웃 사람들은 다시 집을 짓기 위해, 어떤 사람은 돌을, 어떤 사람은 나무를, 어떤 사람은 짚을 부랴부랴 가져다주고, 또 그런 재료 이외에 모두들 이틀 사흘씩 일을 해준다. 타관 사람이 어떤 마을에 이사 오면 모두들 그를 도와 오두막집을 세워준다. 누가 만약 먼 산중으로 나무를 베거나 숯을 구우러 가게 되었을 때는, 그 이웃 마을에 일시 머무를 곳을 틀림없이 찾아낸다. 쌀만 가져가면 된다. 그러면 그 마을 사람이 밥을 지어서 몇 가지 필요한 양념을 놓아줄 것이다. 마을 사람이 병이 나면 집에 약이 있는 사람은 달라고 하지 않아도 준다. (p. CLI) 대개 몸소 부랴부랴 가져다 주고, 그 약값은 받으려 하지도 않는다. 논밭갈이 연장은 빌리러 오는 사람에게는 언제나 빌려주고, 때로는 소까지도, 농번기를 제외하고는 꽤 선선히 빌려준다.

손님 대접은 누구나 다 가장 신성한 의무라고 생각하고 있다. 알든 모르든, 식사할 때 온 사람에게 밥 주기를 거절한다는 것은, 관습에 의하면, 다만 부끄러운 일일 뿐만 아니라 큰 잘못이 될 것이다. 길가에서 밥을 먹는 가엾은 일꾼들도 흔히 행인에게 밥을 나눠 먹자고 먼저 나서는 일이 많다. 어떤 집에 사소한 축제나 잔치가 있을 때는 모든 이웃 사람들은 언제나 마땅히 초대를 받게 마련이다. 자기 볼일로 먼 곳에 가거나 먼 데 사는 일가나 친구를 찾아갈 가난한 사람은 긴 여행 준비를 할 필요가 없다. 지팡이와 담뱃대와 몇 가지의 옷을 조그만 꾸러미 속에 넣어 어깨에 메고, 주머니 속에 돈푼이나 넣고, 하기야 주머니와 그 속에 넣을 돈이 있어야 말이지만, 그러면 그만이다. 밤이 되면 여관에 가지 않고 어떤 집에 들어가면, 그 사랑방은 모든 과객에게 개방되어 있으니, 하룻밤 먹고 잘 곳은 틀림없이 발견된다. 밥 먹을 때가 되면 그의 몫도 나온다. 자는 데는 방바닥에 깐 자리 한 구석이 있고, 공동 베개의 구실을 하는, 벽에 기대인 나무토막의 한 쪽 끝이 있다. 피곤하거나 날씨가 너무 나쁘면, 그렇게 때때로 하루 이틀 묵어도, 아무도 그에게 염치없다고 탓할 사람은 없을 것이다.

이승에는 가장 좋은 것에도 으레 좋지 못한 일면이 있게 마련이어서, 방금 위에서 말한 그 순박한 풍습도 몇 가지의 폐단을 빚어내고 있다. 가장 중대한 폐단은 그 풍습이 한 떼의 불량배의 게으름을 조장한다는 것이다. 그들 불량배는 일반의 환대歡待를 기대하여 아무 일도 아니하고 여기저기 떠돌아다니면서 세월을 보낸다. 가장 뻔뻔스런 어떤 사람들은 꼬박 몇 주일 동안이고 부자나 넉넉한 사람들 집에서 유숙하고 옷까지 얻어 입는데, 그들로부터 나중에 욕설과 험담을 들을까봐 감히 거절하지를 못한다. 특히 평안도에서는 그런 일이 꽤 빈번하다. 강원도 산중에서는 마을에 떼를 지어가지고 와서, 이틀씩 사흘씩 마을 사람들을 우려먹고, 다음에 다른 마을로 옮아가고, (p. CLII) 자꾸만 그렇게 하여, 그것이 꼬박 몇 달 동안이고 계속되는 일이 있는데, 정부에서는 백성을 보호하기 위해 감히 간섭하지도 못한다. 하잘것없는 도붓장수, 광대, 사주 관상쟁이들도 마찬가지로 뻔뻔스럽게 군다. 하지만 그것은 관습이 돼 있으니, 아무도 항의하거나 강제로 그런 귀찮은 손님을 내쫓으려고 생각하는 사람은 없다. 게다가 또 진짜 거지들도 있다. 그것은 돈 없는 병신, 불구자, 늙은이들인데, 그들에게 저마다 조금의 쌀과 몇 푼의 돈을 준다. 서울에는 수도를 여러 구역으로 나누어 맡아 가지고 날마다 이 집 저 집 동냥하러 다니는 여자 거지들의 공동 조합이 있다. 그 여자들은 심술궂고 건방져서 대체로 꺼림을 받고 있으나, 거지 떼로부터 봉변이라도 당할까봐 온순한 주민들은 마지못해 손을 움직이지 않을 수 없으므로, 그 여자들은 많은 동냥을 얻는다. 진짜 거지들 중에는 모든 중들도 헤아리지 않으면 안 된다. 어떤 중들은 필요해서 구걸하고, 또 어떤 중들은 도를 닦기 위해 구걸하는데, 후자後者는 산림이라고 불린다. 불교는 지금 전반적으로 평판이 떨어져 있는 터이지만, 거의 언제나 연민의 정情에서 또는 미신의 잔재에서, 사람들은 그들에게 몇 줌의 쌀을 준다.

방문, 야회, 초대, 그밖의 보통 사교 관계는 매우 빈번하고, 완전히 자유롭다. 부인들은 그런 모임에 결코 나가지 않고, 평생을 안방에서 보내며, 자기들끼리만 내왕한다. 물론 수다스럽고 게으른 유복한 사내들이나 특히 양반들은 줄곧 사랑에서 사랑으로 다니면서 시간을 보내고, 새 소식을 이야기하고 또는 꾸며내고 한다. 그런 사랑방 즉 바깥방은 집 앞 쪽에 있고 노상 아무에게나 개방되어 있다. 집 주인은 평소에 거기서 거처하고, 될 수 있는 대로 많은 친구를 맞아서 잘 대접하는 것을 자랑거리로 여긴다. 정치는 물론 화제의 중심이 되지 않는다. 아무도 그런 건 아랑곳하지 않을 뿐만 아니라, 그런 제목은 위험할 것이다. 그러나 사람들은 궁중과 장안의 최근 소식을 이야기하고, 그때의 험담을 퍼뜨리고, 어떤 명사名士가 말한 재담을 되풀이하고, 우화나 교훈담을 외우고, 학문이나 문학을 논한다. 특히 여름에는 학자끼리의 그런 모임은 조그만 학회가 되어, 한 주일에 서너 번씩이나 모여서 문학 비평 문제를 토론하고, 유명한 저서의 뜻을 캐고, 여러 시작詩作을 비교한다. 평민은 평민대로 거리나 길가에나 주막에서 만난다. (p. CLIII) 그들이 두서넛만 한데 모이면 이야기는 이내 꽃이 피어 결코 시들지를 않는다. 그들은 그들의 이름이며, 나이며, 주소며, 직업이며, 상업이며, 그들이 알고 있음직한 요즘 소식 등에 관해 조금도 거리낌 없이 서로 물어 본다. 조선사람은 무엇이고 아는 것을 말하지 않고 두지 못한다. 그들은 가장 하찮은 것이라도 모든 뉴스를 얻어 듣고, 그것을 될 수 있는 대로 모든 과장과 모든 거짓말로 꾸며서 곧 남들에게 전하지 않고는 정말 배기지를 못한다.

조선에서 사람들은 노상 매우 높은 소리로 말하고, 모임은 지극히 떠들썩하다. 한껏 높은 소리를 지르는 것이 점잖다는 것을 보여주는 것이 되고, 사교계에서 보통 소리로 말하는 사람은 다른 사람들에게 좋지 않게 보일 것이며, 짐짓 기인奇人 행세를 하려고 애쓰는 괴짜로 간주될 것이다. 법석에 대한 취미는 조선사람들의 타고난 것이고, 그들 생각으로는 아무 것도 마냥 떠들지 않고는 적당히 되지 못한다. 문학 공부는 책 한두 장을, 날마다, 몇 시간 동안이고, 목청이 끊어지게 되풀이 읽는 것이다. 노동자 농민들은 누가 가장 큰 소리를 지르는가를 다툼으로써 피로를 푼다. 마을마다 북과 나팔과 피리와 심벌 대용이 되는 몇 개의 솥뚜껑이 있어서, 흔히 여름철의 고달픈 노동 시간 중에, 한참 동안 일손을 멈추고, 힘껏 합주合奏하여 피로를 푼다. 군청과 법정에서, 수령의 명령은 부근 일대에 울리도록, 처음에는 사령이 받아 외치고, 다음에는 구석구석에 늘어서 있는 수많은 사령들이 되풀이한다. 나라의 관리가 집에서 나올 때는 다수의 하인들이 날카로운 소리를 질러 그가 나아감을 알린다. 어쩌다가 임금이 공중 앞에 나타날 때는, 수많은 사람들이 여기저기 배치되어 세상에도 무서운 고함을 지르며, 잠시도 그 소리가 끊이지 않도록 번갈아 그 일을 나누어 맡는다. 그런 때에 조금이라도 소리가 중단되면 상감마마에 대한 존경을 저버림이 된다.

조선사람은 남녀 간에 타고나기를 매우 정열적이지만, 참다운 사랑은 이 나라에서 거의 찾아 볼 수 없다. 왜냐하면, 그들에게서 정열은 순전히 육체적이고 애정은 조금도 들어 있지 않기 때문이다. 그들은 만족하기 위하여 손이 닿는 대로 아무에게나 맹목적으로 덤벼드는 저 동물적 욕망, 수적獸的 본능밖에 모른다. 그러므로 풍기의 문란은 모든 상상을 벗어난다. 그런 정도이므로 사람들의 과반수는 자기들의 진짜 부모를 모르고 있다고 감히 단언할 수 있다. (p. CLIV) 여러 번 기독교도 여자들은 이교도들에게 막 욕을 보려는 순간 다음과 같이 말하여 그들을 제지했다. “가까이 오지 마세요. 저는 당신 딸이에요.” 그러면 이교도는 그것이 정말 같지는 않아도 적어도 매우 있을 법한 일임을 알고서 물러간다. 게다가, 아무런 종교적 구속도 정열을 억제하지 못하고, 풍습과 물질 생활상의 필요로 말미암아 가난한 사람들, 즉 주민의 반수가 흔히 정조 관념을 잊어버리지 않을 수 없는 그런 나라에 있어서 어떻게 그렇지 않을 수가 있겠는가? 가난한 사람들의 집은 흙으로 지은 보잘 것 없는 오두막집에 불과하다. 그들은 두 개의 방을 가질 길이 없고, 설령 가지고 있더라도, 겨울에 둘 다 불을 땔 수가 없다. 그러므로 아버지와 어머니와 형제와 자매들이 모두 함께, 이불이 있다면 한 이불 속에서, 없다면 조금이라도 더 따뜻하게 서로 맞붙어서 잔다.

거의 모든 어린이들은 아홉 살 열 살이 될 때까지, 또 때로는 그보다 더 나이 들어서까지도, 여름에는 고스란히 발가벗거나 허리까지 내려오는 조그만 적삼 하나만 입고 지낸다. 기독교도의 어린이들은 일반적으로 한결 단정한 옷차림을 하지만, 선교사들은 그만한 양보를 얻는 데도 이만저만한 힘이 들지 않았다. 사내는 누구나, 결혼했거나 안했거나, 먹여 살릴 수 있는 한 얼마든지 첩을 두는 것은 자유이다. 여자가 어떤 마을에 오게 되면, 언제고 몸 둘 곳을 찾아낸다. 아무도 그 여자를 집에 둘 만큼 넉넉하지 못 하면, 번차례로 그 여자를 자기 집에 데려가서 며칠씩 먹여 살린다. 여자가 혼자 여행하다가 주막에서 밤을 지내다가는 영락없이 어느 놈에게 채이게 마련이다. 때로는 남자와 동반同伴일지라도 그가 튼튼히 무장하고 있지 않으면, 여자를 충분히 지켜내지 못한다. 매춘賣春이 대낮에 도처에 행해지고 남색男色이며 그밖에 자연에 어긋나는 범죄가 꽤 잦음은 말할 나위도 없다. 특히 마을 어귀의 길가에는 하류 사회의 창녀들이 약주 병을 가지고 있다가 나그네에게 제공한다. 대개의 남자들은 스스로 걸음을 멈추고, 그 여자들에게 노래를 시키거나 함께 희롱한다. 만약에 누가 거들떠보지도 않고 지나가면, 그 여자들은 조금도 거리낌 없이 그들의 옷을 잡아 붙들고 길을 막기까지도 한다.

그러나 그런 서글픈 광경으로부터 눈을 돌리고 어서 다른 문제로 넘어 가자.

조선사람들은 대개 완고하고, 까다롭고, 성내기 쉽고, 복수를 좋아하는 성격을 가지고 있다. (p. CIV) 그것은 아직도 그들이 빠져 있는 반半미개의 결과이다. 이교도들 사이에는 윤리 교육이 전혀 없으며, 기독교도들에 있어서도 교육이 그 성과를 거두려면 오랜 시일이 지난 뒤라야만 할 것이다. 어린이들은 거의 징계를 받는 일이 없고, 어른들은 그들이 걸핏하면 골을 내는 것을 웃어넘기고 만다. 그들은 그렇게 자라니, 나중에 어른이 되면, 남자 여자 할 것 없이, 노상 걸핏만 하면 격분을 터뜨리기가 일쑤다. 이 나라에서는 한 번 정한 결심을 표명하기 위해, 스스로 손가락을 찔러서 자기의 피로 맹세를 쓴다. 울화통이 터졌을 때는 이상하리 만큼 쉽게 목을 매달거나 물에 빠져 죽는다. 사소한 불쾌한 일이나, 한 마디의 멸시의 말이나, 아무 것도 아닌 일이 그들을 자살로 이끌어간다. 그들은 걸핏하면 성을 내는 것과 마찬가지로 복수를 좋아한다. 쉰 개의 음모 중 마흔아홉까지는 미리서 어떤 공모자에 의해 폭로되는데, 그것은 거의 언제나 개인의 원한을 만족시키고, 좀 따끔한 한 마디를 얻어 들은 데 대해 앙갚음을 하기 위한 것이다. 그들은 자기들의 원수의 머리에 징벌을 가할 수만 있다면 스스로 벌을 받는 것쯤은 그들에게는 아무렇지도 않다.

조선사람들을 유약하다거나 비겁하다고 탓할 수는 없다. 필요한 때는 그들은 태형笞刑이며 장형杖刑이며 그밖의 형벌을 태연하게 참고 받으며, 조금도 감동의 빛을 나타내지 않는다. 그들은 아플 때도 잘 참는다. 그들은 신체의 단련이며, 활쏘기며, 사냥에 많은 취미를 가지고 있고, 피로 앞에 굴복하지 않는다. 그러나 이상하게도, 그럼에도 불구하고 그들은 대개 군대로서는 매우 약한 것이어서, 조금 어려운 위험만 닥쳐오면, 무기를 버리고 사방으로 도망할 생각밖에 하지 않는다. 그것은 아마 단순히 훈련 부족과 조직의 결함 때문일 것이다. 유능한 장교만 있으면 조선사람들은 훌륭한 군대가 되리라고 선교사들은 장담하고 있다. 1871년[1]에 미국사람들은 필사적인 저항을 받았는데, 그들의 여러 가지 원정담遠征談에서 볼 때, 그들에게 대항한 정병대精兵隊의 용기는 높이 평가된다.

사냥은 천한 일로 생각되고 있다. 그러므로 양반들은, 시골의 가난한 몇몇 집안을 제외하고는, 거의 사냥에 종사하는 일이 없다. 사냥은 전혀 자유이다. 수렵 허가도 없고, 특별한 수렵장도 없고, 금지 기간도 없다. 죽이지 못하도록 돼 있는 유일한 짐승은 매인데, 그 생명은 엄격한 법률로 보호돼 있다. 한 마리라도 이 새에 상처를 입히는 사람은 불행하게도 수도 법정에 끌려갈 것이다. 사냥은 산중에서만 행해진다. 골짜기와 들판은 거의 다 논이 돼 있으므로 사냥꾼을 끌 만한 사냥감이 아무 것도 없다. (p. CLVI) 그들의 총은 매우 무겁고 멋없는 일본식 부싯돌 총이

---

1) 1871년 신미양란辛未洋亂, 고종 8년 4월 베이징 주재 미국 공사 로우와 미국의 아시아 함대 사령관 로저스가 기함旗艦 콜로라드호號 이하 5척의 군함을 거느리고 조선에 와서 우호통상을 요구하였으나 대원군은 쇄국정책을 고수하여 그들을 거절하자 미 함대는 강화도를 공격하여 서로 격전 끝에 미 함대는 철퇴하였다 : 역주.

다. 그런 불완전한 무기를 가지고 조선사람은 혼자서도 호랑이를 잡는데, 이 호랑이란 짐승은 당장에 죽이지 않을 때는 으레 곧장 포수에게 덤벼들어 그는 쉽사리 호랑이 밥이 된다. 호랑이가 어떤 고을에 날뛰면, 원은 사냥꾼들을 모아서 이웃을 뒤지나, 거의 언제나 아무 성과도 얻지 못한다. 왜냐하면, 그런 경우에, 호랑이 가죽은 정부에 바쳐야 하고 원이 수렵 장려금을 가로채기 때문이다. 사냥꾼들은 차라리 생명을 무릅쓰고라도 혼자서 사냥하기를 더 좋아한다. 그때는 몰래 가죽을 팔아서 그 이익을 얻을 수 있기 때문이다. 그들은 호랑이 고기를 먹는데 매우 맛이 좋다고 한다. 뼈는 갈아 쪄서 여러 가지 약재로 쓴다. 그것은 특히 일본사람들에게 파는데, 그들은 그것을 매우 비싼 값으로 사서 비약秘藥을 만든다.

호랑이는 조선에 퍽 많으며, 매년의 사고 수는 막대하다. 호랑이가 집집마다 문단속이 잘 돼 있는 마을에 들어오면, 며칠 밤이고 연방 어떤 오막살이를 빙빙 잡아 돌기를 계속하다가, 심히 허기증이 들면, 마침내 초가집에 뛰어 올라 지붕에 구멍을 뚫고 들어간다. 대개의 경우 호랑이는 그런 수단을 취할 필요가 없다. 왜냐하면, 마을 사람들은 통 무관심하여, 호랑이가 근방에 있음에도 불구하고, 여름철에는 보통 문을 활짝 열어 젖혀 놓고, 때로는 불을 피워 놓을 생각도 않고 헛간에나 한데서 자기 때문이다. 아마 적당한 철에 잘 계획을 세워서 사냥을 계속한다면, 그런 짐승들을 많이 없애고, 나머지는 거의 사람이 살지 않는 큰 산맥 속에 몰아넣기에 성공할지도 모르겠는데, 모두들 현재의 위험에서 벗어날 것만 생각했지 장래나 일반의 복지福祉는 염두에도 두지 않는다. 때로는 깊이 구덩이를 파고 그 가운데에 뾰족한 말뚝을 세워 놓고 나뭇잎과 흙으로 덮은 함정으로 호랑이를 잡는 수도 있다. 그러나 사냥꾼에게 전혀 위험이 없는 그런 단순한 방법은 드물게밖에 사용되지 않는다. 겨울에, 눈이 반쯤 얼어서 사람의 발걸음에는 충분히 견뎌낼 만큼 단단하나 호랑이 발에는 견디지 못할 때, 호랑이는 배까지 빠져 들어서 나오지를 못한다. 그럴 때에는 흔히 칼이나 창으로 찔러 죽인다.

조선인 사냥꾼들은 결코 날아가는 것을 쏘는 법이 없다. 그들은 가죽이며 깃이며 짚 따위로 변장하고 손 가까이 오는 동물을 속이기 위해 구멍 속에 숨는다. (p. CLVII) 그들은 여러 가지 새 우는 소리를, 특히 암놈을 부르는 수꿩 우는 소리를 완전히 흉내낼 줄 앎으로, 많은 까투리를 그렇게 해서 잡을 수 있다. 그러나 그들의 주된 사냥은 사슴 사냥이다. 사슴 사냥은 사슴뿔이 돋아오르는 시기 즉 음력 오뉴월(양력 6, 7월)에만 한다. 이때에 잡히는 사슴뿔만이 매우 비싼 값으로 팔리기 때문이다. 세 명 또는 많아도 네 명으로 한 패가 된 사냥꾼들은 며칠이고 계속 산중을 돌아다니면서 짐승을 몰고, 밤이 되어 몇 시간 동안 몰이를 멈추지 않을 수 없을 때에도, 땅이 너무 마르지만 않았으면 사슴 발자국을 다시 찾아내는 데에 놀라운 본능을 가지고 있다. 보통 그들은 사흘이 지나기 전에 사슴 곁에 이르러 총을 쏘아 잡는다. 이런 사냥이 잘되면 몇 달 살아갈 벌이가 되는데, 그런 수단으로 조그만 재산을 이룬 사람들의 예도 있다.

조선사람들은 돈벌이에 눈이 어둡다. 돈을 벌기 위해서는 수단을 가리지 않는다. 그들은 재산을 보호하고 도난을 방지하는 방도를 거의 모르며 더욱 존중하지도 않는다. 그러나 구두쇠는 적으며, 중인계급의 부자들이나 상인들 사이에밖에 없다. 이 나라에서는 현금 2, 3천 프랑만 있으면 부자란 말을 듣는다. 대개 그들은 욕심도 많지만 아끼지도 않으며, 돈만 있으면 아낌없이 던진다. 돈만 있으면 호화로운 생활을 하고, 친구들을 환대하고, 자기의 쾌락을 누릴 것만 생각하며, 다시 빈궁에 빠지게 되면 그리 한탄하지도 않고, 운명의 수레바퀴가 돌고 돌아 좋은 날을 가져다주기를 기다린다. 흔히 돈은 버는 것도 빠르나 없애기는 더욱 빠르다. 아무개의 소송을 이기게 해주었다든지, 인삼뿌리나, 조그만 금덩어리나, 수정 광맥이나, 그밖에 무엇이든 발견했다든지 하면, 며칠 동안은 돈 걱정이 없어지고, 에라 될 대로 되어라! 장래 일은 장래가 알겠지 하는 식이 된다. 그리하여 수많은 사람들이 늘 거리에 쏟아져 나와서 좋은 기회를 붙들려 하고, 여기 없는 것이 저기에나 있지 않을까, 돈을 버는 무슨 새로운 방법이나 없을까 하고 바라는 것은 그런 데서 기인한다. 특히 어떤 도에는 주민의 반수는 거의 일정한 주소가 없고, 빈궁을 면하기 위해 이사하여 한두 해 있다가 다시 이사하고, 나중에 또 같은 짓을 되풀이하는데, 가장 좋은 것을 구하나 만나는 것은 항상 가장 나쁜 일이다.

조선사람들의 또 하나의 큰 결점은 대식大食이다. (p. CLVIII) 이 점에 관해서는 부자나 빈자나 양반이나 상민常民이나 하나도 다를 것이 없다. 많이 먹는다는 것은 명예이고, 식사의 큰 가치는 회식자會食者에게 내는 요리의 질에 있는 것이 아니라 그 양에 있다. 그러므로 식사 중에는 거의 이야기를 하지 않는다. 왜냐하면 한 마디씩 하는 동안에 한두 술씩 잃어버리게 될 테니까. 어릴 때부터 밥통에 될 수 있는 대로 많은 탄력성을 주도록 주력한다. 흔히 어머니들은 무릎에 어린아이를 올려놓고, 쌀밥과 그밖의 음식을 마구 먹이고, 충분히 배가 부른가 어떤가 보려고 때때로 숟가락 자루로 배를 때려 보고, 생리적으로 그 이상 부풀릴 수 없게 돼야만 먹이기를 그친다. 조선사람은 언제나 먹을 준비를 하고 있고, 닥치는 대로 무엇에든지 달려들어 먹되 결코 그만 먹겠다는 소리는 하지 않는다. 넉넉한 처지에 있는 사람들은 규칙적인 식사를 하지만, 만약에 새때에 술이나 과실이나 과자 따위를 먹을 기회가 오면, 그것을 얼마든지 충분히 이용하고도, 보통 식사 때가 되면, 마치 이틀 전부터 굶주리기라도 한 것 같은 식욕으로 밥상을 대한다. 노동자 한 사람의 식사 분량은 쌀 약 1리터인데, 그것을 삶아놓으면 한 그릇 듬뿍 된다. 그러나 그것만으로 그들의 배를 부르게 하기에는 충분치 않고, 많은 노동자들은 할 수만 있으면 서너 사람 몫도 거뜬히 먹어 치운다. 어떤 사람들은 아홉 또는 열 사람 몫까지 먹어도 끄떡없다고 한다. 소를 잡아서 고기가 잔뜩 나왔을 때, 한 그릇 가득찬 고기는 아무도 회식자를 놀라게 하지 않는다. 점잖은 집에서는 소나 개고기는 큼직큼직하게 썰고, 회식자는 제각기 조그만 딴 상을 갖게 되므로, 어떤 사람들에게는 꼭 필요할 만큼만 주면서도, 다른 회식자에 대해서는 후하게 차려낼 수도 있다. 과실을, 이를테면 복숭아나 참외를 내면, 가장 절제하는 사람들도 스물이나 스물다섯 개쯤은 껍질도 안 벗기고 눈 깜짝할 사이에 먹어치워 버린다.

이 나라의 주민들이 날마다 방금 말한 분량의 음식을 먹지 않음은 물론이다. 모두들 그만한 태세는 갖추고 있고, 사실 그런 기회가 있으면 그만큼 먹기도 하나, 그들은 너무 가난해서 그런 기회를 자주 갖지 못한다. 더구나 쇠고기는 꽤 귀하다. 우리는 앞서 푸주한은 정부가 임명하는 일종의 공무원으로서 소를 잡는 독점권을 갖기 위해 상당한 세금을 치른다는 것을 말한 바 있다. 어떤 높은 양반들은 또한 당돌하게도 개인용 푸주를 가지고 있다. (p. CLIX) 그것은 월권행위이나 금지할 수 없으므로 묵인되고 있다. 또 때로는 특수한 경우에, 임금은 마을마다 소를 잡는 것을 허가하는데, 그런 때는 전국적인 축제가 되고, 임금 이름은 전국 방방곡곡에 이르기까지 축복 받는다. 하나의 과도는 또 하나의 과도를 빚어내며, 과식은 자연히 과음을 가져온다.

그러므로 주정은 이 나라에서 매우 존경을 받고 있으며, 만약에 누가 정신을 잃도록 약주를 마셔도, 아무도 그를 탓하는 사람은 없다. 수령이나 고관이나 대신일지라도 식사 끝에 방바닥에 나가떨어져도 대수로운 일이 아니다. 사람들은 그가 조용히 술을 깨게 내버려두며, 회중會衆은 그런 불쾌한 광경에 상을 찌푸리기는커녕 그가 그런 큰 즐거움을 누릴 수 있을 만큼 부자임을 마음속으로 축하한다.

음식을 차려내는 데에 있어서는 조선사람은 조금도 까다롭지 않으며, 그들에게는 아무 것이라도 좋다. 생선과 생육, 특히 내장은 맛 좋은 요리로 알려져 있으며, 서민들 사이에서는 그런 것이 상에 오르는 것을 거의 볼 수 없다. 왜냐하면 그런 음식은 나타나기가 무섭게 먹어치우기 때문이다. 날고기는 보통 고추나 후추 또는 겨자 따위와 함께 먹으나, 흔히 아무런 양념 없이 먹는 수도 있다. 시내와 냇가에는 수많은 낚시꾼들이 있다. 그들의 대부분은 살기 위해 일을 하려고 하지 않거나 할 수가 없는 돈 한 푼 없는 양반들이다. 그들 옆에는 고추장을 넣은 조그만 단지가 있는데, 고기가 잡히면 곧 두 손가락으로 집어서 고추장에 찍어 서슴치 않고 삼켜버린다. 그들은 가시에도 놀라지 않고, 마치 아무 것도 버리지 않기 위해 병아리나 다른 가금家禽의 뼈까지도 다 먹듯이, 다른 부분과 함께 가시까지 먹어버린다.

이 장章을 마치면서, 각도各道 주민의 성격 차이에 관해 몇 마디만 적어두자. 북쪽의 두 도道, 특히 평안도 사람들은 다른 조선사람들보다 더 굳세고, 더 미개하고, 더 사납다. 그들 중에는 양반은 매우 적고, 따라서 벼슬아치들도 매우 적다. 그들은 은연중에 왕조의 적이라고 사람들은 믿고 있다. 그러므로 정부는 그들을 소중히 다루면서도 엄중히 감시하고, 그들이 반란을 일으키지나 않을까 노상 두려워하고 있는데, 반란이 일어나는 날에는 진압하기가 매우 어려울 것이다. 황해도 사람들은 옹졸하고 융통성 없는 것으로 알려져 있다. 그들은 매우 인색하고 신의가 없다는 비난을 받고 있다. (p. CLX) 경기도 즉 수도가 있는 도의 주민들은 경박하고, 지조 없고, 사치와 쾌락에 빠진다. 전국을 좌지우지하는 것은 그들이다. 거기에는 높은 벼슬아치와 양반과 학자들이 매우 많다. 충청도 사람들은 모든 점에서 경기도 사람들과 비슷한, 그 정도만이 보다 적을 뿐, 그들의 장단점을 그대로 가지고 있다. 전라도에는 양반이 적다. 그 주민들은 다른 조선사람들로부터 버릇없고, 위선적이고, 교활하고, 자기들의 이익만 구하고, 덕만 볼 수 있다면 언제고 가장 타기할 만한 배반행위도 서슴치 않고 할 사람들이라고 간주되어 있다. 경상도는 성격이 딴판이다. 그 주민들은 훨씬 수수하고, 풍속의 부패가 덜하고, 구습은 보다 충실히 지켜지고 있다. 사치도 적고 엄청난 낭비도 적다. 그러므로 조그만 유산은 오랜 세월에 걸쳐 같은 집안에서 아버지로부터 아들에게 상속돼간다. 문학 연구는 다른 데보다도 왕성하며, 흔히 젊은이들은 하루 종일 들에서 일한 뒤에 밤에는 늦도록 글을 읽는다. 신분 높은 여자들도 다른 도에서처럼 엄중하게 갇혀 있지는 않다. 그 여자들은 낮에 계집종을 데리고 외출하지만 아무런 모욕도 아무런 실례도 두려워할 필요가 없다. 불교 즉 석가모니의 종교가 가장 많은 신도를 가지고 있는 것은 경상도이다. 그들은 그들의 미신에 매우 집착하여 개종하기가 어렵다. 그러나 한 번 기독교도가 되는 날엔 그들의 신앙은 끝내 단단하고 변함이 없다. 이 도에 매우 많은 양반들은 거의 다 남인에 속하고, 이 역사책에 자세히 적어 놓은 마지막 혁명 이래로 현관과 공직에 참여치 못하고 있다. (p. CLXI)

13
오 락

연극, 신년명절, 환갑

바둑은 조선에 매우 널리 퍼져 있고, 가장 능숙한 중국인과 대항할 수 있는 사람도 있다고 한다. 그리고 또 서양장기보다 훨씬 복잡한 일종의 장기와 마작, 상륙, 그밖에 여러 가지 손재주와 도박이 있다. 그러나 가장 유행되고 있는 것은 투전인데, 이것은 법률로 금지되어 있다. 어떤 파수막에서든지 야근을 하는 병사들에게만은 잠드는 것을 방지하기 위해 허가돼 있는데, 전시에는 그것이 기습과 야습에 대한 가장 확실한 진영陣營의 호위병이라고 사람들은 말하고 있다. 금지하고 있음에도 불구하고, 이 노름은 특히 서민들 사이에서는 매우 성행하고 있다. 왜냐하면 양반들은 그것을 자기들의 위신을 떨어뜨린다고 보고 있기 때문이다. 법정에서 날마다 벌금과 처벌을 과하고 있음에도 불구하고, 사람들은 밤에 숨어서 이 노름을 한다. 일생을 이것으로 보내고 다른 직업이 없는 노름꾼들도 있다. 그것은 거의 언제나 무지막지한 협잡꾼들인데, 그들은 사람들로부터 막대한 돈을 편취하여 법률에는 아랑곳없이 호사스런 생활을 한다. 아전이나 그밖에 당국 관헌들은, 혹은 입을 다물기 위해 비밀히 뇌물을 받아먹었기 때문에, 그리고 또 흔히 파렴치하고 대담하고 무슨 짓이고 다할 수 있다는 걸 알고 있는 그런 인간들의 보복이 두렵기 때문에, 그들의 법령 위반에 눈을 감아버린다.

서울과 다른 큰 도시에서는, 수많은 한가한 사람들이 특히 북풍이 부는 한두 달 동안에는 연을 띄우며 시간을 보낸다. 숱한 사람들이 그것을 구경하러 몰려오고, 모두들 연 오르는 모양을 살펴 자기가 그 때 종사하고 있는 일의 성공 여부를 예측한다. 흔히 연을 공중에서 부딪치게 하여 이웃 사람의 연줄을 누가 먼저 문질러 끊는가 서로 경쟁하고, 때로는 그것에 큰 내기를 거는 수도 있다.

조선사람들은, 양반이나 서민이나, 활쏘기를 좋아한다. 정부는 이 운동이 훌륭한 사수射手를 길러내는 하나의 좋은 방법이라고 생각하여 장려하고 있다. (p. CLXII) 매년 일정한 시기에 도시나 좀 큰 마을에서는 궁술 대회에 상금을 내고, 때로는 원들도 국고금에서 따로 상금을 내는 수가 있다. 그리고 또 흔히 촌락 대항 또는 한 도시의 구區 대항 권투 즉 주먹싸움이 있다. 해마다 서울에는, 음력 정월 중에, 그런 싸움 광경이 벌어지는데 그것은 보통 격투激鬪로 변한다. 처음에는 주먹으로 치다가 다음에는 몽둥이와 돌로 때리는데, 그것이 며칠이고 계속되고, 그 동안에는 위험을 무릅쓰지 않고는 거리를 다닐 수 없다. 그러나 정부는 결코 간섭하지 않고, 놀이에 관한 문제라는 핑계로 돼가는대로 내버려둔다.

어느 도시에나 음악가와 여자 가수단이 있고, 서울에도 파다하다. 우아한 옷차림을 한 이 여자 가수들은 수령과 고관들이 베푸는 여흥에서 구경꾼을 즐겁게 하기 위해 노래와 춤을 춘다. 그들은 군청의 관비官婢 아니면 가난으로 말미암아 방탕에 빠진 여자들인데, 모두들 음악가이자 매춘부를 겸하고 있다. 그러나 그들의 공중 앞에서의 무용은 지나치게 난잡한 점이 전혀 없다고 한다.

떼를 지어 여기저기 돌아다니면서 혼례식이나 경사로운 탄신이나 그밖에 어떤 잔칫날을 당하여 집안에서 흥행하고 돈을 받는 곡예사 또는 광대를 만나는 것도 또한 드물지 않다. 그들은 재인, 악사, 꼭두각시 노름꾼, 요술쟁이들로, 여러 가지 어려운 재주를 부리고 곡예도 하며, 흔히 매우 능란하다는 평을 받고 있다. 호의를 보여주는 애호자가 없을 때는 마을에 들어가서 행패를 하는데, 그들은 무슨 범죄나 폭행도 다할 수 있는 불한당이라는 평판이 있으므로, 사람들은 무서워서 그들을 받아들이고, 체류하는 동안은 공동 자금으로 비용을 써준다.

이른바 연극이라는 것은 조선에는 없다. 프랑스의 희곡과 가장 닮은 것은 어떤 이야기를 단 한 사람이 계속 모든 구실을 다하고 몸짓을 섞어가면서 하는 낭송朗誦이다. 이를테면 그의 이야기 속에 수령이나 매 맞는 사나이, 아내와 말다툼하는 남편 등이 나오면, 그는 차례차례로 재판관의 장중하고 엄숙한 어조며, (p. CLXIII) 매 맞는 사람의 신음과 고함, 남편의 목소리, 아내의 날카로운 목소리, 이 사람의 웃음소리, 저 사람의 이상한 몸짓, 또 어떤 사람의 어리둥절한 모양 등, 그런 모든 것들을 온갖 아양과 재담, 익살, 풍자로 멋들어지게 흉내낸다.

이런 예술인들이 끊임없이 공부하는 숱한 일화책 또는 일화집이 있으나, 재주 있는 사람들은 그렇게 미리 꾸며진 장면에는 구애치 않고, 그것을 교묘하게 바꾸고, 서로 섞고, 즉석에서 청중에게 알맞은 야유와 암시와 농담을 넣고 하여 명성도 얻고 따라서 돈도 벌게 된다. 그들은 친구들의 모임이며 집안 경사에 초대된다. 그들은 또 과거에 급제한 사람들과 같은 신임 관리의 공식 방문에는 꼭 따라다니는데, 그 때에는 집집마다 그들에게 약간의 돈을 준다. 남자들만이 그런 광대 노릇을 한다.

설날은 조선 사회의 모든 계층에 있어서 가장 큰 명절의 하나인데, 이 명일을 쇠는 방법은 유럽의 풍습과 비슷한 점이 있다. 모든 사람들에게 아버지의 집에 돌아가거나 자기들 집안에 돌아갈 겨를을 주기 위하여, 대부분의 일은 섣달 그믐 사흘 전에 중지된다. 이때를 자기 집 밖에서 지내는 사람은 매우 적으며, 혹시 어떤 가엾은 보부상이나 운송업자들이 공교롭게도 지체되어 할 수 없이 설날을 주막에서 맞게 될 때에는, 거의 언제나 주막 주인은 그에게 거저 음식을 대접한다. 이때에는 수령은 체포하는 것을 피하고 법정은 닫힌다. 뿐만 아니라 대수롭지 않은 일로 갇힌 많은 죄수들은, 살아 있건 죽었건 간에 자기들 부모에게 효행을 하러 가기 위해 다소간 긴 휴가를 얻는다. 명절이 지나면 스스로 돌아와야 하며 또 실제로 돌아와서 죄수 노릇을 한다.

보통, 예규禮規에 의하면, 두 차례의 절을 한다. 첫 번은 섣달 그믐날 저녁에 하는데, 이것을 대그믐 세배라 하고, 다음번은 설날 아침에 하는데, 이것을 정초 세배라 한다. 이 둘째 번의 세배만은 꼭 필요한 것으로 아무도 그것을 안 할 수 없다. 정초 세배는 모든 일가며, 웃어른, 친구 친지들에게 한다. 그것을 안 하면 틀림없이 절교를 가져오게 하거나 자못 쌀쌀한 사이가 되게 만들 것이다. (p. CLXIV) 설날의 주된 행사는 조상 신주에 올리는 제사이다. 모두들 자기 처지가 허용되는 한 최대의 진수성찬을 차리는데, 그것은 연중을 통해 없어서는 안 될 가장 중요한 제사라는 것이 공통된 의견이다. 일가의 산소가 집 가까이에 있으면, 마땅히 해야 할 배례와 행사를 하기 위해 곧 산소에 가나, 그렇지 않으면 정월 중에 성묘하지 않으면 안 된다. 제사를 드린 뒤에 새해의 선물을 나누어 주는데, 그것은 대개 별로 대수롭지 않은 것이다. 그것은 어린이나 손아래 사람들에게는 옷을 주고, 손위 사람이나 친구 친지들에게는 과자를 주는 것으로 돼 있다. 서울에서는 부모들은 아이들에게 곧잘 그다지 값지지 않은 장난감을 선사한다. 다음날부터는 나날이 세배와 방문, 회합, 야회를 주고받고 하며 지낸다. 일과 상거래와 개정開廷 등은 정월 초닷새가 아니면 다시 시작되지 않는다. 그러므로 모두 여드레의 법정法定 휴가가 되는 셈이다. 실지에 있어서는 이 휴가는 훨씬 더 연장되어, 보름 또는 스무 날이나 오락과 유흥으로 소비되지만, 아무도 그것을 탓하는 사람은 없다.

부잣집에서는 가족의 생일마다 사람들이 잔치를 베풀어 축하한다. 가난한 집에서는 가장의 생일만을 찾아준다. 이런 생일에는 조그만 잔치를 베풀고 이웃 사람을 부른다. 이러한 모든 탄생일 중에서도 가장 유명한 것은 61년째의 생일이다. 조선사람들은 중국의 육갑六甲 순환기循環期를 따르며, 서양의 요일이나 달 이름처럼 해마다 딴 이름을 가지고 있다. 이 60년의 기간이 한번 흘러가면 같은 이름의 해가 같은 순서로 다시 시작되고, 생년生年은 이 순환기가 한 번 완전히 돈 뒤에는 또 돌아온다. 환갑이라고 하는 이 탄생일은 이 나라에서는 일생에 가장 성대하게 축하하는 날이다. 빈부귀천을 막론하고 모두들, 장년壯年이 끝나고 노년老年이 시작되는 이날은 성대하게 축하할 것을 열망한다. 이 나이에 도달한 사람은 자기의 임무를 다하였고 자기의 일생을 끝마쳤다고 간주된다. 그는 생애의 술잔을 천천히 마셔 왔으며, 그에게는 이제 추억과 휴식만이 남는다는 것이다.

오래 전부터 사람들은 잔치 준비를 한다. 자기 부모를 그토록 존엄한 나이에 이르기까지 봉양한 무상의 행복을 사람들이 얼마나 갸륵하게 여기는가를 널리 세상 사람들에게 증명하고 효도를 보이기에 그보다도 더 좋은 기회가 어디 있겠는가! (p. CLXV) 부자는 잔치를 장식할 수 있는 모든 것을 먼 시골에서까지 가져오려고 아낌없이 돈을 쓰고, 가난한 사람들은 약간 저축해 둔 것을 긁어모으려고 애쓴다. 학자는 학자대로 이 경사스런 날을 노래하기 위해 시를 짓는다. 그 소문은 부근에 퍼지므로 그것은 그 마을만의 사건이 아니라 온 고을의 사건이 된다. 집안에서는 줄곧 바쁘다. 옷은 모두 눈처럼 새하얗고 치마는 하늘처럼 새파랗지 않으면 안 되며, 새 명주옷이 육순六旬 노인의 예복이 될 것이다. 술과 고기를 흠뻑 모아다가 친척이며, 친구, 이웃, 친지, 알지 못하는 사람 할 것 없이 모두 배부르게 먹이고 취하게 해야 한다. 집안 여자들은 일이 주체 못하게 많으나, 이때에는 다른 대사를 치를 때와 마찬가지로 이웃 아낙네들과 친구들이 와서 거들어 준다. 그럴 필요가 있을 때는 이웃 사람들은 금전이나 현물을 보내어 후히 경비에 이바지한다. 그들은 당연히 초대를 받으며, 오늘에 남을 위해 해주는 일을 남은 내일엔 자기를 위해 해줄 것이다.

경축일이 오면, 잔치의 주인공을 성대히 상좌에 모신다. 그는 앉아서 우선 모든 집안사람들의 절과 축하를 받고, 다음에 구할 수 있었던 온갖 산해진미를 가득 실은 상을 그의 앞에 내놓는다. 그런 뒤에 친구들이며 이웃사람들, 친지들, 과객들 할 것 없이 입에는 번지르르한 축사를 띄우고, 밥통에는 게걸스런 식욕을 안고 찾아온다. 아무도 거절당하거나 아무 것도 못 먹고 돌아가는 사람은 없다. 행인이며 나그네들도 뜻밖의 혜택을 입게 되며, 그들을 초대하는 것을 잊었을 때 그들은 아무런 거리낌 없이 자진해서 찾아간다. 그뿐만 아니라 재력財力이 허락할 때에는 모든 이웃집에 음식을 흠뻑 차린 상을 보낸다. 귀청이 찢어질 듯한 음악이 회식자들을 즐겁게 한다. 악사, 무용가, 광대의 무리들이며, 축전을 장식하고 경사의 빛을 돋울 수 있는 것은 무엇이고 불러온다. 그것은 본데 있게 자란 자식들에 있어서는 가장 엄격한 의무여서, 비록 전 재산을 올려바치고, 그 해의 나머지는 굶어 죽게 마련이고, 돈 한 푼 안 남게 될지라도,

썩 풍족하게 일을 치러내야만 하며, 그렇지 않은 날에는 영원히 체면을 잃게 된다.

보통 사람들이 그렇게 할 수 있는 데까지 온갖 낭비를 다해야 한다면, 고관대작들은 얼마나 호화롭고, 얼마나 성대하고, 얼마나 엄청난 비용으로 환갑잔치를 하는가를 상상할 수 있을 것이다. (p. CLXVI) 왕대비와 왕비 특히 임금이 만 예순 살이 되면 나라 전체가 경축에 참가해야 한다. 모든 감옥은 대사大赦 포고령으로 문이 열리고, 문관 품계를 수여하기 위해 특별 과거가 시행된다. 수도의 모든 관리들은 몸소 임금에게 가서 경의와 축하를 드린다. 고을마다 원은 악대를 앞세우고, 아전사령들의 호위 아래, 백성을 뒤에 거느리고, 군청 소재지에 임금을 나타내는 위패를 화려하게 모셔놓은 곳에까지 가서, 공손히 꿇어 엎드려, 자기 자신과 백성의 축하를 올린다. 이 날은 모든 사람들에게 있어 으뜸가는 공휴 축일이다. 수도의 모든 병사들은 임금으로부터 무슨 선물을 받는다. 잘 차린 음식상이며 값진 선물이, 대신과 궁중 관리, 명문거족, 그밖에 궁중에서 다소 세력을 가진 모든 사람들에게 보내진다.

백성들에게는 불행하게도, 그런 성대한 축전은 그들의 희생으로 거행되는 것이다. 대개 왕족과 대신과 그밖의 고관대작들이 필요한 물자를 얻는 것은 온갖 독직과 횡령과 착취에 의해서이다. 그런 점에서 볼 때 그중에서도 가장 추문을 빚은 환갑이 하나 있었으니, 그것은 1861년 말에 있었던 철종 임금의 빙부 김문근金汶根의 환갑 때였다. 초가을부터 시골의 모든 희귀한 산물이 그의 집에 몰려들었다. 수백 마리의 소며 수천 마리의 꿩이며 막대한 과실이 들어왔다. 수령들은 관습도 따르려니와 그토록 유력한 사람의 환심을 사기 위해서도, 금전과 도군道郡의 산물로써, 누가 제일 많은 선물을 하는가를 다투었다. 다른 사람들은 8천 프랑 내지는 만 프랑씩, 또 어떤 사람들은 심지어 2만 프랑까지도 보냈는데 비해, 충청도 감사는 그보다도 훨씬 적게 겨우 천 냥(약 2천 프랑)이라는 시시한 돈밖에 안 보냈다 하여 환갑 며칠 후에 파직 당했다. 푸르티에 씨의 이야기에 의하면, 그가 아는 한 늙은 원은 빚 투성이고 쇠전 한 푼 없어서 전혀 아무 것도 내지 못했다 한다. 김문근이 그를 엄벌하려 한즉 대신들은 그에게 말했다. "궐자는 건들지 마시오. 이처럼 감히 대감을 모욕한 걸 보면, 확실히 궐자는 배짱이 대단하고, 대감의 역정을 아랑곳도 하지 않을 만한 비결이 있는가봅니다. 가만두는 것이 보다 신중한 일일까 합니다." 그 가엾은 원은 자기의 자리를 보전했다. (p. CLXVII) 서민들은, 가장 가난한 사람들까지도, 자발적인 공납의 형식 아래, 상당한 세금을 치르도록 넌지시 또는 위협적으로 강요당했다. 사람들의 말에 의하면, 얼굴이 핼쑥하고 여윈, 누더기를 걸친 한 불쌍한 사나이가 자기의 마지막 재산인 몇 개의 명주 실타래를 몸소 갖다 바치지 않을 수 없었는데, 이 대관은 비열하게도 그것을 손수 받고 잔인하게도 빙그레 웃으며 사의를 표했다 한다.

결혼 61주년도 또한 환갑잔치와 거의 비슷한 특별한 경축의 기회를 주지만, 이 잔치는 자연히 훨씬 드물다. (p. CLXVIII)

14
주 택

복장, 각종 풍속

푸르티에 씨의 편지에서 골라 뽑은 다음 글은, 조선에서의 일상생활과 주택, 복장, 음식 등에 관한 여러 가지 개념을 가장 재미있게 간추리고 있다.

그 선교사는 이렇게 쓰고 있다.

"저와 함께 이 나라를 돌아다녀 보시지 않으렵니까? 아마 그런 용기가 별로 나지 않으실 겁니다. 첫째, 빗속에나 눈 속, 진흙 속, 무슨 오물 속에든지 들어갈 수 있는 짚신만을 신습니다. 다음에, 조선에서는 아무도 길을 닦으려는 생각을 하는 사람이 없으므로, 돌에서 돌로 뛰어다니기에 이내 피로해버리고, 끊임없이 올라갔다 내려갔다 하고 흔히 매우 가파른 저 비탈길에 지쳐버릴 것이며, 끝으로, 잘 주의하지 않으면, 짚신에서 불거져 나와, 최전선의 보초처럼, 홀로 아무런 보호도 없이 전진하는 발가락은 돌이나 덤불 등걸에 가서 부딪쳐, 그럴 때마다 아파서 비명을 지르고, 계획을 그만두지 않으면 안 되게 될 것입니다. 차라리 걸음을 멈추고, 골짜기마다 바람이 닿지 않는 곳에, 멀리서 보면 눈 위의 커다란 검은 얼룩같이 보이는 저 집들이나 살펴봅시다.

당신은 때때로 초라한 오막살이를 보신 일이 있을 겁니다. 그렇다면 당신이 알고 계시는 가장 초라한 누옥陋屋의 아름다움과 단단함을 한층 떨어뜨려보시오. 그러면 빈약한 조선 주택에 관해 거의 올바른 관념을 얻겠습니다. 일반적으로 말해서 조선사람은 초가에 살고 있다고 말할 수 있습니다. 왜냐하면 도시에나 시골에나 기와집은 매우 드물어서 2백에 하나의 비율도 안 될 것이니 말입니다. 사람들은 집을 짓는데, 벽을 돌로 쌓아 올린다는 기술을 모른다기보다도, 대개의 경우 오히려 그만한 비용을 쓸 만한 돈이 없는 것입니다. 아무렇게나 다듬은 나무 몇 토막과 약간의 돌과 흙과 짚이 보통 건축 재료입니다. 땅에 세운 네 기둥이 지붕을 떠받칩니다. 몇 개의 들보에는 대각선으로 엇갈린 다른 나무토막들이 걸려서 그물 모양을 이루고, (p. CLXIX) 그것이 두께 8 내지 12센티미터의 토벽을 받치고 있습니다. 조그만 창호는 나무살을 가로세로 지르고 유리가 없으므로 종이를 발라서 달아놓아, 동시에 문도 되고 창도 됩니다. 방 땅바닥은 중국과 인도 것에 비하면 퍽 보잘것없는 자리로 덮여 있습니다. 가난한 사람들은 다소간 두꺼운 짚을 깔아 흙을 감춤에 만족하지 않으면 안 될 때도 흔히 있습니다. 돈 있는 사람들은 종이로 흙벽을 바르고, 유럽의 마루와 타일 대신에 땅바닥에 두꺼운 유지를 바릅니다. 유층有層 가옥은 찾지도 마시오. 그런 것은 조선에서는 알지도 못합니다.

그러나 안으로 들어갑시다. 먼저 짚신을 벗으시오. 관습과 청결상 그것이 필요합니다. 부자들은 방 안에서 보선만을 신고 있고, 농민과 노동자들은 보통 맨발입니다. 일단 들어가셨으면, 천장을 이루고 있는 흙과 나무에 머리를 부딪치지 않도록 하시오. 걸상은 찾지 말고 오히려 자리 위에 쭈그리고 앉으시오. 임금도 궁중 배례를 받을 때는, 프랑스의 재단사 모양으로 다리를 포개고 쭈그리고 앉아 있습니다. 아마 당신은 눈에 보이는 신기한 것들에 관해 기록을 하시고 싶지요? 책상을 내놓으라고 해도 소용

없습니다. 조선사람들은 조상 제사와 식사용으로밖에는 상이 없습니다. 그러므로 수첩을 무릎 위에 놓고, 마치 그것이 당신에게 아주 자연스럽고 매우 편하다고 생각되는 습관처럼 쓰십시오.

지금은 11월이니, 서북풍이 맑고 갠 가을을 가져다주면서도, 자리 위에 앉아 있으면 추워서 떨리게 할 것입니다. 문을 닫고 싶겠지만, 낡은 문종이에 뚫린 숱한 구멍은 그런 주의를 거의 소용없게 만들 것입니다. 게다가 조선 목수의 솜씨는 숨 막힐 염려가 없도록 언제나 충분한 틈을 만들어줄 줄을 알고 있었던 겁니다. 그 점에 있어서도 잘못은 그 죄가 목수에만 있는 것은 아닙니다. 왜냐하면 결국 12 내지 20수의 돈을 들여 대개는 도끼와 끌만을 써서 짜낸 문이 어찌 완전한 것이 될 수 있겠습니까? 그러므로 불에 의지하는 수밖에 별 도리가 없습니다. 그러나 벽로壁爐도 없으니 어떻게 자리 위에서 불을 피우겠습니까? 그 대신 따로 준비가 돼 있습니다. 집 바깥에 옆으로 부엌 아궁이가 있고, 방바닥 밑을 통과하는 여러 고랑이 거기에 와서 끝나 있습니다. 그 고랑 또는 파이프는 커다란 돌로 덮여 있고, 그 틈새기와 고르지 않은 데는 반죽된 흙으로 메우고 채워져 있는데, (p. CLXX) 자리가 깔려 있는 것은 바로 그 위올시다. 연기와 열이 그 방고래를 지나서 집 반대쪽으로 빠져나가고, 희한하게도 당신에게까지 따뜻해지는데, 그 열은 돌 두께로 말미암아 꽤 오랫동안 지속됩니다. 보시다시피 조선사람들은 프랑스보다 훨씬 전에 난방 장치의 사용을 알고 있었던 셈입니다. 연기가 방바닥 틈새기로 무럭무럭 새어나오는 것은 사실이지만, 너무 까다롭게 굴어서는 안 됩니다. 이 세상에서 좋은 것으로 결점 없는 것이 뭐가 있겠습니까? 얼른 가구를 둘러보십시다. 첫째, 침대에 관해서는, 위아래로 휘장을 둘러치고 어마어마한 보료를 깔아 놓은 그런 침대를 발견하리라고는 생각하지 마시오.

조선사람은 거의 다 자리 위에 눕습니다. 대다수를 차지하고 있는 빈민들은 밤낮 입고 있는 누더기밖에는 다른 이불도 없이 그 위에 드러눕습니다. 돈이 좀 있는 사람들은 사치스럽게도 이불을 갖고 있고, 유복한 계층 사람들은 그밖에 흔히 1, 2데시미터 두께의 조그만 보료를 가집니다. 빈부貧富 간에 누구나 방 한쪽 구석에 몇 치 두께의 네모진 조그만 나무토막이 있는데, 그것은 베개로 사용됩니다. 다른 가구는 빈민들은 아무 것도 가지고 있지 않으며, 서민들은 횃대를 가로지르고 그 위에 갈아입을 옷을 걸어 둡니다. 유복한 사람들은 바구니 몇 개를 가로장 위에 올려놓거나 지붕에 매달아놓습니다. 부자 집에는 변변치 않은 고리짝이 있고, 학자와 상인들은 먹과 붓과 두루마리를 넣은 조그만 상자 옆에 앉아 있습니다. 젊은 부인들은 없어서는 안 될 결혼 선물인 붉고 푸른 두 벌의 치마를 넣어두는 조그만 검은 농을 가지고 있습니다. 끝으로 고관대작과 명문거족 집에는 몇 권의 중국 책과 옻칠한 아담한 장欌이 있습니다.

다음에 복장에 관해서는 어떠한가? 짚신에 관해서는 벌써 이야기했습니다만, 그것을 묘사해드릴 생각은 없습니다. 그것에 관해 개념을 얻으려면 보지 않으면 안 됩니다. 그것은 이 나라에서, 특히 여행할 때는 보통 사용되는 신입니다. 볏짚으로 엮은 신바닥은 조약돌에 대해 발바닥을 좀 보호해주는데, 이것만이 그것의 유용한 점입니다. 그러므로 호되게 추운 조선의 겨울철에, 헌 신을 신고 눈 속이나 얼어붙은 진흙 속을 걸어간다는 것은 이만저만한 고생이 아닙니다. 여름에는 유일한 불편은 때때로 발을 물에 적시는 것입니다만, 물이 두렵지 않을 때는 짚신은 구두보다 덜 덥다는 이점이 있습니다. (p. CCXXI) 이 짚신을 신고, 때로는 훨씬 적을 때도 있으나, 계속하여 백 리 까지 걸을 수도 있습니다. 그러므로 노상 갈아신어야만 합니다. 그렇지만 그다지 많은 돈은 들지 않습니다. 그 값은 3리厘 내지 8리밖에 안 되니까 말입니다(2리厘 반이 프랑스의 1수에 해당합니다). 모양은 같으나, 좀 더 아름답고 값이 비싼 다른 신으로는 삼이나 morus papyrifera라는 관목灌木 껍질로 만든 것이 있으나, 이것은 조금이라도 물에 닿으면 망가집니다. 그리고 또 꽤 이상하고 보기 흉하고 불편한 가죽신이 있으나, 주민의 백 분의 99까지는 감히 그런 사치를 할 수 없을 뿐만 아니라, 이 신은 고작 집안에서 돌아다니는 데나 쓰일까 아무도 감히 발에 그런 차꼬를 차고 길을 뜨려는 사람은 없을 것입니다.

그러나 적어도 양말만은 신습니다. 조선사람은 누구나, 극빈자가 아니라면, 들일을 하고 있을 때가 아니면, 그만한 짓은 할 수 있는 것입니다. 그러나 견絹, 양털, 무명, 그밖에 유럽에서 그런 용도에 쓰는 재료로 된 늘어졌다 오무라졌다 하는 양말 같은 것이라고는 생각하지 마시오. 그것은 단순히 코가 뾰족하고 발 둘레에 맞도록 톡톡한 두 조각의 베를 꿰매어 만든 것인데, 신으면 매우 거북살스러울 것이나, 결국 발을 덮어는 줄 것입니다. 이것이 조선 양말입니다. 알제리아 보병의 바지처럼 품은 크나 멋은 훨씬 덜한 바지가 다시없이 수수하게 즈봉 대신을 하고 있습니다. 베로 만든 좁다란 행전을 무릎 밑에 쳐서 장딴지 위에서 접은 바짓가랑이를 다리에 착 붙게 합니다. 윗도리를 가리는 데는, 그 모양과 길이가 프랑스의 어떤 지방에서 농민들이 대혁명 때에 입던 카르마뇰이라는 옷과 비슷한 웃옷이 있습니다. 유복하고 일을 하지 않는 지주들은 보통 그 위에 또 옷을 입는데, 그것은 소매가 펑퍼짐하고, 양쪽이 터지고, 앞뒤가 무릎까지 내려와서, 흡사 가르멜 수사修士들의 큰 가사袈裟 같습니다. 반대로 농부들은 여행과 손노릇 갈 때밖에는 그런 옷을 입지 않습니다. 겨울에는 그 옷 대신에 일종의 프록코트가 유행하게 됐는데, 벼슬아치들은 언제나 프랑스의 프록코트처럼 뒤가 터진 것을 입어야 하는데 반하여 보통 사람들은 뒤가 터진 것을 입지 못합니다. 끝으로 그 소매가 훨씬 더 크다는 점을 제외하고는 지금 막 묘사한 옷과 다를 바가 없는 예식용 외투는 다른 모든 것 위에 입으며, (p. CLXXII) 여행할 때나 대사大事를 치를 때에 쓰입니다.

면도나 가위를 조선사람의 머리나 수염에 대는 법은 결코 없습니다. 모든 것이 퇴폐해가는 이 즈음에는, 조선에서도 딴 데서와 같이, 젊은이들은 자기들 상투가 너무 투박스러워서 맵시가 없어지지 않도록 하기 위해 때때로 감히 머리의 일부를 미는 수가 있지만, 그것은 법규 위반입니다. 그러나 그렇다고 해서 이 나라에 두툼한 상투나 텁수룩한 수염이 흔히 있다고는 생각하지 마시오. 남녀 어린이는 긴 머리를 땋아서 꼬리 모양으로 뒤에 드리우고 있습니다. 신랑은 신부를 데리러 가기 전에 그 변발辮髮을 없애고, 그것을 틀어올려 머리 꼭대기에 감아매며, 신부는 신부대로, 자기 자력資力에 따라, 많은 다리를 사서 자기 변발에 합쳐 길고 굵게 틀어땋아가지고, 머리 위에 몇 번이고 칭칭 동여맵니다. 이런 무겁고 모양 없는 머리 뭉치는 외국 사람의 눈에는 참으로 흉하게만 보이겠으나, 조선사람이 볼 때에는 반대로 그것이 가장 점잖고 고상한 것입니다. 여자와 어린이들은 언제나 맨머릿바람으로 다니며, 결혼한 남자는 위로 틀어올린 머리를, 말총으로 그물처럼 짠 망건으로 누르고 있습니다.

끝으로, 괴상한 모자로써 복장은 완성됩니다. 유럽 사람들의 모자 속처럼 둥그나 훨씬 더 좁고, 약간 원추형圓錐形이며, 머리 꼭지 위에 딱 붙어서, 그 속에 상투만이 들어갈 수 있는, 한 쪽 끝이 막힌 통筒을 상상해 보시오. 이 통은 유럽의 모자처럼 테가 있으나, 그 테가 엄청나게 넓어서, 전체가 흔히 직경이 60센

티도 더되는 원을 이루고 있습니다. 이 모자의 뼈대는 매우 가느다란 실 모양으로 길이로 쪼갠 대나무 조각으로 구성돼 있는데, 그 뼈대 위에 성기게 짠 말총 그물을 둘러쳐 놓았습니다. 이 모자만으로는 상투 위에 붙어 있지 않을 것이므로, 끈으로 턱 밑에 잡아매는데, 관공리들은 자기들 재산과 품계에 따라, 황색 호박이나 그밖의 보옥寶玉으로 그 끈을 장식합니다. 이 모자는 비도 추위도, 심지어 햇볕조차도 막지 못하는데, 특히 바람이 머리 위에서 그것을 흔들 때에는 매우 불편합니다.

보통 옷이란 옷은 모두 툭툭한 무명베로 돼 있는데, 어떻게 만드는지는 아무도 모릅니다. 4, 5백 년 전에는 조선에서 목화(gossypium herbaceum)를 갈지 않았는데, 지금은 여기서 퍽 많이 사용됩니다. (p. CLXXIII) 중국 정부는 포목 전매布木專賣를 유지하기 위해, 이 목화씨의 수출을 엄금했으나, 문익점文益漸이라는 조선 사신이, 베이징 여행 중에, 그 씨앗 몇 알을 손에 넣기에 성공하여, 어떤 사람들의 말에 의하면 그것을 대통 속에 감추었다 하고, 또 어떤 사람들의 말에 의하면 붓대 속에 감추었다 하나, 어쨌든 국경 감시원의 경계를 벗어나, 자기 나라에 이 귀중한 관목灌木을 부여하였습니다. 조선 포목이 변변찮은 것은 여기에는 이른바 공장工匠이 적어서라기보다도 오히려 모두가 공장이기 때문입니다. 집집이 여자들은 실을 잣고, 베를 짜고, 옷을 만듭니다. 따라서 아무도 평소에는 이 일에 종사하지 않으므로, 아무도 그것에 익숙해지는 사람이 없다는 결과가 생기는 것입니다. 모든 기술에 있어서도 대동소이합니다. 그러므로 조선사람들은 모든 것에서 매우 뒤떨어져 있습니다. 오늘날이라 할지라도 옛날보다 더 진보돼 있는 건 없고, 모든 기술과 수공업이 다시 시작된 노아의 홍수 이튿날에 비해 더 진보돼 있는 것도 없습니다.

아마亞麻는 이용되지 않습니다. 나는 그것을 흔히 산중 화본과禾本科 식물 속에서 본 일이 있으나, 조선사람은 그것을 다만 불에 던지는 데나 알맞은 쓸모없는 식물과 혼동하고 있습니다. 삼으로는 상복이나 하복을 만드는 데 알맞은 성긴 베밖에는 안 짭니다. Urtica nivea라는 일종의 쐐기풀은 남부 지방에서 재배에 성공하고 있으나, 방직법을 모르므로, 눈이 고르지 못하고 매우 성긴 베밖에는 짜내지 못하고, 이것 역시 여름에만 사용됩니다.

조선은 어느 산에서나 막대한 양떼를 칠 수 있을 것이나, 정부는 개인이 기르는 것을 금하고 있습니다. 어떤 군에서는, 오직 그 고기를 공자 제향에 바치기 위해서만 원이 몇 마리의 양을 간직하고 있습니다. 그러므로 조선사람들은 일찍이 양털을 짜본 일이 없고, 겨우 외국제 나사羅紗가, 그것도 대부분은 러시아제製인데, 비싼 값으로 서울까지 들어오는 형편입니다. 토산 명주는 매우 거칠고 생산이 적습니다. 그러나 뽕나무가 산중에서 저절로 크고 누에가 아무렇게나 다룸에도 불구하고 잘 자라는 것을 보면, 현명한 정부가 잘 권장만 하면 이 분야의 공업은 큰 비중을 차지할 수 있으리라고 확신하고 있습니다.

유럽의 무명은 중국인이 수입해서 조선에서 팔기 시작했으나, 매우 값이 비싸고 튼튼하지 못하므로 그 사용이 부득이 제한되어 있습니다." (p. CLXXIV)

페롱 씨도 1858년에 편지에서 이렇게 적고 있다.

≪저는 마을에서 제일 훌륭한 집에 살고 있습니다. 큰 부자인 전도사의 집인데, 20프랑짜리는 되고도 남을 것이라고들 보고 있습니다. 웃지 마시오, 15수짜리 집도 있으니까요. 가구에 비추어 충분한 크기의 제 방은 문으로서 종이 한 장이 있고 창으로서 종이 한 장이 있으며, 그밖에 두 장의 종이가 커다란 쌍닫이를 이루어 옆방으로 통하고 있습니다. 거기에 제 하인이 거처

하고 있는데, 이 두 방을 합한 것이 소교구의 교회로 돼 있습니다. 나중에는 아마 거기에 종각이 서게 될 것입니다. 현재 제 방에는 바깥처럼 비가 오고 있는데, 두 개의 커다란 냄비로도 이 사제관司祭館 초가지붕에서 새는 조선 소금물 같은 불그레한 빗물을 다 받아내지 못하겠습니다.

수나미트의 예언자 엘리제는 가구로서 침대, 책상, 의자, 촛대, 합하여 네 가지를 가지고 있었는데 사치는 아니었습니다. 저도 잘 찾아보면 역시 아마 네 가지의 가구는 발견되겠지요. 봅시다, 나무촛대 하나, 트렁크 하나, 담뱃대 하나, 구두 한 켤레, 합하여 네 가지. 침대도 없고, 의자도 없습니다. “땅에 구멍이 뚫린 것도 아니고, 걸상 위에 앉는 것이 분명히 자연스런 자세는 아닐진대 그것은 매우 힘든 일이므로.” 이렇게 조선사람은 그 이유를 말하고 있습니다. 책상도 없습니다. 저는 앞서 말한 자세로, 무릎 위에서 편지를 쓰고 있습니다. 그것이 세상에서 가장 좋은 자세가 아니라도 용서하시오. 저도 아직은 그것이 책상보다 더 편하다고 생각하리 만큼 충분히 조선사람이 돼 있지는 않습니다. 식사를 할 때에는 식탁을 다 차려서 가져옵니다. 그것은 높이가 한 자쯤 되는 조그만 탁자인데, 그 위에, 당신의 가장 훌륭한 데잔트에서와 같이 완전히 질서 정연하게, 두 개의 큰 그릇과 서너 개의 접시가 놓여 있습니다. 오른쪽에 놓아야 할 대접이나 접시를 후제 왼쪽에다 놓으리라고는 아예 생각하지 마시오. 그런 짓을 하는 사람은 그것만으로도 본데없는 사람으로 인정되며, 조선사람이 그런 무례한 짓을 감행할 사람은 결코 없을 겁니다.

세 가구가 이러하니, 제가 그 예언자보다도 더 부자인지 가난한지가 문제입니다. 그의 방은 제 방보다 편안한 것이었으나, 그중에 그의 것은 아무 것도 없었다는 것을 또한 잊어서는 안 됩니다. 이에 반하여 저로 말하자면, 촛대는 교회 것이고 트렁

크는 베르뇌 주교가 저에게 빌려준 것임에는 틀림없으나, 담뱃대와 구두가 제 것임을 부인할 수는 없습니다. 구두는 미사 드릴 때에만 씁니다. 저는 사실 또 한 켤레의 구두를 가지고 있었습니다만, 불행하게도 외출할 때 신었기 때문에, 이젠 제 방 안에 둘 수가 없습니다. (p. CLXXV) 예의상으로도 그러하려니와 저에게 의자와 침대와 마루청 노릇을 해주는 자리의 청결을 위해서도 꼭 그래야만 되는 것입니다. 그러므로 저는 다만 무명 보선만 신고 있습니다. 담뱃대는, 누구나 다 담배를 피우는 이 나라에서는 행장行裝 구실을 하는 것입니다. 저는 시험해 보다가 두 번이나 병까지 났지만, 아직 그 매력을 깨닫기에 이르지 못했을 뿐만 아니라, 결국 다시 피워 보려는 생각마저 죄 없어지고 말았습니다. 그러므로 우리 교우들은 신부가 그의 밥을 지어주는 하녀보다 훨씬 담배를 덜 피우는 것을 보고 놀라고 있습니다.≫

이제까지의 설명을 다른 선교사들의 여러 서신에서 뽑아낸 정보를 빌어 보충해 보자. 조선 가옥은 대개 매우 작고 불편하다. 그것은 부엌 연기를 통하게 하는 방고래를 밑에 내기 위해 땅바닥 높이보다 좀 높게 세워져 있다. 그러나 서울서도 그런 방법이 노상 사용되는 것은 아니다. 그것은 겨울에는 꽤 편리하나, 여름에는 더위가 참을 수 없는 고통거리가 되므로, 대부분의 주민들은 밖에서 잔다. 부자들은 대개 여름 방이 있는데, 그 밑에는 그런 고래가 나 있지 않다. 보통 집에는 둘 또는 간혹 세 개의 방이 연접해 있고, 그밖에 옆에 붙은 사방이 터진 부엌이 있다. 집 둘레에는 볏짚 지붕이 벽에서 서너 자쯤 더 불거져나와 조그만 회랑廻廊을 이루고 있다. 부자집 벽은 안이 흰 종이로 발라져 있고, 때로는 바깥도 그렇게 돼 있다. 뿐만 아니라 그 집들은, 수도에서도, 거의 언제나 꾀죄죄하고 허술하고 초라한 꼴을 하고 있고, 언제 어디서나 온갖 기생충이 시글시글하다.

길가에 있는 주막은 지저분한 누옥陋屋으로 거기에는 거의 아무 것도 없으며, 대부분의 나그네들은 그럴 수만 있으면 자기들의 필수품을 몸에 지니고 다닌다. 광과 외양간은 알지도 못하고, 사방이 터진 커다란 헛간이 그 대용이 되며, 추위가 너무 혹독할 때에는 거기에 매어둔 소나 말에 짚을 덮어준다.

밥상은 높이가 30 내지 50센티에, 넓이도 그만하고, 모양은 둥그스름하다. 회식자가 몇이 있든지 간에 제각기 따로 상을 차려야 한다. 거친 사기나 유기의 식사 기구에는 여러 가지 크기의 그릇과 중국식 젓가락 한 벌과 놋수저가 있다. 보통 음식은 쌀과 고추와 남새이다. (p. CLXXVI) 살림이 넉넉한 사람들은 거기에 조금의 육물과 자반을 덧붙인다. 이런 식료품들은 많은 소금물과 더불어, 깨나 아주까리 또는 박하 기름으로 요리한다. 우유와 버터는 알지도 못하고, 동물 기름을 사용할 줄도 모른다. 서울을 제외하고는 쇠고기는 구하기가 썩 어렵다. 염소 고기는 없고, 그 대신 개고기가 있는데, 선교사들은 다들 그 맛이 전혀 나쁘지는 않다고 말하고 있다. 채소에 관해서는 순무와 중국 배추, 질경이 잎, 고사리밖에는 별로 없는데, 고사리는 퍽 많이 소비된다. 음료로는 밥을 끓인 물이다. 술은 쌀이나 보리를 발효시켜서 만든다. 양반들은 여름에 소주와 꿀물을 많이 마신다. 차는 부잣집에서 모르고 있는 건 아니지만, 그 사용은 매우 제한돼 있다.

식사가 끝나면 곧 상을 치우고 모두들 담뱃대에 불을 붙인다. 조선사람들은 매우 담배를 즐긴다. 이 나라에서는 남자가 담뱃대 없이 외출하는 것은 드문 일이다. 그 모양은 중국 담뱃대와 같아서, 긴 대통에 구리 아궁이와 구리 물부리를 끼운 것이다.

조선사람들은 제각기 언제나 부싯돌을 몸에 지니고 다니면서 담뱃대에 불을 붙이는 데에만 쓴다. 집에서 불빛이 필요할 때는 유황성냥을 사용한다. 노상에서는 서너 개의 막대기를 묶어서 만든 횃불이 우리의 초롱 대용을 한다. 때때로, 여름에는, 집안에서 남폿불 대신에 마당 한가운데 돌 위에 불을 피우고, 온 식구들이 그 불빛으로 일을 하는데, 동시에 건초 무더기를 조금 떨어진 곳에서 피워 진한 연기로 그들을 에워싸게 하여 모기와 그밖의 곤충을 쫓는다.

조선 옷은 언제나 너무 커서 홀렁홀렁하다. 바짓가랑이나 저고리 소매 속에 몸뚱어리도 쉽사리 들어갈 것이다. 출타할 때는, 그때 그때의 예식과 각자의 자력에 따라, 바지도 두서너 개, 내의도 두서너 개, 베 코트도 네댓 개, 될 수 있는 대로 많은 옷을 입고 다니는 것이 점잖은 것으로 돼 있다. 코트는 두 개의 옷고름으로 팔 밑에서 매는데, 그것이 이 나라에는 알려져 있지 않은 단추를 대신한다. 옷은 흰 것이어야만 되지만, 항상 충분히 깨끗하게 하고 다닌다는 것은 너무 힘에 겨운 일이며, 대개는 처음 빛은 두터운 때 밑에 사라져 버린다. 그것도 그럴 것이 불결은 조선사람들의 큰 결점인 것이다. 부자들조차도 이가 우글우글한 찢어진 옷을 입고 다니는 것을 보는 건 드문 일이 아니다. (p. CLXXVII) 옷을 빨 때에는 재로 만든 잿물 속에 담갔다가, 유럽에서 빨래꾼이 쓰는 방망이보다 더 좁은 널빤지로 두드린다. 다음에 때가 묻지 않도록 풀을 먹인다. 대개의 옷은 베 조각을 한데 호았거나 단지 풀로 붙여서 지은 것이므로, 조각조각 뜯어서 따로따로 빤다. 오직 양반들만이 꿰매서 지은 옷을 입는다.

보통 모자는 굉장히 크다. 그러나 비가 올 때는 조선사람들은 다른 모자를 쓰는데, 그것은 넓이가 석 자나 되는 짚으로 만든 매우 가벼운 우산으로서, 정말 꽤 잘 비를 가려준다. 소나기를 맞으면서 일을 해야 할 때는 게다가 또 짚 망토를 입는데, 그렇게 차리고 나서면 억수로 쏟아지는 비도 무릅쓸 수 있다.

앞서 말한 여러 가지 신 외에 시골 사람들이 사용하는 나막신을 이야기할 필요가 있다. 이 나막신은 바닥과 굽이 몹시 두터워서 스케이트 구두와 비슷하다. 조선사람은 방 안에서 신을 신는 법이 없고, 그것을 문 밖에 벗어둔다. 그런 데서 기독교도들이 선교사를 방문한 때 꽤 진기한 장면이 벌어진다. 저녁에 새 교인들은 공동 기도를 드리고, 또 그들 말마따나, 신부의 긴 코를 구경하기 위해 집에 몰려온다. 방문이 끝나면 횃불로 제각기 신을 찾아야 하는데, 그 동안 보선발로 진흙이나 먼지를 짓밟으면서, 마냥 떠들고 말다툼하고 하나 싸우지는 않는다.

안경의 사용은 1835년이나 1840년에야 비로소 시작되었지만 상류 계급에는 매우 보급돼 있다. 1848년 무렵에는 정말 광적狂的이었으나, 오늘날은 좀 덜하다. 구식 사람들은 안경을 쓰기 전에 아직도 좌중에 대해 허락을 구하나, 젊은이들은 그런 형식은 생략한다.

여자들은 남자 것보다 더 좁은 바지 외에 무명 또는 명주 저고리를 입는데, 그 빛깔은 나이에 따라 달라진다. 처녀나 신혼 부인들은 장밋빛이나 누런빛이고, 30 아래의 부인들은 보랏빛이고, 더 나이 지긋한 여자들은 흰 빛이다. 부인들은 로브 대신에 훌렁훌렁한 푸른 피륙을 몸에 감고, 그것을 팔 밑에서 띠로 맨다. 서민 여자들은 마음대로 외출하므로, 이 치마는 발 위까지만 오나, 양반집 여자들은 예의상 안방에서 나가지 못하도록 돼 있으므로, 그 치마는 훌렁훌렁하고 땅바닥에 질질 끌린다. 과부들은, 아무리 젊어도, (p. CIXXVIII) 잠근 흰 옷이나 회색 옷을 입지 않으면 안 된다. 조선 여자들은 중국 여자들과 같은 어리석은 미친 지랄은 부리지 않기에, 발을 작게 하기 위해 스스로 병신을 만들지는 않으며, 자연대로 내버려둔다. 서민 여자들은 거의 언제나 맨발로 다닌다. 땋아서 머리통에 둘둘 감은 그들의 머리털은 평소에 머리에 이고 다니는 물동이와 그밖의 무거운 물건을 괴는 방석 노릇을 한다.

이 글을 끝맺기 위해 한 가지 더 덧붙이거니와, 복 입은 남자들은 머리칼을 말총 망건이 아니라 회색 베 망건 속에 넣고, 그 위에 같은 베로 된, 툭툭한 자루 모양의 건을 쓴다. 길을 갈 때는, 갓 대신에 원추圓錐를 끊은 것 같은 커다란 짚 지붕을 쓰는데, 그것이 어깨까지 내려온다. 생생한 빛깔은 복중服中에 있는 사람들에게는 엄금돼 있으므로 그 지팡이와 담뱃대까지도 흰 것이어야만 한다. 따로 사고 싶지 않을 때는 평소에 쓰던 지팡이와 대를 흰 종이로 감는데, 그렇게 하는 것이 쉽기도 하려니와 돈도 들지 않는다. 복입은 여자의 옷 모양은 변하지 않으나, 빛깔은 백색 또는 회색으로 엄격히 규정돼 있으며, 다른 모든 빛깔은 금지돼 있다. 조선사람들이 보는 바에 의하면, 상제는 죽은 사람과 같다. 그는 애통에 잠겨 있어야 하고, 딴 데로 마음을 돌리게 할 만한 것은 아무 것도 보거나 들어서는 안 된다. 외출할 때는 늘 부채나, 두 개의 막대기에 붙인 조그만 회색 베를 가지고 다니면서 그것으로 낯을 가린다. 그는 사교계에도 드나들기를 그만두고, 하늘도 감히 쳐다보지 못한다. 누가 말을 물어도 그는 대답하지 않아도 된다. 동물은 독사라도 죽여서는 안 된다. 그것은 용서 못할 죄가 될 것이다. 노상이나 여사旅舍에서는 방 안이나 사람 없는 한 쪽 구석에 물러가 있고, 아무하고도 관계를 맺는 것을 거절한다. 이러한 모든 관습은 상류 계급 사회에서만 엄수되고 있다.

선교사들은, 상중喪中에 있는 귀족의 그런 복장과 예절은 자기들이 쉽사리 완전하게 변장할 수 있도록 하느님이 지어 내신 것 같다고 자주 되풀이하여 말했다. 그런 변장 없이는 그들이 조선에 머물러있는다는 것은 특히 기독교도들 사이를 왕래한다는 것은 거의 불가능했을 것이다. 그런데 불행하게도 마지막 교난敎難 이래로, 그들이 보통 그런 방법을 사용한다는 것을 알고 상중 복제服制와 규칙을 개정하자는 말이 있었다. 하느님이 알아서 대비하시리라. (p. CLXXIX)

15
학 술

공업, 상업, 국제관계

조선에서는 어떤 과학 연구는 국가의 보호를 받고 있고, 그 발전을 원조하기 위해 관립 특수학교가 있음에도 불구하고, 그 연구는 거의 보잘것없는 상태이다. 정식 천문관天文官은 겨우 해마다 베이징에서 가져오는 중국 책력을 사용하는 데나 충분한 지식을 가지고 있을 뿐, 그밖에는 우스꽝스런 점성술 주문이나 알고 있을 따름이다. 호조戶曹의 주요 계산관의 학문은 부기에 필요한 보통의 산술 운산運算을 넘지 못한다. 율학律學 즉 법률학교 학생의 학문은 법률과 칙령勅令의 원문을 거의 기계적으로 알고 있는 데 불과하다. 의학만이 예외가 되는 것 같다. 중국의학을 채용하면서도 조선사람들은 거기에 진지한 개량을 가한 모양이어서, 베이징에서조차도 조선의 가장 유명한 의서醫書인 동의보감東醫寶鑑의 인쇄를 위해 조판하는 것을 부끄럽게 여기지 않을 정도이다. 다른 조선 서적은 하나도 그런 명예를 가져 본 것이 없다.

정말 유식한 의사는 거의 서울에밖에 없다. 그것은 호기심에서 연구한 약간의 양반들이나 궁중 의관醫官 자리를 얻으려고 노력한 중인 계급 사람들이다. 시골서도 간혹 유능한 실지 기술자를 만날 수 있는데, 그들은 오랜 경험으로 지방 약의 참다운 사용법을 터득했다. 그러나 이런 사람들은 희한한 예외이고, 대부분의 시골 의사들은 연구도 양심도 없는 엉터리 의사에 지나지 않고, 모든 질병에 대해 저마다 언제나 똑같은 특수 약을 사용하고, 자기들이 다루는 환자의 진찰도 하지 않는다.

조선에도 중국에서와 같이 여러 가지 병에 대한 어떤 특효약들이 있다고 주장하는 사람이 있는데, 그 중에서도 특히 방광膀胱 결석結石을 풀어주고, 아무런 외과 수술을 하지 않고도 그 무서운 병을 낫게 하는 탕약이 있다고 한다. (p. CLXXX)

제3대 조선 주재 교황대리 페레올 주교는 결석으로 오랫동안 고생하여 빈사 상태에 빠졌으나 중국 의사에 의하여 불과 몇 시간 내에 낫게 되었다. 그러나 그 약방문은 그것을 가지고 있는 사람들이 엄중히 지키고 있는 비밀이다. 약은 탕약으로 지어 주는 것이 원칙이고 예외는 드물다. 스무 가지나 서른 가지까지의 약초를 함께 끓이는데, 그렇게 끓일 때 다소간 불결하고 불쾌한 여러 가지 물질을 섞으나, 그 이름을 다소간 과학적인 가장假裝 아래 추호도 숨기려고 하지 않는다. 강장제는 끊임없이 사용된다. 가장 흔한 것은 고깃국인데 조선사람은 그 요리 솜씨가 훌륭하다. 특히 말해둘 만한 가치가 있는 것으로 그밖에 두 가지가 있으니, 앞서 말한 바 있는 인삼과 녹용이 그것이다.

녹용은 인삼보다 더 오래 계속되는 강장 효력이 있다고 하며, 그 효력은 사슴의 산지産地에 따라 다르다. 조선사람들은 중국이나 북쪽 지방(함경도와 평안도)에서 온 녹용은 별로 존중하지 않는다. 그들의 말에 의하면 제일 좋은 것은 강원도에서 나는 것이라 한다. 게다가 그 도의 여러 고을 사이에도 차등差等을 두고 있다. 사슴은 뿔이 자라는 때, 뿔이 굳어지기 전에 잡아야 하며, 그렇지 않으면 약효가 없어질 것이다. 사슴 머리를 잘라서 피의 효력이 죄 뿔 속에 들어가도록, 열 시간 내지 열 두어 시간 거꾸로 매달아 두었다가, 온갖 조심을 다하여 약한 불에 쬐어서 말린다. 그것을 사용하려면 그 뿔을 조금씩 깎아서 어떤 약초 물에 타가지고 환자에게 먹인다. 다블뤼이 주교는 다년간 쇠약한 때에 이 약을 자주 써서 특효를 느꼈다고 증언하고 있다. 사슴피도 또한 뜨끈뜨끈할 때 마시면, 온 몸에 비상한 활기와 힘을 주는 것으로 알려져 있다. "사슴피를 마시면 아무리 가파른 산이라도 들판 같으며, 조금도 피로하지 않고 나라를 일주一周하리라"라고 기독교도 사냥꾼들이 어느 선교사에게 말하는 것이었다.

한 마디 해두는 것이 좋을 듯한 또 하나의 치료법은 침술이다. 조선 의사에 침술은 기관器官을 본래의 균형으로 돌려보내기 위해, 몸 여러 군데를 침으로 찌르는 것이다. 조선사람들만이 알고 있는 이 외과 기술 부문에 관해서는 특별한 이론이 있으며, 침을 찔러야 할 곳을 학생들에게 정확히 가리켜주기 위해, 조선사람들은 철사로 인체의 모형을 만들 줄까지 알고 있다. (p. CLXXXI) 능란한 수술자의 손에 걸리면, 매우 가느다란 그 연장은 4, 5센티의 깊이까지 들어가나, 겨우 몇 방울의 피밖에 나오지 않는다. 선교사들은 그런 치료의 효과가 뚜렷하고 언제나 매우 빠름을 흔히 보았다고 단언하고 있다.

과학 연구에 있어서 뒤떨어진 조선사람들은 산업 지식에 있어서도 거의 피장파장이다. 그들 나라에서는 유익한 기술은 몇 세기 전부터 전혀 아무런 진보도 하지 않았다. 이런 열등 상태의 주요 원인의 하나는, 집집이 거의 모든 수공업을 해야 하고, 손수 필수품을 만들어야 한다는 데 있다. 추수는 농민에게 필요한 모든 것을 가져다주고, 겨울 동안에는 그는 차례차례로 방직공, 염색업자, 목수, 재단사, 석공 등이 된다. 그는 자기 집에서 약주, 기름, 소주를 만든다. 그의 아내와 딸들은 삼이며, 목화며, 누에를 기를 수 있었을 때는 명주까지도 실을 뽑아, 거칠지만 툭툭한 피륙을 짜는데, 그것으로 평소의 수요에 충분하다. 농부는 누구나 물감으로 필요한 씨와, 가장 흔한 병에 약으로 쓰이는 씨를 알고 있어 그것을 따 모으고 있다. 그는 자기 옷이며, 짚신, 나막신, 바구니, 광주리, 비, 새끼, 실, 멍석, 필요한 농구 등을 손수 만든다. 필요할 때는 그는 자기 집의 벽, 지붕, 뼈대 등을 수리한다. 한 마디로 말해서 그는 자급자족한다. 그러나 쉽사리 이해하겠지만, 무엇에 있어서나 현재 필요한 한도 내에서밖에 일하지 않고, 매우 단순하고 매우 원시적인 방법으로 만족하며, 결코 현저한 숙련熟練에는 도달하지 못한다.

특수한 연장을 필요로 하고, 그 연장의 사용법 견습을 필요로 하는 직업에만 특별한 직공이 있을 뿐이다. 그러나 그런 경우에도 고정적으로 자리를 잡고 자기 일터에서 일하는 직공은 매우 드물다. 대개 직공은 누구나 일거리가 있는 곳에 연장을 메고 가서 일을 하고, 거기서 일을 마치면 딴 데로 일거리를 구하러 간다. 어떤 설비가 필요한 사람들마저도 어떤 곳에 사뭇 정주하지는 않는다. 이를테면 도기공陶器工은 오늘은 나무와 찰흙이 마음에 드는 곳에 자리를 정하고, 거기에 오두막집과 가마窯를 세우고, 인근 사람들을 위해 거친 사기그릇이며 꽤 튼튼하고 때로는 어마어마하게 큰 항아리를 만들지만, 그런 뒤에 나무가 다 떨어지면 딴 데로 돈벌이하러 간다. (p. CLXXXII) 대장장이도 매일반이어서, 채광採鑛이 너무 어려워지면 떠나간다. 그러므로 결코 큰 공장이나 본격적인 채굴이나 그 이름에 어울리는 작업장은 없다. 쉽사리 바람에 휘날리고 비에 무너질, 아무렇게나 갖다 맞춘 판잣집과 늘 쪼개지는 튼튼하지 못한 가마, 이것이 전부다. 따라서 이익은 거의 없다. 돈 있는 사람들은 그런 사업에 투자하려고는 거의 생각하지 않으며, 수백 프랑의 돈을 가지고 재수를 시험해보려는 사람들은 태반이 몇 달 못 가서 파산한다.

조선사람들은 최고급의 큰 식칼과 검劍과 단도를 만들어서 중국에 수출하고 있다고 주장하나, 선교사들은 아직 그런 단언斷言의 확실성을 충분히 증명할 만한 기회를 가지지 못했다. 또 조선사람들은 괘 튼튼해 보이는 화승총火繩銃도 만든다. 그들 나라에는 매우 훌륭한 구리가 나지만 그들이 사용하는 것은 모두 일본에서 가져온다. 그들은 구리에 아연을 섞어서 그릇과 냄비를 만든다. 그렇게 배합하면 좀체로 녹슬지 않고, 좀 유복한 집에서는 줄곧 이 그릇을 사용하고 있음에도 불구하고, 녹청으로 중독됐다는 예는 하나도 없다. 모든 보석과 패물과 사치품은 다 중국에서 온다. 조선에서는 가공할 줄을 모른다.

그러나 조선사람들이 중국사람들보다 훨씬 뛰어난 공업이 하나 있는데, 그것은 제지업이다. 그들은 닥나무 껍질로 중국 종이보다 훨씬 두껍고 튼튼한 종이를 만드는데, 마치 피륙 같아서 여간하여 찢어지지 않으며, 그 용도는 무한히 많다. 그것으로 모자, 부대, 초 심지, 신총 따위를 만든다. 기름에 결은 것은 값이 싸므로 유리하게 방수포防水布 대용이 되어, 우산과 방수 망토를 만드는 데 사용된다. 문과 창에는 유리가 아니라 이 기름 먹인 종이를 살에 발라 놓았을 뿐이다. 그러나 예외가 한 가지 있다. 다블뤼이 주교는 이렇게 말하고 있다. "조선사람은 반 치 가량의 조그만 유리 조각이라도 하나 발견한다치면 운이 좋다. 그는 곧 그것을 갖다 문 틈 새기에 끼운다. 그런 뒤에는 바깥에서 일어나는 것을 슬쩍 내다볼 수가 있으며, 자기 궁궐의 체경 속에 자기 모습을 비춰보는 황제보다도 더 의기양양하다. 이런 유리 조각이 없을 때는, 손가락으로 종이에 구멍을 뚫어서 바깥 세계와 관계를 맺는다." (p. CLXXXIII)

위에서 말한 모든 것으로부터 조선의 국내 상업은 별로 발달해 있지 않다는 것을 쉽사리 결론할 수 있을 것이다. 자기 집에 상점을 열고 있는 상인은 매우 적고 거의 모든 매매가 시장 즉 장바닥에서 행해진다. 이 장은 고을마다 다섯 군데의, 정부에서 지정한 도시나 읍에서 열린다. 그 다섯 군데의 하나하나에서 장은 닷새마다 열리는데, 오늘은 이곳에서, 내일은 저 곳에서, 이런 식으로 늘 같은 순서로 돌아가면서 열리므로, 날마다 그 고을의 어떤 곳에서는 장이 서 있게 된다. 상품은 차일을 치고 그 안에 둔다.

상인들이 사용하는 도량 단위는 곡물에는 홉이다. 백 홉이 한 말이고, 스무 말이 한 섬이다. 액체는 주발로 잰다. 무게의 도량 단위는 중국의 근이고 중국 저울밖에 안 쓴다. 길이의 도량 단위는 자尺인데, 지방에 따라 다르며, 상인에 따라서도 달라진다고 할 수 있을 것이다. 한 자는 열 치로 나뉘고, 한 치는 열 푼으로 나뉜다.

상업 발달의 큰 장애의 하나는 화폐 제도의 불비이다. 금화나 은화는 없다. 이런 금속을 덩어리로 파는 것은 여러 가지 자세한 법규에 의해 금지돼 있으며, 이를테면 중국 은을 조선 것 모양으로 막대기로 주조鑄造하여 팔더라도 매우 위험한 처지에 빠지게 될 것이다. 그 은은 틀림없이 감별鑑別되고, 상인은 그 은 막대기를 몰수당할 뿐만 아니라 톡톡히 벌금을 당하고, 또 아마 태형笞刑도 받을 염려가 있을 것이다. 합법적으로 유통하고 있는 유일한 화폐는 동전이다. 그것은 조그만 구리돈으로, 아연이나 납을 섞어서 만들며, 약 2상팀 또는 2상팀 반의 값어치가 된다. 그것은 한가운데 구멍이 뚫려 있어서 노끈으로 꿰어 일정한 수를 함께 묶는다. 이로부터 통화通貨를 나타내기 위해 극동 이야기에 퍽 자주 사용되는 한 꿰미 또는 반 꿰미라는 표현이 생긴 것이다. 상당한 액수의 돈을 지불하려면 한 떼의 짐꾼이 필요하다. 백 량 또는 꿰미(약 2백 프랑)면 한 사람 짐이 되기 때문이다. 북쪽 지방에는 이 화폐마저 유통되지 않는다. 거기서는 모든 것이 일정한 관습에 입각하여 교환된다. 옛날에는 곡물이 화폐 노릇을 한 것 같다. 왜냐하면, 현대어에서도, 밀을 시장에 팔러 가는 사람은 사러 간다고 하고, 그것을 사러 가는 사람은 팔러 간다고 말하기 때문이다. (p. CLXXXIV)

금리金利는 조선에서는 엄청나다. 3할 이자로 빌리는 사람은 거저 주는 것으로 생각되고 있다. 대개는 5할, 6할, 때로는 10할까지도 요구한다. 금리를 평가하는 출발점이 돼야 할 지대地代는 이 나라에서는 비교적 높다고 하는 것이 옳겠다. 풍년에는 경작자는 그 논밭으로부터 지가地價의 약 30할을 수익(收益)한다.

이 나라의 옛날 전설에 의하면, 예전 왕조 때에는 약 종이 석장 값어치를 가진 활촉 모양의 지폐[1)]가 있었던 것 같다. 조선이 베이징 청조淸朝에 예속하게 된 뒤에 화폐의 주조권은 조선 왕으로부터 박탈되었다. 조약문에 저촉함에도 불구하고 처음으로 감히 그것을 주조한 것은, 42년간을 다스린 뒤 1720년에 죽은 숙종 대왕이었던 것 같다. 오늘날 그 권리는 오랜 시효時效에 의해 획득되었으며, 정부는 그것을 사용하고 또 남용하고 있다. 근년에 계속 화폐를 주조하고 있으나, 화폐는 더욱 더 질이 떨어져가고 있다. 옛날의 동전은 거의 순수한 구리였는데, 새 것은 거의 납으로만 돼 있으므로 빨리 망가진다. 거기서 덕을 보는 것은 정

---

1) **활촉 모양의 지폐** 이조 이전에는 조선정부 발행의 지폐는 없었고, 고려 말에 원元나라 발행의 원초元鈔가 다소 사용되었던 모양인데, 여기에 기록된 예전 왕조 때에 있었다는 활촉 모양의 지폐는 물론 존재한 일이 없었고, 활촉 모양의 금속 지폐는 세조世祖 때에 주조 사용된 일이 있었다. 세조실록 10년 11월 임술조壬戌條에 『明鑄箭幣 歲十萬箇 箭幣形如柳葉 箭鏃長 一寸八分 莖一寸七分 莖端兩面分鑄八方通貨四字 以一箇對楮貨三張』이라고 箭幣를 주조하여 종래의 지폐인 楮幣와 교환율을 1대3으로 하였으니 종이 석장 값어치를 가진 활촉 모양의 지폐라 함은 箭幣에 대한 그릇된 지식에서 온 것 같다 : 역주.

부가 아니다. 왜냐하면, 정부는 필요한 구리의 양을 주조자에게 주나, 주조자는 구리를 납과 바꾸어, 호조판서나 또는 특별히 검사의 책임을 맡은 관리하고 이익을 나누기 때문이다.

상거래의 또 하나의 장애는 교통로가 한심스런 상태에 있다는 것이다. 조선에는 배가 다닐 수 있는 내는 매우 드물다. 몇 개의 내에만 배가 뜨나, 그것도 매우 제한된 수역水域에서만 그렇다. 또 한편으로, 산과 골짜기가 많은 이 나라에서, 길을 내는 기술은 거의 알려져 있지 않다. 그러므로 거의 모든 운수運輸가 마소의 등이나 사람 등으로 이루어진다.

다블뤼이 주교는 다음과 같이 쓰고 있다.

"길은 적어도 이론상으로는 세 등급으로 나누입니다. 제가 왕도王道라고 번역하는 1등 도로는 대개 네 사람이 나란히 걸어갈 만한 넓이입니다. 시골에는 수레가 없으므로, 도보자와 승마자에게는 꼭 알맞을 정도입니다. 도로는 철에 따라서 좋기도 하고 나쁘기도 합니다. 그러나 흔히 커다란 돌이나 바위 조각 때문에, 또는 그 일부분이 비에 떠내려갔기 때문에, 도로는 4분의 3이나 줄어져 있는 수가 많습니다. (p. CLXXXV) 물론 아무도 그런 조그만 장애를 제거할 것을 생각하는 사람은 없으며, 흔히 모가지를 부러뜨리든지 도랑에 굴러 떨어지든지 하는 모험을 무릅쓰고라도, 그런 바위 위를 말을 타고 올라가지 않으면 안 됩니다. 그러나 서울 근처의 도로는 좀 더 잘 유지되어 있습니다. 주요 도로는 서울에서 중국 국경에 이르는 것이 있고, 또 하나는 대궐에서 능으로 통하는 것으로 길이는 80리밖에 안 되지만 꽤 훌륭하다고 합니다.

2등 도로로 말하자면, 그 아름다움과 넓이와 편리함이 시시각각으로 변합니다. 고약한 소로밖에 보이지 않을 때, 이것도 대로입니까 하고 물으면, 사람들은 그렇다고 대답합니다. 요는 그렇다고 알아야 합니다. 돌도 바위도 진흙도 시내도, 무엇 하나 없는 것이 없으나, 길만은 예외입니다. 그러나 넓이가 한 자 안팎밖에 안 되고, 길잡이의 총명 여부에 따라 보이기도 하고 안 보이기도 하며, 논 사이를 지나갈 때는 흔히 물에 덮여 있고, 산 속에서는 낭떠러지를 스쳐가는 저 3등 도로에 관해서는 무어라 말하겠습니까!

다리는 제가 아는 바로는 두 가지가 있습니다. 어떤 것들은 시내를 가로질러 여기저기에 커다란 돌을 던져놓은 것으로, 이것이 가장 흔히 있는 것입니다. 또 어떤 것들은 강에 말뚝을 박고 그 위에 판자 같은 것을 깔고 흙을 덮은 것으로, 대개는 구멍이 숭숭 뚫려 있기는 하지만 그래도 제법 육교陸橋라고 할 만합니다. 여름에는 흔히 있는 일인데, 물이 많아지면, 다리는 범람으로 말미암아 모조리 떠내려가든지 물속에 잠기므로, 나그네에게 멱 감는 즐거움을 갖게 합니다. 높으신 양반들은 길잡이의 등에 업혀서 건너므로 멱 감기를 면할 수 있습니다. 끝으로, 수도에는 돌다리가 하나 있는데, 아마 퍽 장려壯麗한 모양이어서, 이 나라의 일품一品의 하나입니다. 좀 큰 내는 배로 건넙니다."

조선과 이웃 나라와의 상업 관계는 거의 없다. 이웃의 두 강국인 중국과 일본에 대해 자기의 독립을 더 잘 보전하기 위해, 이 나라는 완전한 격리隔離 속에 폐쇄되어 있다. 법률에서 예견하고 있는 경우를 제외하고는, 외국인과의 관계는 일체 사형감이 되는 범죄이다. 국제 조약에 의하면 중국사람이나 일본사람은 아무도 조선에 정주할 수 없고, 그것은 또한 피차간에 매일반이다. 서울에 오는 중국 사신은 자기에게 딸린 하인 한둘을 제외하고는 수행원을 국경에 남겨 두며, 수도에 머무르고 있는 동안에는, 거소로 지정된 저택으로부터 나오지 않는다. 조선 사절은 그와는 반대로 수행원 전원을 데리고 중국에 들어가서, 체류 중 베이징의 거리를 마음대로 돌아다닐 수 있다. (p. CLXXXVI) 오고 갈 때 사절이 변문邊門[1]을 통과할 적에는 여러 날 동안 계속하여 장이 선다. 중국과의 국경에 있는 조선의 맨 끄트머리 도시인 의주의 원만이 연중 어느 때든지 서신으로 변문 당국과 교제할 권한을 가지고 있다. 2년마다 또 하나의 시장이 함경도의 북쪽 끝, 본디 만주 땅이었다가 요즘에 러시아에 양도된 달단韃靼의 마을인 훈춘琿春과 거기서 가장 가까운 조선의 도시인 경원慶源과의 사이에서 열린다. 이 저자는 매우 크게 서지만, 2, 3일밖에 계속되지 않고 날마다 정오부터 해 질 때까지 몇 시간 동안만 열린다. 신호가 있으면 모두들 급히 국경을 넘어가고, 병사들은 낙오자를 창으로 밀어낸다. 조선사람들과 부산개에 주둔하는 일본 병사들 사이에 매달 열리는 시장에 관해서는 앞서 말한 바 있다. 조선이 육상으로 맺고 있는 외국과의 관계는 그뿐이다.

해상으로는 더욱 관계가 적다. 중국이나 일본 어선이 평안도 연안에 와서 해삼(holothuria)을 잡고 황해도 연안에 와서 청어를 잡는 것은 허가돼 있으나 두 가지 조건이 붙어 있다. 뭍에 오르지 않을 것과 바다 가운데서 이 나라 사람들과 만나지 않을 것인데, 위반하는 경우에는 배는 몰수되고 선원은 투옥된다. 첫째 조건은 대개 지켜지고 있으니, 조선 배와 중국 쟝크와의 사이에는, 조선 다도해多島海의 무수한 바위와 섬에 숨어서 꽤 막대한 밀무역이 행해진다. 수령들은 비밀히 뇌물을 받고 눈을 감는다. 폭풍우가 중국 배를 조선 해안에, 조선배를 중국해안에 포류시켰을 때는, 정부는 조난자들을 수용하고, 그들과 주민이 전혀 접촉하지 못하도록 용의주도하게 감시하여, 육로로 그들

---

1) 이 역사책에 자주 나오는 변문邊門은 황해 근처의 조선국경에 가장 가까운 중국의 도시이다. 그 이름은 변경의 문이라는 뜻이다 : 저주.

나라의 처음 도시에까지 송환한다. 해로로 돌아가는 것은 금지돼 있다. 일본과 조선 사이의 본국 송환은 해로로, 그러나 같은 감시 하에 시행된다.

선교사들이 조선에 잠입하기 위해 극복하지 않으면 안 되었던 애로에 관하여 여기에 좀 자세히 설명해두자. 이것으로도 사람들은 조선 정부가 얼마나 세심하고 엄격하게 그 절대적인 쇄국을 유지하고 있는가를 알게 되리라. (p. CLXXXVII) 육해 국경은 외국인의 침입과 본국인의 탈출 금지만을 전담하는 군경비대에 의해 지켜지고 있다. 그중 가장 중요한 경비대에는, 세관의 감독관 및 관리로서, 가장 영리하고 가장 경험 많은 자들 중에서 골라 뽑은 경찰관들이 주재하고 있고, 주야의 감시에 있어서 그들은 특별히 훈련된 개의 보조를 받고 있으므로, 들키지 않고 국경을 통과하기란 거의 불가능하다.

육지로는 두 개의 길, 훈춘과 경원으로 통하는 달단韃靼의 길과 변문과 의주로 통하는 중국의 길밖에 없다. 다른 데는 조선 반도와 대륙과의 국경이 산 많은 황무지와 다닐 수 없는 숲으로 돼 있다. 그런데 그 두 군데 중 어느 곳도 법적으로 인정된 장날밖에는 통과를 시험해 볼 수 없다. 그밖에 다른 때에 통과하려는 것은 본토인에 있어서도 무모한 짓일 것이니, 하물며 외국인에 있어서랴. 그러므로 훈춘 장에 가는 대상隊商을 따라가든지, 중국에서 돌아오는 조선 사절단에 끼이든지 하지 않으면 안 된다. 둘 중 어느 경우에 있어서도 매우 곤란한 것은 조발調髮 방법이다. 중국사람들은 머리를 깎되, 머리 꼭대기에 한 줌의 머리칼만 남겨서 변발辮髮로 땋아 등 위에 드리우는데, 조선사람들은 머리털을 온전히 간직한다. 그러므로 중국식으로 머리를 깎으면 조선에 들어갈 때 들켜서 잡힐 것이고, 조선식을 따르면 채 국경에도 이르기 전에 바로 중국에서 들킬 것이다. 경원 장이 서는 동안에는 중국사람이 조선사람 집에 들어가는 것을 금지하며, 수많은 사령들이 이 금령禁令을 지키게 하기 위해 성문과 거리에 배치돼 있다. 선교사가 이 길로 온다면, 설령 도중이나 장이 서기 전에 며칠 기다리는 동안, 동행자들에게는 발각되지 않았다손 치더라도, 한데서, 중인 환시 리에, 아무한테도 들키지 않게, 조선 연락꾼과 만나서 옷을 갈아입어야 되겠는데, 그런 일은 명백히 불가능한 일이다. 뿐만 아니라, 한 번 들어왔으면, 기독교도의 마을에 당도하기까지는 사람들의 왕래가 적고 따라서 나그네도 드물어 들키기 쉬운 지방을 한 달쯤은 걸어야 할 것이다. 선교사의 길잡이 노릇을 할 연락군은 갈 때보다 한 사람이 더 불어 가지고 도중 주막에 다시 유숙해야 할 것인데, 그것만으로도 곧 의심을 사게 될 것이고, 얼굴과 발음이 다른 것을 보면 그 의심은 이내 확신으로 변할 것이다. (p. CLXXXVIII)

변문 쪽으로도 애로는 피장파장이다. 사신에 수행하는 조선사람은 어떤 자격을 가진 자라 할지라도 모두 중국으로 떠날 때에 성문에서 검사를 받고 위아래로 몸을 뒤진다. 그의 몸과 짐에 아무런 의혹이 없으면 모든 것을 세밀히 기술한 여권을 받는다. 연락꾼들이 여권을 얻었다고 가정하자. 그들은 선교사를 데리고 중국 세관을 통과하기에 성공했다 하더라도, 거기서 조선 세관까지는 150리의 무인지경이 있다. 하나밖에 없는 길 좌우에는 들어갈 수 없는 숲이 펼쳐 있다. 만약에 도중에 음식을 만들려고 불을 피우려들었다가는 다른 나그네들도 자기들의 밥을 짓기 위해 달려올 터인데, 그것은 거절할 수 없는 일이며, 조선사람들의 뻔뻔스런 호기심에 비추어, 선교사의 위험은 자못 큰 것이다. 감시원이 주둔하는 강둑에 이르면 조선 배를 타고 맞은 쪽 강둑에 있는 세관으로부터 건너온다. 거기서 모두들 여권을 내

보이고 몸과 물건을 샅샅이 수색당해야 한다. 물론 선교사는 이런 세관에 나타날 수는 없다. 그러므로 맞은편 강둑에 숨어 있다가 밤을 기다려 얼음 위로 통과를 시도해야 한다. 왜냐하면 사절이 베이징에서 돌아오는 것은 으레 겨울이니까 말이다. 그러나 조선 강둑에는 여기저기에 한 떼의 병사와 개로 편성된 경비대가 늘어서 있다. 유일한 성공의 가능성은 어둠을 타고 경비대 사이를 기어, 눈으로 덮인 가까운 산에 올라, 거기서 국내의 도로로 나오는 수이다. 처음 선교사들은 이런 길로 들어왔으나, 미구에, 박해 후에는, 기독교도의 모든 계략이 수령에게 뿐만 아니라, 세관 관리나 주막 주인이나 모든 이교도 주민들에게까지 알려졌으므로, 차후로는 불가능해진 이 길을 버리지 않을 수 없게 되었다.

이제는 바닷길만이 남아 있다. 우리는 앞서 중국과 조선 사이에 실시되고 있는 해상海上조약에 관해 설명했거니와, 그 결과로 두 나라의 어느 쪽 배도 합법적으로는 상대국 해안에 정박할 수 없다. 이런 금령은 조선사람도 중국사람도 범하는 자는 없다. 해마다 수천의 중국 배가 요동 강남 산동 지방을 떠나 조선 해안에 고기를 잡으러 오나 으레 바닷가에서 멀리 떨어진 곳에 정박한다. 그 배들이 너무 가까이 오면 매우 엄중한 수색을 받아야 하며, 어떤 이유와 어떤 뇌물이 있을지라도 상륙은 허용되지 않는다. (p. CLXXXIX) 조선사람들로 말하자면, 그들 중에 난바다에서 일정한 지점을 향해 운전할 수 있는 조종사를 발견하기는 어려울 것이다. 그들은 그들이 지남철(남쪽을 가리키는 쇠)이라고 부르는 나침반을 알고 있고, 국내에는 상당수의 중국제가 있다. 그러나 그들은 미신상 묘 쓰기에 가장 알맞다는 곳을 찾는데만 그것을 사용할 뿐이고, 그 기계를 항해에 쓴다는 것은 모르고 있다. 그것은 그들의 배가 뭍이 안 보이는 데까지 나가는 법이 결코 없기 때문이다. 뿐만 아니라 조선 배는 매우 서투르게 만들어져 있다. 바닷가의 고기잡이에만 쓰게 마련인 조선 배는 썰물 때 아무 지장 없이 맨 땅에 머물러 있을 수 있도록 밑이 평평하다. 조금만 거센 물결에도 키가 부러지고 조금만 산들바람이 불어도 으레 매우 높은 돛대를 부러뜨린다. 달리 만들면 주목을 끌고, 특별한 감시를 불러일으키고, 관례 위반의 죄로 투옥될 염려가 생길 것이다. 설령 그런 모든 장애를 극복하고, 중국 왕복 항해를 했다 할지라도, 성공은 매우 의심스러울 것이다. 난바다에서 온 배는 그것만으로도 의심을 사고, 다른 배의 수부들이 배 위에 달려오고, 당국 관헌도 이내 조사하러 와서, 무슨 출처가 이상한 물건이라도 발견 한다면, 배는 불사르고 선원은 사형에 처한다.

바다로 해서 조선에 잠입할 수 있는 유일한 실제 방법은 근래에 선교사들이 채용한 방법이다. 만날 장소와 시기에 관해 조선 어부와 미리서 공모한 뒤에 중국 배로 중국을 떠나, 밤에 바닷가에서 꽤 멀리 떨어진 조선군도群島의 어떤 섬에 숨어서 회합하고, 얼른 배를 갈아 타 날이 밝기 전에 상륙하는 것이다. 1866년까지 무사히 사용되던 이 길도 지금은 닫혀 있다. 리델, 볼랑 양 씨는 1869년에 그 길을 시험해 보았으나 허사였다. 감시가 하도 엄하여, 하느님의 특별한 보호가 없었던들 그들은 죽음을 면하지 못했을 것이다.

아닌 게 아니라 해군 소장 로즈의 탐험[1)] 이후 조선은 전보다도 더 해외로부터 격리되었다. 해마다 사절이 통과할 때 변문에서 열리던 장도 1867년에는 폐지되었고, 여느 때처럼 바닷가에 고기잡이하러 온 중국 배는 선창 밑바닥까지 검색 당하고, 체류

1) **로즈의 탐험** 1866년의 병인양난 즉 프랑스 함대가 조선에 온 것을 가리킴 : 역주.

의 허가 없이 송환되었다. 이듬해인 1868년에는, 무슨 핑계로 그랬는지는 모르나, 70척 이상의 중국 배가 불살라지고, 그 선원 3백 명이 학살을 당했다[1]. (p. CXC) 한두 척의 미국 배도 같은 운명을 당했으므로, 이번에는 미국이 1871년에 원정을 했으나, 1866년의 프랑스 원정처럼 헛수고였다. 이때부터 조선 연안에서의 청어 잡이는 중국 배에게 금지되었으며, 아무도 감히 침노하지 못한다.

그러나 조선사람들은 본래부터 외국인을 적대하는 국민은 아니다. 아마 그들은 외국인에 대해 중국사람들보다 더 호의적인지도 모른다. 그들은 중국사람들보다 덜 거만하고, 온갖 개량과 진보에 대해 덜 적대시하고, 자기들 밖의 세계에 사는 되놈들에 대한 자칭自稱 우월성을 덜 광신狂信한다. 그러나 정부는 자기 보전에 필요하다고 믿고 있는 이 쇄국을 엄중히 지키고 있으며, 이해나 인류에 관한 어떠한 고려도 정부로 하여금 쇄국을 포기하게 하지는 않으리라. 1871년과 1872년의 양년 간에 혹독한 기근은 조선을 황폐하게 하였다. 하도 곤궁한 나머지 서해안 주민들은 중국의 밀수입자들에게 자기 딸을 한 사람당 쌀 한 되로 팔았다. 북쪽 궁경의 수풀을 지나서 요동으로 온 몇몇 조선사람들은 선교사들에게 처참한 국내 상태를 그려보이면서, 길마다 송장이 흩어져 있다고 말했다. 그러나 서울 정부는 중국이나 일본에서 식량 사 들이기를 허가하기보다는 오히려 국민의 반수가 죽어가도 내버려 둘 것이다. 힘만이 제도의 변경을 강요할 수 있을 것이다. 최근 30년 간에 있었던 여러 차례의 원정이라기보

1) 1868년(고종 5년)에 70척 이상의 중국 배가 소각되었다는 기록은 없고, 고종 8년에 청국 함선 100여 척이 평안 황해 연안에 출몰하여 인명에 손상을 입혔으므로 황해감사 서원보徐元輔가 그들을 토벌하여 배는 태워버리고 43명을 사로잡았다 : 역주.

다도 시위示威는 계략이 서투르고, 일관성이 없고, 참다운 정견政見이 없어, 현재까지는 정부를 굴복시키기는커녕 그 자존심을 상하게 하고 격분케 했을 뿐이다. 그런 원정이 이에 그친다면, 모든 견지에서 볼 때, 통상의 자유를 위해서나 종교의 자유를 위해서 유익하다기보다는 훨씬 유해했을 것이다.

이런 상태가 오래 계속할 수 없고 병이 과중하면 약이 필요함은 빤한 일이다. 극동에서 자기 나라의 선박과 통상을 보호하지 않을 수 없게 된 여러 문명국가들은, 해군도 없고 본격적인 육군도 없는 한 보잘것없는 약소국이 그 해안에 다가오는 배를 불사르고, 외국인이라는 이유로 외국인을 학살하고, 억지로 인류의 밖에 남아 있으려는 것을 언제까지나 용서하지는 않으리라. 아시아의 동북쪽에서 그 정복이 날마다 더욱 큰 진척을 하고 있는 러시아사람들에 의하여 그 분쟁이 해결되리라는 것은 매우 있음 직한 일이다. 1860년[1]부터 그들의 영토는 조선과 인접하게 되었다. 이 두 나라 사이에는 벌써 국경과 통상 문제에 관해 여러 가지 난점이 있었다. (p. CXCI) 이런 문제들은 틀림없이 되살아날 것이고 언젠가는 조선이 러시아 영토에 합병됨으로써 해결을 볼 것이다. 또 어쩌면 영국이나 미국사람들이 자기들 국기에 대한 어떤 새로운 모욕으로 격분하여 무력으로 통상 개방을 강요할지도 모른다.

물론 프랑스 자신이 1866년에 겪은 실패의 굴욕을 씻기 위해 조정調停을 맡고 나선다면 더욱 좋겠다. 그 불행한 원정은, 정부의 의도로서는, 프랑스 선교사들의 살해자를 징벌하고 그런 야만 행위가 다시는 되풀이되지 못하도록 만들려는 것이었음에 틀림없다. 그러나 실지에 있어서는 그것은 조선 교회를 완전히 파

---

1) 1860년 이 해에 우수리 강 동쪽의 연해주가 베이징조약에 의하여 러시아 영토로 되었다 : 역주.

멸시키고 수천 기독교도의 학살을 빚어냈다. 조선으로 하여금 여러 문명국가와 조약을 맺게 하고, 한 번 그런 조약을 맺은 이상은 그것을 양심껏 존중하게 함으로써, 그들 순교자의 형제와 자손에게 완전한 종교의 자유를 확보해 주는 것 이외에 그런 재난災難을 보상할 방법이 또 있겠는가? 아마 현재의 사정으로는 그러한 원정은 거의 불가능할 것 같다. 그러나 프랑스는 죽지 않았고, 미래는 알 수 없으며, 미래는 하느님의 것이다. (p. CXCII)

벽안에 비친 조선국의 모든 것

초판발행 ‖ 1966년 5월 20일
개정초판 1쇄발행 ‖ 2015년 4월 30일

지은이 ‖ 샤를 달레
옮긴이 ‖ 정기수
펴낸이 ‖ 홍정수
펴낸곳 ‖ 탐구당
등록 ‖ 1950. 11. 1 서울 제03-00993호
주소 ‖ 서울특별시 용산구 한강대로62 나길 6
대표전화 ‖ 02-3785-2211
팩시밀리 ‖ 02-3785-2272
홈페이지 ‖ www.tamgudang.co.kr
전자우편 ‖ tamgudang@paran.com

값 15,000 원

ISBN 978-89-6499-023-0
978-89-6499-018-6 (세트)

이 도서의 국립중앙도서관 출판시도서목록(CIP)은
서지정보유통지원시스템 홈페이지(http://seoji.nl.go.kr)와
국가자료공동목록시스템(http://www.nl.go.kr/kolisnet)에서 이용하실 수 있습니다.
(CIP제어번호: CIP2015011008)